主办：江苏师范大学哲学范式研究院
原中共中央编译局江苏师范大学发展理论研究中心

当代中国马克思主义哲学研究/2019

Marxist Philosophical Researches in
Contemporary China

主 编/任 平 曹典顺（执行）　　【总第8辑】

中央编译出版社
Central Compilation & Translation Press

《当代中国马克思主义哲学研究》

学术委员会主任：陈先达
学术委员会：
(按姓氏笔画排列) 丰子义　王南湜　孙正聿　刘森林　刘陆鹏
　　　　　　　　张一兵　杨　耕　陈先达　陈　忠　杨金海
　　　　　　　　汪信砚　吴晓明　李景源　欧阳康　郝立新

主　　编：任　平　曹典顺（执行）

编委会：任　平　曹典顺　李惠斌　冯建华　于桂凤

本期执行编辑：冯建华

主办单位：江苏师范大学哲学范式研究院
　　　　　　原中共中央编译局江苏师范大学发展理论研究中心

江苏师范大学哲学范式研究院

研究院顾问

任平，1956年10月生，江苏高邮人，教授，博士生导师，中国人民大学哲学博士，江苏师范大学前校长。中央"实施马克思主义理论与建设工程"专家，教育部哲学教学指导委员会委员，国家哲学社会科学基金项目评审专家。中国马哲史学会马克思恩格斯哲学思想研究分会会长，江苏省哲学学会副会长，江苏省政治学会副会长。

研究院院长

曹典顺，1966年6月生，江苏沛县人，教授，吉林大学哲学博士，江苏师范大学哲学范式研究院院长。江苏师范大学哲学一级学科硕士点带头人，江苏省重点学科（哲学）带头人，江苏省高校哲学社会科学优秀创新团队负责人，江苏省"333工程"中青年学术带头人。中国马哲史学会马克思恩格斯哲学思想研究分会副会长，中国马克思恩格斯研究会常务理事。

研究院简介

江苏师范大学哲学范式研究院，成立于 2018 年，其前身为江苏师范大学哲学范式研究中心，马克思主义哲学范式研究中心，后者成立于 2011 年，顾问是任平教授，主任为曹典顺教授。哲学范式研究院设有范式创新研究所、发展理论研究所、过程哲学研究所、传统文化现代化研究所、美国哲学研究所、自然辩证法研究所、法哲学研究所 7 个学术机构，校内和校外研究人员 26 人。范式研究院在学科带头人曹典顺主任的带领下，2016 年哲学学科成为江苏省五大哲学重点学科之一，哲学团队获批 2017 年江苏高校哲学社会科学优秀创新团队。

范式研究院围绕马克思主义哲学研究范式创新问题、中国特色社会主义建设问题，展开了广泛而深入的研究，获批国家社科基金重大、重点、一般、后期资助项目 20 余项，在《中国社会科学》《哲学研究》《马克思主义研究》《马克思主义与现实》等刊物上发表了一系列高水平的学术成果。

范式研究院一方面立足于已有基础，继续发挥既有特色优势，争取建立当代中国马克思主义哲学研究的"评价中心"；另一方面，进一步拓宽研究思路与视野，更新研究方法与观念，加强与国际哲学界的交流，争取成长为国内外有一定影响力、特色鲜明的马克思主义哲学"国际交流中心"。

范式研究院分别于 2011 年、2013 年、2015 年、2017 年、2019 年成功举办"中国马克思哲学高峰论坛（2011）"、"中国马克思哲学高峰论坛（2013）"、"中国马克思哲学高峰论坛（2015）暨中美哲学家论坛"、"中国马克思哲学高峰论坛（2017）"、"中国马克思哲学高峰论坛（2019）"。国内外众多知名专家学者云集论坛，《光明日报》理论版、《中国社会科学报》、《哲学动态》刊登论坛研究综述或专题报道，在国内外产生一定的学术影响。

论构建中国马克思主义哲学的最新前沿：
方法论自觉与创新图谱

——《当代中国马克思主义哲学研究 2019》序

《当代中国马克思主义哲学研究 2019》如期问世，它一如既往地深描走向世界的中国学术在"构建中国马克思主义哲学"这一主题上的创新研究所呈现的最新进展和动态前沿，揭示其内在规律和主要价值。回溯以往，我们肯定是全国以方法论自觉来聚焦研究"中国马克思主义哲学"如何出场的开拓先锋。如果说，《当代视野中的马克思主义哲学：1998》著作的问世率先掀开了这一研究的序幕，2007 年苏州大学与《中国社会科学》杂志合作举办的以"当代中国马克思主义哲学研究范式的创新与转换"为主题的"全国第七届马克思哲学论坛"成为该研究领域方法论自觉的开端；那么，2010 年主持的国家社科基金重点项目"当代中国马克思主义哲学研究范式的创新与转换"、2011 年与原中共中央编译局合作建立的"当代中国马克思主义哲学范式研究中心"（现在更名为"当代中国马克思主义哲学范式研究院"）以及 2012 年主持的国家社科基金重大项目"当代中国马克思主义哲学创新学术史研究"这三件事，则成为以方法论自觉系统研究构建"中国马克思主义哲学"进展规律的重大标志。自 2011 年起，本书按照年度系列出版，则成为我们深描和追踪这一研究的最新进展和前沿态势的主要话语表达方式。

构建中国马克思主义哲学研究进展与动态前沿的内在规律是统一的，呈现的路径和方面却是丰富多元的。不同的路径和方面之间恰好是互补而构成一个协同创新的体系。那么，《当代中国马克思主义哲学研究2019》主要从哪些方面帮助我们深描和把握研究的最新前沿呢？从栏目分类而言，主要包括五个方面。

一是"中国道路"栏目。该栏目凸显一个主题：关于构建"中国马克思主义哲学"出场语境的现实根基和时代语境。建构"中国马克思主义哲学"不仅是"马克思主义中国化""中国化马克思主义哲学"创新发展的最新时代产物，更是马克思主义哲学在中国大地上重新出场、重新建构的思想表达，是中国走向世界的哲学标志。这一建构使命使我们面对时代。其理论风貌不仅表达为"中国话语"，而且实现作者主体、精神内质、理论体系、学术体系、话语体系、风格气派的中国化，是用中国精神、中国内容、中国风格、中国形态、中国话语重写马克思主义哲学，让马克思主义哲学在中国大地上基于中国时代实践和文化根基重新出场、重新塑型的理论形态。我们不能满足于仅仅停留在相关的语义辨析、形态构建、方法论构建上去讨论中国马克思主义哲学出场的可能性。因为"中国马克思主义哲学"出场的根本可能性就存在于时代呼唤中，我们的时代正处在从"世界走向中国"转向"中国走向世界"这一全球大变局的时代语境之中，这一时代语境成为呼唤、造就、让中国马克思主义哲学必然出场的那个背后的时代场域。作为思想中的时代，中国马克思主义哲学不过是我们这一时代的哲学表达和思想引领，是对于时代语境（出场语境）、出场路径具有深度依赖的出场形态。因此，我们只有通过我们团队二十余年来一直倡导的马克思主义出场学视域，建立出场学的分析坐标与研究框架，将之纳入其中加以考察和追问，聚焦分析中国马克思主义哲学出场背后的出场语境、出场路径与底版条件，

论构建中国马克思主义哲学的最新前沿:方法论自觉与创新图谱

才能把对中国马克思主义哲学"何以可能出场"的追问变成一种理论科学解答。任何哲学都是思想中的时代,都是自己时代精神的精华和文化活的灵魂。中国马克思主义哲学之所以能够出场,主要现实根源和出场语境在于世界百年未有之大变局和中华民族伟大复兴的战略全局。这两个大局的聚焦轴心就是中国道路。中国道路是中华民族伟大复兴实践探索与现实演进的客观进程。百年来,中国共产党聚焦中华民族伟大复兴这一历史主题,领导中国人民开创了中国特色社会主义道路。然而,一种道路只有升华到哲学反思的高度才能达到理性自觉,一种哲学只有转化为道路探索才能成为实践自觉。2011年来,本书在"中国道路"栏目中着力考察两个大局及其辐辏点,即中国道路作为中国马克思主义哲学出场的现实基础和时代语境,是何以必要与何以可能的。同时,也着力考察现实语境何以转换为驱动中国马克思主义哲学建构的最为重要的强大动力。这一期发表了冯建华、马瑶昊所写的《立足实践、把握规律:中国共产党成功之路的哲学反思》一文,文章从历史唯物主义哲学反思中总结中国特色社会主义道路的经验,为实现中国社会主义现代化强国的实践增强理论自信。该文基于实践角度把握历史唯物主义哲学,将其分为两个层面:立足于一般实践所得出来的历史唯物主义一般规律,和基于中国革命、建设、发展的具体实践所得出来的唯物主义具体规律。指出中国共产党百年成功之路的重要原因在于坚持把马克思历史唯物主义哲学作为指导理论,一方面始终坚持社会主义根本方向;另一方面,立足中国实践、探索有中国特色的革命和建设道路,同各种教条主义作斗争,揭示出不同阶段中国的革命、建设、发展规律,这些规律对于广大发展中国家的革命与发展具有指导意义,拓展了发展中国家走向现代化的路径。同期还发表了周露平、吴岩所写的《马克思资本逻辑批判的三重空间与理论性质》一文,该文对马克思的资本理论进行了深入探讨,认为马克思从哲学批判、经济学批判与社会批判三重进路提出了资本逻辑批判的图景,形成了"消灭资本逻辑与资本社会、建构新社会的整体表述",这一探讨有利于中国现代化实践中更好地驾驭资本。

二是"发展理论"栏目。它是"中国道路"栏目思想的自觉表达。道路研究升华为发展哲学、发展理论的反思和把握,是一种理论自觉。曹典顺、邵逸非著的《论全面建成小康社会的发展逻辑》旨在阐明:全面建成小康社会作为中国新现代性道路的第一次全面完整的大考,其内在的发展逻辑究竟在发展哲学上有何意义。孙琳的《"以人民为中心"对马克思"人民"思想的传承逻辑》,以学术讲政治,把习近平新时代中国特色社会主义思想中最重大的命题即"以人民为中心"思想的发展逻辑纳入出场学加以系统考察。

三是"范式专题"栏目。该栏目旨在以方法论自觉深描研究范式,全面总结2019年度以来全国学术界如何以多元范式"逼近"构建中国马克思主义哲学这一最终目标的最新成就和创新经验。范式创论是当代中国方法论自觉的突出体现。教科书改革、原理研究、马哲史、文本文献学解读、对话、反思的问题学、部门哲学、马克思主义中国化和马克思主义出场学等研究范式正是在改革开放以来思想解放、哲学创新大潮中涌现的方法论路径。改革开放40多年来,全国学界都在沿着九种范式不断地推进马克思主义哲学的创新。本期继续以往的研究,聚焦2019年度的学术进展推出了七个研究专论。曹典顺的《当代中国马克思主义哲学教科书范式不可替代的世界观根据》一文,在全面梳理教科书范式的历史成因、创新功能和内在局限的同时,从世界观的角度对教科书范式在场的必要性和必然性做了深度的阐述和论证。这充分体现了我们研究团队的理论创新的特点:我们既建立了全国唯一的当代中国马克思主义哲学研究范式的文献资料中心,也成为全国唯一的当代中国马克思主义哲学研究范式的研究中心和评价中心。我们的学者在研究和评价全国研究范式的年度进展的同时,也在做自己的同类研究,比如曹典顺在发表这一篇研究和评论之余,主编出版了《哲学简论》。冯建华撰写的《出场学视域中的唯物史观演进逻辑》一文,聚焦马克思主义出场学领域中的一个重大话题，就学界在 2019 年关于唯物史观生成逻辑、演进逻辑的研究进展加以系统总结。从文章来看，在 2019 年马哲史研究中，基于出场学视域探讨唯物史观演进逻辑，进而研究唯物史观中国逻辑的演进，成为一个引人注目的研究动向，这一动向主要包括唯物史观总体生成逻辑、重新反思的经典唯物史观出场史、唯物史观的东方出场逻辑、唯物史观中国出场逻辑、当代中国唯物史观出场逻辑等内容。反映这一动向的主要代表性成果有：任平的《论唯物史观的中国逻辑及其世界意义》（《哲学研究》2019 年第 8 期）、《论新现代性的中国道路与中国逻辑》（《江苏社会科学》2019 年第 2 期）、曹典顺的《唯物史观理论演进的研究范式》（《中国社会科学》，2019 年第 8 期）、张丽霞和任平的《唯物史观生成逻辑之辨》（《理论探讨》，2019 年第 6 期），与任平的《论作为一种关于当代马克思主义哲学研究范式的出场学》（《天津社会科学》，2017 年第 2 期）、《论马克思主义出场学研究的当代使命》（《江海学刊》，2014 年第 2 期）等论文相互呼应，构成了以马克思主义出场学视域研究唯物史观的出场和演进逻辑的新研究动向。该文对上述成果所呈现出来的研究特点、趋势、贡献进行探讨，以期推进马哲史范式研究的深入进行。可以说，这正是我们团队所持的马克思主义出场学研究范式主张的学术研究新动向。张丽霞的《马克思主义哲学文本文献学研究范式的方法论辨析》一文围绕着"回到文本文献学目标的绝对性与文本文献理论的时代局限"、"文本文献理论的时代局限性与文本文献学术的价值永恒性"、"文本文献思想的学术永恒性与文本文献解读的结论差异性"和"文本文献解读的成果差异性与哲学理论研究的水平当代性"等四个根本问题深度穿透文本文献学研究范式固有的矛盾加以讨论。回到文本文献学的目标是所有马克思主义哲学研究的必然行动。超越教科书改革、原理研究范式非法引证原典所带来的非历史性弊端，马哲史研究所根本依托的只能是文本文献。然而每一个文本文献学解读都是具有时代性视域的局限。从 MEGA1 到 MEGA2，从西方马克思学到中国学者从事的每一次原典解读不断发生的解读意义的争论，几乎都在不断凸显这一范式所必然具有的局限。但是，每一次文本文献理论所达到的成果，都不可抹杀，切不能用新的成果去完全否定过去。而且，在不同视域中呈现的文本文献解读，最终目的在于重新书写当代马克思主义哲学。于桂凤撰写的《部门哲学在当代中国马克思主义哲学中的学术价值定位》一文就2019年度部门哲学的新进展，提出了较为全面而系统的研究论断，指出："进入新时代，伴随着中国特色社会主义建设理论与实践的双重推进，部门哲学研究发展也呈现出领域拓展、范式转换和价值提升的趋势和特征。由此，部门哲学在当代中国马克思主义哲学中的学术价值定位问题日益凸显。从学界的相关研究和探讨来看，对于这一学术价值定位，大致可以从三个方面来理解：一是部门哲学是表征当代中国马克思主义哲学存在的一种重要方式；二是部门哲学是推进当代中国马克思主义哲学方法论创新的一种重要力量；三是部门哲学是构建创新、构建当代中国马克思主义哲学学术体系的一种重要资源。"三个功能定位，彰显了自改革开放以来，在构建中国马克思主义哲学进程中，部门哲学的出场究竟起到了何种作用。陈群志、徐怡推出的《福柯与马克思的对话范式》以对话范式来深度探讨福柯与马克思在实践观上的关系，以微观方式展现了对话范式的宏观进展。董波的《从"大众"到"分众"：马克思主义哲学中国化范式的转型与创新》一文，提出了一个马克思主义哲学中国化、时代化、大众化进程中特别值得关注的概念："分众"。"众"是中国马克思主义哲学构建的主体，也是理论大众化的对象。"众"的分化，意味着主体的分化和对象的分化。每一个意义上的分化，都意味着构建中国马克思主义哲学体系和形态的差异。差异和多元的体系表达恰好是理论创新活力的表现。在分众中，青年大众尤其成为马克思主义中国化应当关注的主要对象。对于理论自信主体而言，青年坚则理论坚，青年强则理论强。孟献丽、池政阳的《在"问题的反思"中创新发展马克思主义哲学》聚焦2019年学术前沿，对构建中国马克思主义哲学与"问题的反思"之间的内在关联,做了系统全面的回顾和总结,指出问题意识和问题反思始终是推动马克思主义哲学创新的根本动力。上述研究范式的分型路径研究和总结构成一幅关于中国马克思主义哲学构建进展的完整的图谱。

四是"学术观点"栏目成为微观"切口",主要选择当代学界争论的热点和焦点问题加以评论,解答在构建中国马克思主义哲学的进程中从何处找切口深度进入、又怎样体现时代视域。本期推出两篇文章,紧紧聚焦国内外马克思主义哲学研究讨论的热点话题。一是张丽霞的《"巴黎公社原则永存"的革命意义》一文。马克思将巴黎公社探索的成果概括为"巴黎公社原则",认为巴黎公社原则具有永存的革命意义。学界争论的焦点在于:新自由主义和西方马克思学认为巴黎公社原则是乌托邦式的空想,在苏联解体、东欧剧变中已经被证明是不可实现的。后现代马克思主义、后马克思主义等新左派却认为巴黎公社原则中体现的"革命"意义的丧失恰好是当代马克思主义遭遇挫折的主要原因、需要激扬和拯救的主要向度。问题很鲜明:在苏联解体、东欧剧变后,全球和平与发展依然是时代主题,巴黎公社原则是否还有时代针对意义?或者说其在场性和时代性何在?张丽霞从资本批判理论、发展逻辑理论、人类解放理论和唯物史观理论的角度去观视,认为"巴黎公社原则永存"的革命意义集中表现为走向无产阶级革命实践、确立社会主义发展方向、涌现自由王国探索先驱和开启国际共产主义运动历史序幕等四个方面。巴黎公社属于无产阶级革命探索,不是社会历史事件偶遇;属于社会主义发展方向的探索,不是社会主义发展道路固化;属于走向新社会的先驱,不是无政府主义的运动;属于共产主义运动的序幕,不是无产阶级革命的高潮。站在新时代,重新肯定巴黎公社原则的革命意义和社会形态变革意义,对于构建中国马克思主义哲学是至关重要的。这一争论在本质上涉及马克思主义哲学是否还是社会形态革命变革逻辑的大问题。马丽娟的《劳动范式的转移与马克思的价值理论》触及的依然是在 21 世纪马克思主义内部关注的一个焦点问题：随着人工智能的高速扩展，劳动范式在发生历史性的变革，直接劳动范式日益被知识劳动范式霸权所替代，在知识劳动日益呈现支配地位的情况下，马克思的劳动价值理论连同价值理论究竟应当如何重新理解？该文指出：西方学者们对马克思价值理论的讨论是围绕着直接劳动范式的边缘化与知识劳动范式的霸权性趋势展开的。认知资本主义理论认为由于知识劳动在资本主义发展中的关键性地位，马克思关于直接劳动范式的价值理论已经过时了，这是错误的。针对当代资本主义的新变化与认知劳动范式的霸权性趋势，马克思的价值理论依然是有效的且正确的。

五是"专家评论"栏目。该栏目选择了两位国内知名学者对曹典顺主编的《哲学简论》所做的评述。李惠斌教授的《论哲学的"教育逻辑"之意蕴》一文，从《哲学简论》选题主旨说开去，着力阐明时代何以决定以教科书范式及其内在的哲学的教育逻辑来实现当代中国学界构建中国马克思主义哲学的重大使命的独特意义。同样，姜海波的《哲学教育的时代担当》也聚焦这一主题，从 21 世纪中国马克思主义哲学教育的使命担当来看《哲学简论》的创新意义。贾丽民的《也论马克思的东方社会理论问题》一文，围绕张丽霞等《论唯物史观东方逻辑出场的思维方法》的文章，阐述马克思晚年从人类学研究为主的方法中发现了唯物史观东方逻辑，丰富了马克思唯物史观理论，对当代中国马克思主义哲学的建构、对中国特色哲学社会科学的发展具有重要价值。

纵观全书，围绕一个主题即如何构建 21 世纪中国马克思主义哲学。中国向世界输出什么？不仅有我们古老的文化、美食，更要有我们的当代哲学社会科学。构建中国特色哲学社会科学是文化立场、理念、道路、体系上的根本转变。依照西方范式构建的中国近现代哲学社会科学现在需要在中国历史、当代实践和文化基础上重新加以全面构建，需要在中国大地上重新出场、书写、塑形。中国马克思主义哲学与国外马克思主义哲学之间的关系，是不同民族、不同国家、不同作者关于马克思主义哲学理解多元的、平等的对话关系。

为此,我们的辑刊需要完成多方面的转变。一是书写主体站位的转变。过去,在"世界走向中国"时代,我们与国外马克思主义(包括马克思恩格斯的原初语境)的关系仅仅是"读者"与"作者"、"学徒"与"师傅"的关系。今天,我们需要更加全面深度地理解、领会、研究马克思恩格斯的文本与思想,更加全面积极地理解当代国外马克思主义。但是同时,我们必须找回失落的哲学自我,必须摆脱完全的"学徒"状态,让重塑"中国马克思主义哲学"作为我们向国外马克思主义哲学宣告在场主体的状态。因此,我们坚持马克思作为"新世界观"和思想方法论原则,但是一切文本、思想,在这一意义上就具有被完全审视、榨取、吸收的思想资源的对象性。摆脱完全的"学徒"状态,建立书写"中国马克思主义哲学"作者地位,这是一大根本转变,是建构"中国马克思主义哲学"的主体前提。二是立场的转变。中国马克思主义哲学是中国立场、基于中国大地和实践(包括全球治理)经验的哲学表达。我们必须要摆脱立足原初语境、国外语境的立场,而转向中国立场。一切国外马克思主义哲学的思想与结论,不经过中国实践检验,是不能成为中国马克思主义哲学的有机组成部分的。坚持中国立场的写作,出发点和归宿点、标准、形态、体系、话语,都以中国为准。三是书写路径的转变。延安时期,中国化马克思主义存在两种路径:一是实践路径,即马克思主义必然要与革命实践相结合,接受革命实践的检验,在革命实践的具体场域中重新出场;二是文化路径,马克思主义传入中国不是像"五四运动"中激进知识分子所主张的那样,是在"文化沙漠"和"廓清地平"中的扩展,而是在深厚丰富的千年遗存的儒释道文化与哲学场域中展开积极对话,需要与中国传统优秀文化相结合。群众又是中国传统文化的主要载体,精英知识分子翻译传播的国外马克思主义,必须要有与中国传统文化结合、通约的路径。否则,必然被人民大众所排斥而遭致失败。今天,我们仍然需要坚持当年马克思的新世界观和方法论原则、广泛汲取国外马克思主义哲学的积极思想成果，但是其构建中国马克思主义哲学的基本路径是脚踏中国大地、充分总结中国经验、深入汲取中国文化的精华。只有这样，才能构建中国马克思主义哲学。

是为序。

任 平

2020 年 12 月书于苏州东吴园

目录

一 范式专题

当代中国马克思主义哲学教科书范式不可替代的世界观根据
  曹典顺 ·· 3

出场学视域中的唯物史观演进逻辑
  ——近年来唯物史观理论史研究的新动向
  冯建华 ·· 19

马克思主义哲学文本文献学研究范式的方法论辨析
  张丽霞 ·· 38

部门哲学在当代中国马克思主义哲学中的学术价值定位
  ——基于2019年部门哲学及相关研究成果的反思
  于桂凤 ·· 53

福柯与马克思的对话范式
　　——一种基于"实践"概念而来的比较分析
　　　陈群志　徐　怡 ………………………………… 69
从"大众"到"分众":马克思主义哲学中国化范式的转型与创新
　　　董　波 …………………………………………… 85
在"问题的反思"中创新发展马克思主义哲学
　　——"反思的问题学"研究范式2019年研究综述
　　　孟献丽　池政阳 ………………………………… 100

二　专家评论

论哲学的"教育逻辑"之意蕴
　　——从《哲学简论》的写作主旨谈起
　　　李惠斌 …………………………………………… 125
哲学教育的时代担当
　　——《哲学简论》读后琐谈
　　　姜海波 …………………………………………… 137
也论马克思的东方社会理论问题
　　——从《论唯物史观东方逻辑出场的思维方法》谈起
　　　贾丽民 …………………………………………… 149

三　学术视点

"巴黎公社原则永存"的革命意义
　　　张丽霞 …………………………………………… 163

劳动范式的转移与马克思的价值理论
　　——以认知资本主义理论与知识经济理论的论争为视角
　　　马丽娟 …………………………………………………… 185

四　发展理论

论全面建成小康社会的发展逻辑
　　　曹典顺　邵逸非 ………………………………………… 201
"以人民为中心"：唯物史观出场逻辑的当代传承与具体化运用
　　　孙　琳 …………………………………………………… 212

五　中国道路

马克思资本逻辑批判的三重空间与理论性质
　　　周露平　吴　岩 ………………………………………… 229
立足实践、认识规律：中国共产党成功之路的哲学反思
　　　冯建华　马遥昊 ………………………………………… 246

一

范式专题

当代中国马克思主义哲学教科书范式不可替代的世界观根据

曹典顺

[摘 要] 高等教育出版社和人民出版社的《马克思主义哲学》已出版多年,现在仍然作为当代中国马克思主义哲学教科书。尽管当代中国马克思主义哲学的研究范式和研究成果众多,但其教科书范式具有不可替代性。就马克思主义哲学具有认识世界和改造世界的功能和作用而言,当代中国马克思主义哲学教科书具有阐述中国道路解释原则的世界观功能。就马克思主义哲学具有理解世界的功能和作用而言,当代中国马克思主义哲学教科书具有论证中国价值真理逻辑的世界观功能。就马克思主义哲学具有影响世界的功能和作用而言,当代中国马克思主义哲学教科书具有融入中国特色传统文化的世界观功能。

[关键词] 当代中国马克思主义哲学 教科书范式 中国道路 世界观根据

袁贵仁等主编的《马克思主义哲学》是国家层面认定的当代中国马

---

* 基金项目:国家社会科学基金重大项目"改革开放以来中国特色社会主义的发展逻辑研究"(17ZDA003)和江苏省"333工程"科研课题(BRA2019088)的研究成果。

克思主义哲学教科书,第一章第一节的问题就是"哲学是理论形态的世界观"[①]。可见,在当代中国,作为教科书书写的马克思主义哲学研究成果,就不能仅仅是一个学术性的问题,还应该是一个能够帮助人们认识世界、改造世界、理解世界、影响世界的"世界观问题"。由于世界观问题是关系到个体思维方式和认知逻辑的重要前提问题,所以不论马克思主义哲学在当代中国创新了怎样多的研究范式,都无法取代马克思主义哲学教科书范式的功能和作用。也就是说,当代中国马克思主义哲学教科书范式具有不可替代性。否则,在中国道路中具有"根基"作用的唯物史观,就会因不能普及到人民群众之中而影响到社会秩序的稳定与和谐。基于上述认知可以判定,怎样才能够准确理解当代中国马克思主义哲学教科书范式为什么必须存在的世界观根据是一个哲学界必须研究的问题。中国的《马克思主义哲学》教科书与《马克思主义基本原理概论》教科书有相同之处,甚至一度被"同一"在一起。2009年后,虽然作为两种教科书出版,但两者的内容具有原理上的同一性和结论上的一致性,差别在于《马克思主义哲学》教科书更为重视马克思主义哲学的学术性,而《马克思主义基本原理概论》教科书更强调马克思主义哲学的传播性。本文讨论的当代中国马克思主义哲学教科书范式是《马克思主义哲学》教科书意义上的研究范式。之所以当代中国马克思主义哲学教科书范式必须存在,宏观上理解,是因为当代中国马克思主义哲学教科书能够向人们阐明中国道路和中国价值既具有合理性也具有合法性。微观上理解,是因为当代中国马克思主义哲学教科书既具有阐述中国道路解释原则的世界观功能,也具有论证中国价值真理逻辑和融入中国特色文化传统的世界观功能。

---

① 袁贵仁等主编:《马克思主义哲学》,北京:人民出版社、高等教育出版社2009年版,第1页。

一、当代中国马克思主义哲学教科书具有阐述中国道路解释原则的世界观功能

马克思主义理论与中国具体发展实际相结合的当代中国的社会发展道路表明,要理解中国道路的合理性和合法性就必须具有能够解释中国道路的基本哲学素养,而保障具有这一素养的马克思主义哲学知识,在当代中国马克思主义哲学教科书中都应该得到阐述。从"人民主权"的中国道路特征视角理解,哲学教科书的意义之一就是要阐述和传播具有"祖国意识"的世界观,所以,当代中国马克思主义哲学教科书能够增强人民对中国道路合理性和合法性的价值认同。人民经常论及的"中国",实际上是指"祖国"意义上的"中国",而不是"国家"意义上的"中国"。"祖国"一词和"国家"一词,虽然都有共同的一个字——"国",但两个字的内涵有着一定的差别。最为明显的差别在于,按照马克思主义哲学基本原理的理解,"国家"有着消亡的那一天,但"祖国"不会消失。这就是说,"国家"是一个政治概念,而"祖国"本真上却是一个文化概念——以"地域"为基础而不是以"血缘"为基础构建的文化概念。只有认同"祖国"不同于"国家",才能够理解"个体"可以没有"国家边界"但不能没有"祖国意识",即虽然科学无国界但科学家却有祖国。从"法治建设"的中国道路视角理解,哲学教科书的意义之一就是要阐述和传播具有"可行性意识"的世界观,所以,当代中国马克思主义哲学教科书能够增强人民对中国道路合理性和合法性的实践认同。马克思曾经明确指出,不是"国家"决定"市民社会",而是"市民社会"决定"国家"。① 这就是说,马克思主义哲学认为,"法"既是一个"政治概念",也是一个"社会概念"。据此理解,"法治建设"就是为了保障社会稳定和和谐而设计的"制度建设",但

---

① 参见《马克思恩格斯全集》第3卷,北京:人民出版社2002年版,第10页。

"法治建设"的内涵一定要体现出时代发展的水平，否则，那样的"法治建设"不但无法促进社会的稳定和和谐，还会导致社会的动荡和混乱。从这种意义上理解，作为对当下时代精神进行哲学概括的世界观不仅是构筑"法治建设"内涵应该如何的前提，而且也是检验"法治建设"是否具有可行性的根据，即只有人们认可的"法治建设"才会自觉践行，从而有效地增强中国人民在中国特色社会主义建设中的道路自由和制度自由。

之所以认为当代中国马克思主义哲学教科书应该阐述、解释中国道路具有合理性和合法性的哲学理论，因为当代中国马克思主义哲学教科书承担着传播令中国人民获得社会发展知情权所需要的基本哲学知识的职能。与资本主义体制下的"民主"与"自由"相比，"民主"与"自由"不仅是当代中国社会主义核心价值观不可或缺的重要内容，也是与资本主义体制下的"民主"与"自由"有着本质差别的"民主"与"自由"。所谓有着本质差别，就是指当代中国的"民主"与"自由"是"人民民主"和"人民自由"，而资本主义体制下的"民主"与"自由"却是"资本民主"和"资本自由"。从社会历史的发展进程理解，人类获得"民主"和"自由"的前提条件中不能没有"物质保障"，在资本主义社会就表现为不能没有"资本"，也就是说，"资本"具有积极意蕴的一个方面。然而，"资本"还具有傲慢的一个方面，即"资本民主"和"资本自由"会无意识或有意识地去践踏"人民民主"和"人民自由"。黑格尔对这一践踏有着明确的说明。黑格尔认为，"人民就是不知道自己需要什么的那一部分人"①。按黑格尔的这一逻辑，"人民民主"和"人民自由"就要被他人代理，"他人"是"谁"本质上不是由"人民"所决定的，而是由"资本"所操控，意即人民没有必要具有社会发展道路"是怎样"的"知情权"。中国道路不是资本主义道路，而是人民当家作主的中国特色社会主义发展道路，即中国道路是中国人民

---

① 黑格尔：《法哲学原理》，范扬、张企泰译，北京：商务印书馆1961年版，第319页。

"决定"的发展道路。既然如此，人民就必然要拥有中国道路任何运行的"知情权"。具有"知情权"的法定权利只是"知情权"内涵的一个方面，拥有"知情权"的认知能力也必不可少。如果人民不能具有拥有"知情权"的认知能力，就依然会存在黑格尔所认为的人民没有行使自己权利能力的客观现实，而这样的现实不是中国特色社会主义的发展道路。从上述逻辑理解，当代中国马克思主义哲学教科书的职能之一，就是要为人民提供拥有"知情权"认知能力的理论知识。

就哪些哲学理论具有可以准确解释当代中国道路具有合理性和合法性的宏观研究视角理解，作为当代中国马克思主义哲学教科书的《马克思主义哲学》，至少从三个视域阐述了与当代中国道路具有"同一性"的当代中国化马克思主义哲学理论的合理性和合法性。其一，就马克思主义哲学研究的主题视角理解，与马克思主义哲学的主题是为"无产阶级和人的解放"[①] 服务的目标相一致。当代中国化马克思主义哲学理论构筑的主题就是要服务于中国特色社会主义的理论建设，即当代中国道路具有理论逻辑的合理性和理论根据的合法性。马克思创立唯物史观的主题和观点从来都是明确的，即马克思主义是为无产阶级利益服务的。当代中国，《中华人民共和国宪法》将中华人民共和国确立为工人阶级领导的、以工农联盟为基础的中国特色社会主义国家。这就意味着，当代中国马克思主义哲学教科书必须阐述清楚中国道路的这一理论逻辑不仅具有理论逻辑的合理性，还必须阐述清楚它的理论根据是真正的马克思主义哲学的基本原理。其二，就实践与世界的关系视角理解，与马克思主义哲学认为"实践是人能动地改造世界的社会性的物质活动"[②] 的逻辑相一致。当代中国化马克思主义哲学理论构筑的理论逻辑就是要服务于中国特色社会主义理论的社会实践，即当代中国道路具有理论逻辑

[①] 袁贵仁等主编：《马克思主义哲学》，北京：人民出版社、高等教育出版社 2009 年版，第 35 页。

[②] 袁贵仁等主编：《马克思主义哲学》，北京：人民出版社、高等教育出版社 2009 年版，第 79 页。

的合理性和理论目标的实践性。中国道路是理论与实践相结合的结果，换言之，建构中国道路的"理论"与"实践"没有孰先孰后的问题意识，即"理论"中有"实践"和"实践"中有"理论"。当代中国改革开放的"社会实践"促进了当代中国化马克思主义哲学理论的形成、发展和完善的同时，当代中国化马克思主义哲学理论又不断促进中国道路的持续、健康和快速的发展。基于此，当代中国马克思主义哲学教科书必须阐述清楚中国道路的理论逻辑不仅具有理论逻辑意义上的合理性，还必须阐述清楚它的理论目标是根源于中国特色社会主义的社会实践。其三，就社会历史运动的规律性视角理解，与马克思主义哲学认为"社会历史运动也有自身的规律"① 的理念相一致。当代中国化马克思主义哲学理论构筑的理论规律就是来源于中国特色社会主义理论的现实道路，即当代中国道路具有理论规律的现实性和理论根据的合法性。就哲学而言，马克思指出，以往的"哲学家们只是用不同的方式解释世界，问题在于改变世界"②。就人类发展史而言，人类不断地改变世界。这就是说，哲学家们之所以能够改变世界，并不是因为哲学家具有特殊的能力，而是指哲学家们能够"总结和概括"社会历史运动、变化和发展的规律。当代中国马克思主义哲学教科书中的哲学理论就是对于中国特色社会主义道路建设"总结和概括"的理论逻辑，意即教科书概括的中国道路理论逻辑具有理论规律来源上的现实性和理论根据上的合法性。

二、当代中国马克思主义哲学教科书具有论证中国价值真理逻辑的世界观功能

马克思主义理论的真理逻辑与中国道德观念相结合的当代中国社会的发展理念表明，要理解中国价值的合理性和合法性，就必须具有能够

---

① 袁贵仁等主编：《马克思主义哲学》，北京：人民出版社、高等教育出版社2009年版，第147页。

② 《马克思恩格斯选集》第1卷，北京：人民出版社2012年版，第136页。

论证清楚中国价值具有真理意蕴的基本哲学素养,而保障具有这一素养的马克思主义哲学知识,在当代中国马克思主义哲学教科书中都应该得到论证。真理问题和价值问题虽然不是一个层面的哲学问题,但二者有着密不可分的相互关系。就二者的本质性差别视角理解,真理属于一元性质的客观性问题,价值属于多元性质的选择性问题;就二者的相互关联视角理解,真理观影响着价值观的确立,价值观左右着真理观的形成。这就是说,虽然真理是客观的,但认识真理却是人的主观行为,所以真理与价值的关系往往被人们混淆,以至于人们认为真理与价值是一个层面的问题,即许多人认为真理观就是价值观。改革开放前,中国社会主义建设的真理逻辑依据的是经典作家文本文献中的理论逻辑,也就是说,那时中国社会主义建设理论来源于马克思等人的论著、通信、笔记和谈话等。是的,将这些论著、通信、笔记和谈话置于当时的语境中,应该没有什么问题,但问题是,马克思的观点和结论都是有特定社会背景的,也就是说,马克思要解决的问题是有边界的。关于这种认知,正如马克思在就《资本论》阐释的社会发展规律进行辨析时所指出的那样,"如果俄国继续走它在1861年所开始走的道路,那它将会失去当时历史所能提供给一个民族的最好的机会,而遭受资本主义制度所带来的一切灾难性的波折"[①]。马克思的观点告诉我们,中国社会主义建设的理论逻辑不能仅从他现在的理论中寻找根据。我们将此理解为,这是马克思在提醒人们要重视唯物史观,而不应该照抄照搬他在特定的社会背景下提出的既定理论逻辑。改革开放后,经过以哲学为先导的"真理逻辑"的反思,人们认识到实践不仅是检验真理逻辑的标准,而且是唯一标准。这一标准在中国道路中的践行,使得中国价值发生了重要的变化,如贫穷不是社会主义,社会主义也可以有市场,等等。这就是说,中国道路的实践证明,真理逻辑问题影响着中国价值的选择和确立。因

---

① 《马克思恩格斯选集》第3卷,北京:人民出版社2012年版,第728页。

此,当代中国马克思主义哲学教科书应阐明真理与价值的联系,帮助人们正确认识当下中国价值选择的合理性和合法性的根据是什么,增强中国人民在中国特色社会主义建设中的理论自信、道路自信、制度自信和文化自信。

之所以认为当代中国马克思主义哲学教科书应该阐述解释中国价值具有合理性和合法性的哲学理论,是因为当代中国马克思主义哲学教科书承担着传播令中国人民获得制度认同感所需要的基本哲学知识的职能。所谓制度认同观,就是指人民对中国道路坚持中国特色社会主义发展方向和发展理念所表现出来的价值意义上的认同,即人民认同中国道路的发展方向和发展理念。这就是说,中国价值的合理性和合法性离不开人们的制度认同感。从中国价值的合理性视角理解制度认同感可以发现,只有人们认为中国价值是中国人民理性选择的结果,人们才会对与这一中国价值相统一的中国特色社会主义制度予以认同,即中国价值的合理性表现为自身的建构逻辑是否具有合理性之上。换言之,中国价值的合理与否取决于中国价值内涵是否合理。众所周知,英国政治家撒切尔夫人曾经提出中国只能输出商品不能输出思想的结论。[①] 这里的思想就是指中国价值。也就是说,撒切尔夫人等一些所谓的政治家和思想家认为中国的价值观都是借鉴或抄袭西方价值的结果。撒切尔夫人之所以如此认为,是因为她不了解当代中国的意识形态,误把中国价值是马克思主义价值观的基本原理与中国实际相结合的结果理解为"马克思当年的哲学"或"马克思当年的思想"。事实上,自五四时期以来,中国人民时刻在进行着马克思主义中国化的努力。仅就学术研究而言,马克思主义价值哲学已经成为哲学界重要的学术研究领域,总结和概括当代中国价值是其基本的学术任务。从中国价值的合法性视角理解制度认同感可以发现,只有人们认为中国价值是与中国人民获得自由自在生存方式

[①] 《陈云文选》第三卷,北京:人民出版社1995年版,第279页。

的社会理想相统一的价值选择，人们才会对与这一中国价值相统一的中国特色主义制度予以认同，即中国价值的合法性表现为中国价值的思想前提是否具有人民性之上。换言之，中国价值的合法性与否取决于人民是否认同。西方主要国家的诸多政党都是以"人民的名义"建立的，如英国的"工党"就是由工会发起成立的服务于工人阶层的政党，法国的"人民运动联盟"更是直接以人民命名，等等。基于此，西方主要发达国家认为他们的国家价值是人民投票选举确立的，所以具有合法性。按此逻辑理解，中国价值也是中国人民选择的结果，是中国人民摸着石头过河式地选择的。甚至可以说，中国价值是中国人民付出深刻的代价后才总结而来的。所以，它不仅是中国人民智慧的结晶，更是中国人民选择的结果。

就哪些哲学理论具有可以准确解释当代中国价值具有合理性和合法性的宏观研究视角理解，作为当代中国马克思主义哲学教科书的《马克思主义哲学》，至少从三个视域阐述了与当代中国价值具有"同一性"的当代中国化马克思主义哲学理论的合理性和合法性。其一，就世界观、真理观和价值观之间的关系视角理解，与马克思主义哲学是科学的世界观、真理观和价值观"有机统一"[①]的观念相一致。当代中国化马克思主义哲学理论构筑的中国价值问题，就是要合理诠释作为世界观的中国特色社会主义理论是如何实现了真理观意义上和价值观意义上的"统一性问题"，即当代中国价值具有理论逻辑的合理性和理论根据的合法性。马克思主义的真理观就是实践真理观。马克思主义的科学性就在于认为世界观、真理观和价值观是统一于客观的社会实践的，而唯心史观的虚幻性则在于对世界观、真理观和价值观确立上的主观的彼岸逻辑。只要中国道路是马克思主义指导的社会发展道路，中国价值就不能

---

① 袁贵仁等主编：《马克思主义哲学》，北京：人民出版社、高等教育出版社2009年版，第305页。

脱离马克思主义的社会实践思维。因为，一旦某一个中国社会中的价值思想背离了马克思主义的世界观、价值观和真理观，那么它就不能称为与中国道路相统一的中国价值，意即马克思主义哲学不仅能够为中国价值提供理论逻辑上可以成立的合理性原因，也能够为中国价值提供思想根据意义上的合法性来源。其二，就人们在社会运行过程中应该具有的价值视角理解，与马克思主义哲学认为"历史规律是在人类活动的合力作用中形成的，并且是通过人类活动的合力作用实现的"[①] 的逻辑相一致。当代中国化马克思主义哲学理论构筑的中国价值问题，就是要合理诠释中国价值是中国人民合力选择的服务于中国特色社会主义建设实践的思想资源，即当代中国价值具有理论逻辑的合理性和理论目标的实践性。马克思主义哲学认为，人类自由自在的存在状态是人类最高层次上的存在方式。这里的"自由自在"就蕴含着每一个个体都具有参与社会发展的权利、能力和行为，意即中国价值必须能够体现出每一个个体都可以参与到社会运行的全过程之中。否则，中国特色社会主义建设的实践就不再是全体中国人民合力选择的结果，就会导致与其相统一的中国价值成为理论逻辑上的非马克思主义，导致理论目标上的主观随意。理论逻辑上的非马克思主义表明中国价值的理论逻辑与马克思主义哲学的理论逻辑相背离，理论目标上的主观随意意味着中国价值目标背离了社会合力论诠释的实践性原则。其三，就人民群众在社会发展中的作用视角理解，与马克思主义哲学认为"人民群众才是历史的主体"[②] 的理念相一致。当代中国化马克思主义哲学理论构筑的中国价值问题，就是包含要准确诠释中国人民确立与中国特色社会主义理论相统一的中国价值的正确性，即当代中国价值具有理论规律的现实性和理论根据的合法

[①] 袁贵仁等主编：《马克思主义哲学》，北京：人民出版社、高等教育出版社2009年版，第162页。

[②] 袁贵仁等主编：《马克思主义哲学》，北京：人民出版社、高等教育出版社2009年版，第219页。

性。既然马克思主义哲学认为人民群众是社会历史的创造者,那么当代中国化的马克思主义哲学理论就应该认为,中国价值作为中国人民面向世界、面向未来的思想目标和精神导向,一个基本的内涵就是中国人民都应该是中国价值中的主体性存在。当然,马克思主义哲学的合力论并没有否定英雄人物的作用和价值,意即当代中国化马克思主义哲学理论构筑的中国价值理论虽然不会否定英雄人物的存在,但也不会夸大英雄人物的价值。衡量是否夸大了个人价值的作用,就是要看当代中国价值具有的理论规律的内涵是否脱离了中国道路的现实实践,因为一旦中国价值的理论规律脱离了中国道路的现实实践,中国价值理论内涵的理论根据就失去了存在的合法性。

三、当代中国马克思主义哲学教科书具有融入中国特色文化传统的世界观功能

马克思主义理论与中国特色文化传统相结合的当代中国的主流意识形态表明,要理解中国文化的合理性和合法性,就必须具有能够解释中国优秀传统文化能够融入当代中国文化的基本哲学素养,而保障具有这一素养的马克思主义哲学知识,在当代中国马克思主义哲学教科书中都应该得到阐释。马克思主义哲学告诉人们,社会意识的发展具有历史继承性,而文化既是一个精神元素,也是一个历史元素,所以中国文化既要体现出与当下中国道路相统一的中国人民的文化素质,还要体现出标志着中华文明的中国优秀传统文化。当代文化水平和优秀文化传统之间的关系本应该是发展与继承之间的素朴和简单的关系,但它们在当下中国的关系却是十分复杂的。因为,一些人把马克思主义文化当作西方文化来理解和诠释,从而借助西方文化来解释马克思主义文化,而西方主流的自由主义文化又借助中国的这一研究路向借机兜售西方文化,实现对当代中国的文化殖民,结果就是中国社会出现了历史虚无主义和文化

虚无主义的意识形态问题。就其文化应该具有的本质特征理解，造成历史虚无主义和文化虚无主义的原因并不是因为中国优秀传统文化出了问题，甚至不能说是中国传统文化出了问题，而是因为中国文化的土壤是农耕文化和农业文明，但五四运动以后的中国却开始了工业文化和工业文明的社会发展。当然，造成这一社会发展模式急剧变化的原因并不是根源于文化因素，而是根源于外国列强的资本扩张，即中国文化在外国列强的枪炮之下受到了强烈的冲击。冲击、博弈、斗争的结果就是"师夷长技以制夷"的现代性文化被认为是优越于中国传统文化的先进文化。然而，社会实践的世界历史（尤其是资本逻辑导致的全球化发展历史）表明，在全世界实现共产主义社会之前，作为社会发展精神动力的文化是不能失去民族独立性的，因为人们已经充分认识到文化自信对于一个民族的重要性，即人们认识到"文化越来越成为民族凝聚力和创造力的重要源泉，越来越成为综合国力竞争的重要因素，丰富精神文化生活越来越成为人民群众的热切愿望"[①]。这就是说，当下中国的主流文化，不仅必须具有与现代化发展相适应的中国新现代性文化的意蕴，还必须具有中华优秀传统文化的意蕴。作为时代精华表征的当代中国马克思主义哲学教科书，既要阐释文化在社会发展过程中具有不可替代的意义，又要论证文化的民族性特征。人们通过学习这样的当代中国马克思主义哲学教科书，就能够具有判定怎样的中国价值才是具有合理性和合法性的能力。

之所以认为当代中国马克思主义哲学教科书应该解释中国文化具有合理性和合法性的哲学理论，是因为当代中国马克思主义哲学教科书承担着传播令中国人民获得文化归属感所需要的基本哲学知识的职能。宏观上理解中国文化，中国文化既提倡爱国主义，也提倡国际主义。这里

---

① 袁贵仁等主编：《马克思主义哲学》，北京：人民出版社、高等教育出版社2009年版，第241页。

的爱国主义和国际主义是唯物辩证的关系，人们既不能用爱国主义否定国际主义，也不能用国际主义否定爱国主义。用爱国主义否定国际主义的后果就是狭隘民族主义的产生，用国际主义否定爱国主义的后果就是民族虚无主义的产生。如果说狭隘民族主义下的文化归属感是没有格局的坐井观天式的虚幻自豪感，那么民族虚伪主义之下根本就不存在文化归属感。人既是理想的动物，也是情感的动物，所以人的自由自在的存在方式中也必然会包含有文化自豪感的精神状态，这种文化自豪感，"一方面要反对无视文化民族性的历史虚伪主义和妄图以某种文化一统天下的文化霸权主义，另一方面又要反对拒斥文化世界性的狭隘民族主义"①。值得关注的是，中华文化是一个有着悠久历史和辉煌成果且从来没有被中断过的民族文化。也就是说，中国人民理应为作为中国人而具有文化上的自豪感，或者说，中国人民没有理由不为中华文化而自豪。但实际状况却是有一些人不愿称自己为中国人和不愿做中国人，如一些留学生本来是依靠中国政府资助才得以完成的学业，但毕业后却不愿回到中国参与到中国特色社会主义的现代化建设之中。从意识形态的视角理解这一现象产生的原因，一定意义上是因为这些没有中国文化归属感的人，根本不了解或不愿了解何为当代中国文化和何为中国优秀传统文化。造成人们不了解当代中国文化内涵和不了解中国灿烂优秀传统文化的原因是多方面的，而要想扭转这一局面的基础工作之一就是发挥教科书的作用。就哲学视域的教科书了解，当代中国马克思主义哲学教科书就应该承担解释为什么当代中国文化具有合理性和合法性职能的任务。通过当代中国马克思主义哲学教科书对当代中国文化的准确诠释，让人们感受到当代中国文化不是舶来品，而是借助马克思主义理论的认知逻辑将中国优秀传统文化进行了现代性意义上的内涵改造，即当代中国文

---

① 袁贵仁等主编：《马克思主义哲学》，北京：人民出版社、高等教育出版社2009年版，第255页。

化依然与中华文化血脉相连，值得中国人民尊重和自豪。

　　就哪些哲学理论具有可以准确解释当代中国文化具有合理性和合法性的宏观研究视角理解，作为当代中国马克思主义哲学教科书的《马克思主义哲学》，至少从三个视域阐述了与当代中国文化具有"同一性"的当代中国化马克思主义哲学理论的合理性和合法性。其一，就当代中国文化应该具有怎样的内涵视角理解，与马克思主义哲学认为文化不仅包含社会心理而且还包括社会意识形式的观念①相一致。当代中国化马克思主义哲学理论构筑的当代中国文化问题，就是要合理诠释作为世界观的中国特色社会主义理论是如何将中国优秀传统文化融入到了当代中国文化的内涵之中的，即当代中国文化具有理论逻辑的合理性和理论根据的合法性。许多人习惯于将中国的五四运动与日本的明治维新相比较，因为两者的目的都是为了实现对本国文化的改造。比较的结果是：日本的明治维新比较彻底（即全盘西化），而中国以"民主、科学"为主旨的文化变革没有实现西方模式。实践证明，导致这一结果的根本原因不是中国人民的闭关锁国，而是在于"社会心理"上无法放弃中国传统的思维方式（如放弃不了德性思维、中庸思维、血缘思维等），"社会意识形式"上无法忘记中国优秀传统文化中的古训（如"先天下之忧而忧""位卑未肯忘忧国"）。这一现象表明，如果当代中国文化不在"社会心理"和"社会意识形式"的要素中融入中国优秀传统文化，就不仅没有理论逻辑上的合理性，也得不到人民群众的支持，而人民群众不支持的文化就是没有理论根据合法性的文化。其二，就当代中国文化应该能够具有怎样的社会功能视角理解，与马克思主义哲学认为"文化作为社会生活的一个重要组成部分，既是对社会经济、政治生活的反

---

① 袁贵仁等主编：《马克思主义哲学》，北京：人民出版社、高等教育出版社2009年版，第242页。

映，又对全部社会生活有着巨大的影响"①的逻辑相一致。当代中国化马克思主义哲学理论构筑的中国文化问题，就是要合理诠释当代中国文化是中国特色社会主义建设实践中不可或缺的思想资源，即当代中国文化具有理论逻辑的合理性和理论目标的实践性。当代中国化马克思主义哲学理论认为，在科学技术得到巨大发展的 21 世纪，不仅科学技术是第一生产力，而且文化也具有了第一生产力的价值意蕴，因为文化不仅标志着一个国家和民族的先进程度，也引导着科学技术的发展方向和发展目标。这种理论逻辑既是马克思主义文化观在当下时代的实践表现，也是马克思主义文化观中应该存在的理论逻辑。既然当代中国文化是马克思主义文化观的应有之义，就意味着当代中国文化具有理论逻辑的合理性，而其作为社会实践的反映又昭示着当代中国文化的理论目标具有实践性。其三，就多姿多彩的世界文化体系的视角理解，与马克思主义哲学认为"民族精神是民族文化的核心和灵魂。推进社会发展，必须弘扬和培育民族精神"②的理念相一致。当代中国化马克思主义哲学理论构筑的当代中国文化价值问题，就是包含要准确诠释与中国特色社会主义理论相统一的当代中国文化融入中国优秀传统文化的正确性，即当代中国文化具有理论规律的现实性和理论根据的合法性。语言哲学意义上理解，语言就是文化。用马克思的观点理解就是，"语言本身就是这个共同体的存在，而且是它的不言而喻的存在"③。马克思的观点很明确，每一个民族的存在都是有着自己民族文化的独立存在。从这种逻辑上理解，民族精神既是一个文化要素，也是一个历史要素，即民族精神是一个由民族文化积淀形成的具有传承价值的民族文化的核心和灵魂。既然

---

① 袁贵仁等主编：《马克思主义哲学》，北京：人民出版社、高等教育出版社 2009 年版，第 246 页。

② 袁贵仁等主编：《马克思主义哲学》，北京：人民出版社、高等教育出版社 2009 年版，第 253 页。

③ 《马克思恩格斯全集》第 30 卷，北京：人民出版社 1995 年版，第 482 页。

如此，当代中国文化的理论规律就必须能够反映出人民群众对民族精神的现实性需要，中华民族精神也必须能够成为当代中国文化建构的理论根据。

（作者曹典顺系江苏师范大学哲学范式研究院院长、江苏师范大学马克思主义学院院长、教授，哈尔滨师范大学博士生导师；主要研究方向为哲学基础理论、马克思主义文本文献学、社会哲学、文艺哲学）

出场学视域中的唯物史观演进逻辑

——近年来唯物史观理论史研究的新动向

冯建华

[摘　要] 以出场学视域研究唯物史观演进的逻辑，聚焦于唯物史观的生成逻辑，包括唯物史观生成逻辑的总体研究和具体研究两个方面。在总体研究方面，主要研究唯物史观的性质、生成逻辑的类型，确立科学的唯物史观生成逻辑。认为唯物史观的哲学形态论、多元存在观点论、创新出场论三种性质理解，对应着一次完成论、断裂无序论、创新出场论三种生成逻辑的类型，"创新出场论"是唯一科学的生成逻辑。唯物史观生成逻辑的具体研究，集中在经典唯物史观出场逻辑、中国唯物史观出场逻辑的研究等两个领域。前者认为马克思经典唯物史观包括哲学批判、政治经济学批判、人类学研究三个阶段、三种研究范式；后者认为，唯物史观中国出场逻辑的主线是新现代性，包括革命逻辑和发展逻辑两大类型。它们都超越了西方资本逻辑的现代性道路、苏联社会主义现代性的革命和建设道路，具有世界意义。这一研究开辟了唯物史观出场逻辑整体结构、东方逻辑的研究领域，同时也面临着进一步对西方马克思主义进行定位，唯物史观中国逻辑的纯粹理性形态建构、话语建构等课题。

[关键词] 唯物史观生成逻辑　出场学视域　创新出场论　经典唯物史观　唯物史观中国逻辑

近十年来，伴随着中国道路实践的现实进展、伴随着中国道路取得的历史性成就，尤其是随着习近平新时代中国特色社会主义思想显示出巨大现实作用，历史唯物主义作为马克思主义哲学中国化的学理基础、作为新时代中国特色社会主义理论的马克思主义哲学基础，越来越成为当代中国马克思主义哲学研究的中心、焦点，学界也越来越认识到在坚守历史唯物主义基本原理和原则的同时，更必须深入探讨唯物史观的创新和发展，确立唯物史观创新发展的标准、依据、路径、内在逻辑，探讨作为唯物史观创新形态与经典形态的逻辑关联，自觉为中国特色社会主义道路、为习近平新时代中国特色社会主义思想奠定马克思主义哲学根基。马克思主义哲学史研究作为一种独立的研究范式，主要从史论结合、逻辑与思想史统一的角度研究马克思主义哲学，其中唯物史观理论史一直是马哲史的一个重要内容。21世纪以后，根据马克思主义原理研究范式的成果，国内大多数学者越来越认为唯物史观不仅是马克思主义哲学的一个内容，而且是"全部马克思主义哲学的本质所在"，因而唯物史观理论史研究在整个马哲史范式研究中占据核心地位；马哲史范式研究必然基于自身研究特点、研究重点，反映时代要求和理论要求，更加深入探讨唯物史观理论发展史的基本问题。近年来，尤其在2019年马哲史研究中，基于出场学视域探讨唯物史观演进逻辑、进而研究唯物史观中国逻辑的演进，成为一个引人注目的研究动向。这一动向主要包括唯物史观总体生成逻辑、重新反思的经典唯物史观出场史、唯物史观的东方出场逻辑、唯物史观中国出场逻辑、当代中国唯物史观出场逻辑等内容。反映这一动向的主要代表性成果有：任平的《论唯物史观的中国逻辑及其世界意义》（载《哲学研究》2019年第8期）、《论新现代性的中国道路与中国逻辑》（载《江苏社会科学》载2019年第2期）、《论作为一种关于当代马克思主义哲学研究范式的出场学》（载《天津社会科学》2017年第2期）、《论马克思主义出场学研究的当代使命》（载《江海学刊》2014年第2期），曹典顺的《唯物史观理论演进的研究范式》（载《中国社会科学》2019年第8期），张丽霞、任平的《唯物史观生成逻辑之辨》（载《理论探讨》2019年第6期）等论文。笔者主要基于对上述成果所呈现出来的研究特点、趋势、贡献进行探讨，以期推进马哲史范式研究的深入进行。

一、基于出场学视域对唯物史观生成逻辑的总体研究

唯物史观生成逻辑的研究建立在对唯物史观性质、研究方法论的基础上，对唯物史观性质的不同理解、使用不同的研究方法论，会导致对于唯物史观生成逻辑的不同理解，只有以出场学视域研究唯物史观生成逻辑的"创新出场论"才是科学的研究视域，这些方面是以出场学视域对唯物史观生成逻辑总体研究的内容。

20世纪中国传统的唯物史观史叙事中，其基本前提是将唯物史观视为在马克思《德意志意识形态》《哲学的贫困》等著作中已经形成的经典理论体系；《资本论》作为马克思的经济学著作，只是唯物史观原理体系的应用；苏联和中国关于无产阶级革命、社会主义建设道路的理论也是唯物史观原理的具体应用和发展，与此相对应，唯物史观理论史研究的重点是经典唯物史观的形成史，唯物史观的应用史、传播史，以及根据经典唯物史观指导东方进行社会主义革命、建设而形成的社会主义理论的发展史。

这就将唯物史观原理看成是既成恒定的，作为其理论应用的经济学理论、社会主义理论也是既成的，不符合这些理论的内容都不属于唯物史观，在马哲史研究中不能纳入到唯物史观理论史之中。

西方马克思主义反对将唯物史观理论解释为教科书化的体系，因而被完全排斥在唯物史观之外；苏东剧变后，这些国家社会主义实践的退场，给经典唯物史观的应用带来了解释困难；又由于中国社会主义道路不再简单延续唯物史观经典理论、社会主义经典理论的具体结论，探索出以社会主义市场经济为核心的特色社会主义道路，因而当时就一直伴随着严重的理论质疑。中国特色社会主义的实践取得巨大历史成就宣布

了自身的生命力与合法性，而如何在理论上准确理解唯物史观的本质，在马哲史研究中如何确立符合唯物史观的标准，继而如何甄别不同"形态"唯物史观，怎样才能将不同唯物史观纳入唯物史观理论演变史之中，就成为一个重要且没有完全得到科学解决的问题，这一问题不解决，就会直接影响到马哲史叙事的内容，影响到将哪些理论纳入进唯物史观，在唯物史观演变中不同唯物史观形态之间的内在逻辑等一系列问题。

（一）唯物史观生成逻辑研究的意义和内容

唯物史观生成逻辑既是唯物史观理论史研究的基础性问题，也是马哲史范式研究的重要问题，是对唯物史观、马哲史观的前提反思，它直接关涉到对一系列重大问题的不同理解：唯物史观理论性质究竟是一次完成还是创新发展的？唯物史观究竟是单一理论形态还是可以存在不同理论形态？如果存在多种理论形态，它们是单一理论形态的运用和传播，还是有着相对独立的存在形态？衡量各种理论形态唯物史观性质的标准何在？不同唯物史观理论形态之间是如何联系起来的？是基于同一本质而创新发展的还是仅杂乱并列、毫无规律可循的？研究唯物史观理论史应该采取绝对化方法论还是解构主义方法论亦或创新出场的方法论？因而怎样理解唯物史观的生成逻辑问题，直接影响到对唯物史观性质的不同理解、不同的唯物史观理论史书写方式、不同的研究方法论等一系列重要问题。

首先，唯物史观生成逻辑的不同理解起因于对唯物史观性质的不同理解。对唯物史观理论性质的理解有三种类型：第一种理解是"唯物史观哲学形态论"，就是指唯物史观只有一种哲学理论形态，可以成为解释世界和改造世界的世界观和方法论，不存在多种理论形态；第二种理解是"唯物史观多元存在观点论"，就是指唯物史观是一种具体社会存在的"解释原则"，属于"哲学形态"较低层次的理论，可以有多种唯物史观的哲学形态；第三种理解就是出场学视域中的唯物史观，"从历史语境出发，把马克思主义始终看作是对时代问题的解答，进而考察马克思主义的与时俱进的历史逻辑，这一思维方式，就是出场学视域"①，它认为唯物史观永远处在不断创新出场状态之中，不会停留于一种固定不变的哲学理论形态，同时也不是丧失本质规定性、完全随意建构的理论形态。

其次，对唯物史观性质的不同理解对应着唯物史观不同的生成逻辑，即唯物史观的生成逻辑也有三种基本类型："唯物史观哲学形态论"认为唯物史观是既成的、恒定不变的，"已经'客观存在'的唯物史观，理应只能存在一种生成逻辑，即'唯物史观一次完成论'"②，即它只能由非唯物史观逐渐形成、创立，即只有一种由非唯物史观生成为唯物史观的逻辑，它一经形成之后，便只能有运用逻辑、传播逻辑，而不可能再有生成逻辑。"唯物史观多元存在观点论"主张作为解释原则的唯物史观存在多元理论形态，"唯物史观的基本原理可以被多重逻辑表述……唯物史观的研究和逻辑是没有规律的"③，即唯物史观的多种理论形态之间没有规律、处于杂乱无序状态，称为"断裂无序论"生成逻辑。出场学视域理解的唯物史观主张"唯物史观不应该只是一个一经生成就持续在场的哲学形态，而应该是一个能够以不断重新出场的形式实现创新在场的'哲学逻辑'"④，就是"唯物史观的创新出场论"生成逻辑。

最后，唯物史观三种生成逻辑对应三种方法论，不同的方法论具有不同特点。"一次生成论逻辑"的方法论有三个特点：真理模式化、真理标准化、真理永恒化。"真理模式化"便于人们准确理解和把握唯物史观，指导人们在实践中践行唯物史观；"真理标准化"有利于避免唯物史观遭受曲解；"真理永恒化"则有利于唯物史观更广泛地传播、运用。"断裂无序论"则认为唯物史观的研究没有逻辑。马克思认为什么

---

① 任平：《论马克思主义哲学研究的出场学视域》，载《中国社会科学》，2008 年第4期。
② 张丽霞、任平：《唯物史观生成逻辑之辨》，载《理论探讨》，2019 年第 6 期。
③ 张丽霞、任平：《唯物史观生成逻辑之辨》，载《理论探讨》，2019 年第 6 期。
④ 张丽霞、任平：《唯物史观生成逻辑之辨》，载《理论探讨》，2019 年第 6 期。

重要就研究什么，具有解构主义方法论、哲学观点多样化方法论、基本原理相对化方法论。"创新出场论"方法论特点也表现在三个方面：唯物史观原理时代化、唯物史观原理多样化、唯物史观原理差异化。

（二）"创新出场论"生成逻辑是唯物史观理论史研究的科学逻辑

通过对唯物史观生成逻辑三种方式的研究可以看出，"一次生成论"和"断裂无序论"两种生成逻辑在对唯物史观性质、研究方法论等方面的理解存在明显缺陷，而"创新出场论"则扬弃了前两种生成逻辑的片面性和缺陷，同时又吸收了两者的积极因素，因而是理解这一问题的科学视域，它是前两种理论视域的合题，是辩证法精神的深度体现。

首先，在对唯物史观性质理解方面，"一次生成论"将唯物史观看成固定不变的单一理论形态，看成一经形成就永恒不变的结论，这就背离了马克思唯物史观的本质精神，即"是从对人类历史发展的考察中抽象出来的最一般结果的概括。这种抽象本身离开了现实的历史就没有任何价值……它们绝不提供可以适用于各个历史时代的药方和公式"[1]，从而变成马克思所批评的"超历史的""一般历史哲学这一把万能钥匙"[2]，成为一种自我封闭的教条，失去了作为"时代精神精华"、与时俱进的本质精神，是一种绝对主义的态度。而"断裂无序论"则正好走向反面，虽然它否定和批评了"一次生成论"的绝对主义、教条主义缺陷，看到了唯物史观是在不断发展变化，而非终止于一种终极形态，可以存在不同的唯物史观理论形态，但是它否认唯物史观具有自身本质、内在规定性，因而任何人都可以任意解释、建构唯物史观，各种任意建构的唯物史观之间是断裂无序的、毫无规律可循，这实际走向相对主义，带有后现代解构主义色彩。只有出场学视域中的"创新出场论"生成逻辑才能既克服绝对主义的理解，又克服相对主义的理解，即承认唯

---

[1] 《马克思恩格斯选集》第1卷，北京：人民出版社1995年版，第73—74页。
[2] 《马克思恩格斯文集》第3卷，北京：人民出版社2009年版，第466—467页。

物史观是随着时代发展而创新发展的，可以存在多个创新出场的唯物史观理论形态；同时创新出场的唯物史观形态又不是任意建构的、随意在场的，而是有着确定的衡量标准：面向时代问题、立足现实实践、反映时代本质就是衡量是否属于唯物史观的标准，"马克思主义哲学体系的本质是由一定的历史语境造就、依赖一定出场路径的出场形态，决不能教条主义地将其看成一经出场就永恒在场不变的理论体系，马克思主义只有不断创新出场才能秉持在场"。①

其次，在生成逻辑本身的理解方面，"一次生成论"由于只承认一种终极不变、标准的唯物史观理论形态，因而它只承认一种生成逻辑，即在经典唯物史观诞生之前，由非唯物史观逐步生成为唯物史观的逻辑；而形成标准的唯物史观之后，便只能有运用逻辑、传播逻辑，而不可能再有生成逻辑，这在本质上是一种"半截子生成逻辑"。"断裂无序论"由于不承认唯物史观本身具有内在本质和规定性，因而夸大了不同唯物史观理论形态之间的差异，而否定它们之间具有同一性，因而将任意建构的唯物史观都视为唯物史观发展形态，各种所谓的唯物史观形态之间就没有生成发展的规律、内在关联，只能是各种流变、无限差异理论的外在汇聚，只有发展变化而丧失了唯物史观的本性，是一种"伪生成逻辑"。"创新出场论"的生成逻辑才是科学合理的，它既能吸收"一次生成论"强调唯物史观内在本质性的合理性，又扬弃了其"半截子生成逻辑"的缺陷；既吸收"断裂无序论"强调唯物史观始终发展变化的合理性，又扬弃了其否定内在规定性、相对主义的"伪生成逻辑"缺陷。"创新出场论"的生成逻辑才是真实的马克思唯物史观的生成逻辑，它不会封闭于某一种固定形态，必然会随着现实时代的发展而产生创新形态。各种具有一定差异性、创新出场的唯物史观形态都必须反映变化了的时代本质，"马克思主义出场形态存在着历史的同一与差异的循环。

---

① 任平：《当代中国马克思主义哲学创新范式图谱》，载《中国社会科学》，2017年第1期。

历史就是同一，因为在场者的存在具有同一性；历史就是差异，每一次出场总是一种差异……马克思主义通过重新出场而秉持在场，通过历史的差异而保持同一，通过否定与创新而保持思想的生命与活力。这就是'同一'与'差异'的历史循环"①。它们之间存在具有内在同一性基础上的生成逻辑，避免了"半截子唯物史观的生成逻辑"和"伪唯物史观的生成逻辑"。

最后，在研究方法论方面，"一次生成论"生成逻辑的方法论有三个方面特点：真理模式化、真理标准化、真理永恒化。诚然，这些特点有利于人们准确把握、广泛传播唯物史观，避免人们的误解，但是这些特点存在一个致命缺陷：带有形而上学思维方式色彩，没有真正从发展、变化、创新的角度研究唯物史观，整体上属于绝对主义的方法论。"断裂无序论"具有解构主义方法论、哲学观点多样化方法论、基本原理相对化方法论的特征，这些特点虽然在一定程度上克服了"一次生成论"方法论形而上学绝对性的一面，但带来更大缺陷："解构主义方法论"导致唯物史观适用性边界不确定、"哲学观点多样化方法论"会削弱唯物史观真理权威性、"基本原理相对化方法论"容易导致丧失唯物史观的"科学性"维度，最终使唯物史观成为一种丧失内在规定性、任人描画的"大花脸"，整体上坠入相对主义方法论。"创新出场论"生成逻辑的方法论具有唯物史观原理时代化、多样化、原理差异化特点，可以有效消除唯物史观的过时论、无用论、失灵论，并更好地引导人们去创新不同时代、不同实践的唯物史观形态，甄别出合理的唯物史观形态，真正做到以辩证法的原则看待唯物史观，避免绝对化方法论、相对主义方法论两个极端。

二、出场学视域中唯物史观生成逻辑的具体研究

唯物史观生成逻辑的研究既包括总体研究，又包括具体研究。出场

---

① 任平：《论马克思主义"出场学"的两个循环》，载《学术月刊》，2008年第9期。

学视域中唯物史观生成逻辑的具体研究包括两个部分：经典唯物史观出场逻辑研究，唯物史观中国出场逻辑研究。这是因为"出场学研究的当代使命有三：一是深描当年马克思主义、特别是唯物史观出场逻辑；二是在对资本创新逻辑的深刻批判中揭示马克思主义与时俱进逻辑；三是全面阐释中国化马克思主义出场的历史语境、出场路径和出场形态"①。"当年马克思主义唯物史观的出场逻辑"就是经典唯物史观的生成逻辑，"中国化马克思主义出场逻辑"就是中国唯物史观的生成逻辑。

（一）经典唯物史观出场逻辑的具体研究

马克思经典唯物史观出场史研究与传统的唯物史观形成史属于同一研究领域，但笔者认为由于研究视域不同，即它立足于出场学视域、纳入到"创新出场论"生成逻辑之中，不同于传统"唯物史观哲学形态论"的观点，也不同于"一次生成论"的生成逻辑，因而在经典唯物史观生成逻辑的性质、内容、完整过程等方面得出一系列创新性结论，因而与传统唯物史观形成史研究有所不同，在马哲史研究中具有创新意义。

首先，在对唯物史观生成逻辑性质的理解方面，"创新出场论"理解的经典唯物史观生成逻辑的根本不同于"一次生成论"的理解，如前所述，后者属于"半截子唯物史观生成逻辑"，因而将唯物史观的生成止步于《德意志意识形态》《哲学的贫困》等著作，将其后的马克思哲学思想、马克思去世之后其他马克思主义哲学家的思想看作已经完成唯物史观的应用，而唯物史观本身不再生成发展。

"创新出场论"则认为，"唯物史观并不是通常认为的'唯物史观经典表述'意蕴上的铁板一块，即《德意志意识形态》中的'唯物史观经典表述'以后的唯物史观理论依然是唯物史观的基本理论。"② "马克思

---

① 任平：《论马克思主义出场学研究的当代使命》，载《江海学刊》，2014年第2期。
② 曹典顺：《唯物史观理论演进的研究范式》，载《中国社会科学》，2019年第8期。

恩格斯创立的新世界观（唯物主义历史观，或者准确地说，唯物主义世界历史观）同样有自己的出场过程。"①

其次，在对经典唯物史观内容理解方面，增加人类学阶段和范式作为唯物史观一个独立的阶段和内容，即"马克思不断演进的唯物史观的新发展——人类学研究"，"纵观马克思主义哲学形成史，马克思对唯物史观的研究并不只是使用了上述这两种研究范式，而是还包括第三种研究范式，即人类学研究范式"。②"马克思人类学研究范式的唯物史观与哲学批判范式唯物史观和政治经济学批判范式唯物史观对社会主义道路的解释相比，更为强调民族特色的意义。"③ 由于增加了人类学阶段作为唯物史观生成逻辑的一个内容，因此凸显了唯物史观的本性：时代性、民族性、创新性、发展生成的逻辑性。

最后，对经典唯物史观生成逻辑完整过程的理解方面，持"创新出场论"生成逻辑的学者认为，"马克思唯物史观经历了三个阶段，呈现出三种研究范式。第一个阶段是哲学批判的研究范式，以唯物史观应该发现人类社会发展的一般规律'是什么'作为其理论追求。第二个阶段是政治经济学批判的研究范式，以唯物史观应该展现出自己'为什么'能够把为社会实践服务作为其理论生命。第三个阶段是人类学研究的研究范式，以唯物史观应该'怎么是'在世界历史中得以实现其理论使命。"④ "仅就唯物史观的创立过程而言，马克思先是建构具有传统形而上学意蕴的唯物史观——《形态》表征的唯物史观，其后又去建构资本逻辑批判意蕴的唯物史观——《序言》表征的唯物史观，晚年还试图从人类学研究中概括出能够指导社会建设的唯物史观——没有形成具体的

---

① 任平：《论作为一种关于当代马克思主义哲学研究范式的出场学》，载《天津社会科学》，2017年第2期。
② 曹典顺：《唯物史观理论演进的研究范式》，载《中国社会科学》，2019年第8期。
③ 曹典顺：《唯物史观理论演进的研究范式》，载《中国社会科学》，2019年第8期。
④ 曹典顺：《唯物史观理论演进的研究范式》，载《中国社会科学》，2019年第8期。

表述。"①而传统理解只是局限于其中一种研究范式、一种既成的结论，将整体的经典唯物史观分割为哲学、政治经济学、人类学三个部分，认为只有哲学部分、哲学研究范式才属于唯物史观，政治经济学、人类学内容被排斥于唯物史观之外，只是唯物史观哲学原理体系的应用，或者最多是将《资本论》中政治经济学内容也作为唯物史观哲学，而没有将人类学内容作为经典唯物史观内容。

（二）唯物史观中国出场逻辑的具体研究

以"创新出场论"深入反思马克思经典唯物史观生成逻辑，其现实意义在于揭示唯物史观中国逻辑，阐释中国化马克思主义的哲学逻辑。前者奠定了唯物史观中国出场逻辑的理论基础，后者的研究领域才是前者的理论落脚点和现实归宿。

首先，"创新出场论"经典唯物史观生成逻辑揭示了唯物史观的本质精神，提供了唯物史观中国逻辑的根本理论依据。"马克思唯物史观的哲学批判范式没有传统形而上学表征的'哲学形态'……不论哪种研究范式的唯物史观理论，都是根源于社会实践的需要和观照"②，"以改变世界为旨要的马克思主义，是根据改变世界的时代主题变化而变化的'实践的唯物主义'"③。

其次，"创新出场论"依据"实践唯物主义"这一唯物史观的本性，揭示了经典唯物史观一般结论真正的具体实践根源，在于对资本现代性实践（唯物史观西欧逻辑）的批判、共产主义实践道路构想，因而提供了唯物史观中国逻辑出场的潜在理论根据。这一研究认为，以《资本论》为代表的政治经济学不再仅仅属于经济学，不是唯物史观哲学的应用，而是属于唯物史观哲学的一个发展阶段，是唯物史观的确证、实现。在这里，唯物史观才找到了真正的时代根基、具体的实践根基。作

---

① 张丽霞、任平《唯物史观生成逻辑之辨》，载《理论探讨》，2019年第6期。
② 曹典顺：《唯物史观理论演进的研究范式》，载《中国社会科学》，2019年第8期。
③ 任平：《论唯物史观的中国逻辑及其世界意义》，载《哲学研究》，2019年第8期。

为"实践唯物主义"的唯物史观,它不是离开具体历史实践、抽象不变的一般原则和结论,而是对基于当时实践所造就时代图景、时代本质的批判性揭示,"没有马克思对资本出场史的研究,也就不可能有真正完备的马克思的唯物史观理论。……资本的出场学不仅实现了对资本出场形态的科学分析,同时也就初步完成了对马克思唯物世界历史观的确证,且使之成为科学。"①

最后,而对于经典唯物史观人类学阶段的研究,成为唯物史观东方逻辑、中国逻辑的直接来源。《资本论》中的经典唯物史观揭示西欧资本主义实践开辟了现代性的世界历史,取代了一切前资本主义的传统社会,同时资本逻辑无法克服的深刻矛盾也必然被取代,过渡到共产主义的根源,对资本现代性历史实践的批判成为马克思经典唯物史观的真正出场语境。而马克思晚年转向东方社会的社会主义道路研究明确指出,由于不同民族的发展实践不同,存在着不同现代化道路、过渡到共产主义不同道路的可能,在"世界历史"新实践的条件下,东方社会可能会"跨越资本主义的卡夫丁峡谷",因而不同于《资本论》对于西欧单一实践模式、发展道路的强调。这一人类学研究更加凸显唯物史观出场语境的具体实践性、时代性、民族性,进一步丰富了世界历史发展道路的内容。同时,为唯物史观的东方逻辑直接奠定了理论基础,列宁才可能根据帝国主义时代条件,进一步创新社会主义革命和建设道路的理论,也成为中国社会主义革命和发展道路开拓创新、打破唯物史观西欧逻辑和苏联逻辑、形成中国逻辑的理论基础。

这一对唯物史观具体生成逻辑研究的总体特点是:揭示了唯物史观中国逻辑的主线和本质特性,即马克思主义中国化为主导的新现代性。中国共产党建党百年、中华人民共和国成立70年、改革开放中国特色社会主义道路的40年"其中贯穿着一条主线,就是以马克思主义中国

---

① 任平:《论作为一种关于当代马克思主义哲学研究范式的出场学》,载《天津社会科学》,2017年第2期。

化为主导走出了一条新现代性的中国道路"①，就是"以马克思主义中国化为主导走出了一条新现代性的中国道路，包括新现代性的中国革命道路和发展道路"②。这一新现代性的内容体现在既超越了资本逻辑规制的经典现代性的"西教条"，也超越了苏联开辟的社会主义现代性道路的"东教条"，创造出中国现代性实践的新道路、新方案。以新现代性为本质特征的唯物史观中国逻辑和中国新现代性中国道路的关系为：后者是前者的实践基础、现实基础，前者是后者的思想凝练和哲学表达。

唯物史观中国逻辑针对的批判对象是教条主义。"在马克思主义中国化进程中，破除将唯物史观的西欧逻辑教条化和单线论的束缚，创制唯物史观的中国逻辑，开辟新现代性的中国道路，是三位一体的……唯物史观的中国逻辑，正是在中国的场域中破除将唯物史观西欧逻辑教条化的束缚、创造性地解答'马克思之问'、探索新现代性的中国道路进程中出场的。"③ 教条主义理解的唯物史观具有三个缺陷：第一，抽象的统治，即无条件地将作为局部的唯物史观西欧逻辑当作永恒、不变的一般公式，当作普适的世界历史逻辑，成为"超历史的一般历史哲学"。第二，康德式的外部反思性。不从中国的实际出发，或者将西欧社会的演化分期逻辑先验化、形式化，简单移植和套用，剪裁中国社会现实；或者将苏联社会主义现代化道路奉为唯一道路，不顾中国实际，照搬照用。第三，单线论历史观。否认基于中国特殊现实、特殊历史条件、特殊出场语境而必然具有的新出场形态的可能性。

唯物史观中国逻辑是一个历史演进过程，包括两种基本类型：革命逻辑、发展逻辑。前者体现为新民主主义的革命道路，后者体现为中国特色社会主义现代化道路。这一历史过程表现在从革命逻辑向发展逻辑的演进，同时在发展逻辑内部又包括社会主义建设、改革、民族复兴三

---

① 任平：《论唯物史观的中国逻辑及其世界意义》，载《哲学研究》，2019年第8期。
② 任平：《新中国70年：新现代性的中国发展道路及其世界意义》，载《武汉大学学报》，2019年第6期。
③ 任平：《论新现代性的中国道路与中国逻辑》，载《江苏社会科学》，2019年第2期。

个小阶段，存在着逐一演进的历史必然性。唯物史观中国逻辑具体呈现革命、建设、改革、复兴的四个阶段，后三个阶段可以归属于唯物史观中国发展逻辑。这些类型和阶段的本质都是新现代性，是对新现代性中国道路这一现实根据的哲学理论表达。"在新现代性革命道路中我们超越了资本逻辑规制的经典现代性的'西教条'和苏联十月革命的'东教条'，以及超越以往中国经典现代性的改良主义和虚假革命的传统教条，那么，新现代性的中国发展道路探索更是在不断超越'东教条'和'西教条'基础上创造中国方案的积极成果，是探索和建构唯物史观的发展逻辑的实践产物。"①

新现代性中国道路，唯物史观当代中国逻辑研究不仅具有中国特色和中国价值，而且具有世界意义。在革命年代，中国没有照搬西方现代性的历史逻辑，而是"以俄为师"走上社会主义革命道路，同时又打破了苏联"城市中心论"模式，走出了一条新民主主义的革命道路，这条道路当年对于第三世界社会主义革命运动产生了世界影响和世界意义。在新中国成立以后的社会主义现代化发展阶段，尤其是在新时代中国特色社会主义现代化发展的今天，中国"新现代性的全球治理方案是建立在世界普遍交往和'人类命运共同体'基础上的和平、发展、合作、共赢的道路"② 正在创造人类现代化的新道路、创造新型人类文明，具有引领世界发展的世界意义。

三、未来开辟的研究领域、面临的研究问题

出场学视域的唯物史观演进逻辑研究是一种研究范式的转换，必然开辟出新的研究领域，同时也面临着一些需要进一步解决的理论课题。

首先，出场学视域的唯物史观演进逻辑研究确立了"创新出场论"

---

① 任平：《论唯物史观的中国逻辑及其世界意义》，载《哲学研究》，2019年第8期。
② 任平：《论唯物史观的中国逻辑及其世界意义》，载《哲学研究》，2019年第8期。

的唯物史观生成逻辑，开辟了新的研究领域、研究方向。

其一，开辟了唯物史观生成逻辑整体结构研究领域。唯物史观生成逻辑最终只能是"创新出场论"，不可能是教条主义的"一次完成论"、相对主义的"断裂无序论"，只有这一生成逻辑才是科学的唯物史观生成逻辑。基于这一生成逻辑，确立了唯物史观生成逻辑的整体结构。第一层次：一般唯物史观出场逻辑、唯物史观西方出场逻辑、唯物史观东方出场逻辑研究。第二层次：东方唯物史观出场逻辑研究，包括苏联唯物史观出场逻辑、中国出场逻辑研究。第三层次：唯物史观中国出场逻辑，包括唯物史观中国革命逻辑（主要代表是毛泽东思想）、唯物史观中国发展逻辑（主要代表是邓小平理论、习近平新时代中国特色社会主义思想）。

其二，在唯物史观生成逻辑的整体结构研究中，作为第二层次的唯物史观东方逻辑既是研究重点，也是全新研究领域。这一研究领域的直接理论基础是马克思晚年关于东方道路的唯物史观论述，也与马克思唯物史观本质精神具有根本一致性，即依据当时具体历史语境、历史条件而创新出场。它与马克思关于欧洲（尤其是西欧）"资本积累一般历史概述"西欧逻辑不同，将"马克思的东方道路思想，列宁领导的十月革命开辟了现代性的社会主义道路，以及新现代性的中国道路"①作为共同的"三大理论成果"，破除了将唯物史观的西欧逻辑教条化和单线论的束缚。三大理论成果的一致性绝不是带有形而上学性质、作为固定不变结论的，而是基于特定时代、特定民族、特定实践所决定的特定历史道路的理论表达，都是不断"超越了资本逻辑规制的经典现代性的'西教条'和苏联十月革命的'东教条'……"②的产物。传统马哲史研究中虽然也包含相同的研究对象，但是由于采取不同的方法论和研究视域，导致得出一些不同结论。传统研究主要是将苏联社会主义革命和建设的

---

① 任平：《论唯物史观的中国逻辑及其世界意义》，载《哲学研究》，2019年第8期。
② 任平：《论唯物史观的中国逻辑及其世界意义》，载《哲学研究》，2019年第8期。

内容作为唯物史观的应用，而没有视为唯物史观依据现实条件而创新出场的形态；又将苏联的社会主义建设道路作为普遍适用的建设逻辑，因而对中国特色社会主义道路、中国社会主义发展逻辑的唯物史观合法性阐释相对不足。

这一研究领域的内容包含两个层面：第一层面是唯物史观的苏东出场逻辑（以苏联为代表），既包括苏联唯物史观的革命逻辑（主要指列宁在帝国主义论条件下的唯物史观出场逻辑），也包括苏联唯物史观的建设逻辑（主要以列宁的新经济政策为代表的建设逻辑、斯大林计划经济为代表的社会主义建设逻辑）。第二个层面是唯物史观的中国出场逻辑，包括唯物史观的中国革命逻辑和中国发展逻辑两方面。

在唯物史观的东方出场逻辑内部，由于各自历史语境的差异，导致苏联和中国为代表的出场逻辑也存在差异。在革命逻辑层面，苏联植根于帝国主义时代场域、苏联特定历史条件和民族文化场域，因而采取了城市中心论的革命道路，打破了第二国际对于唯物史观的僵化理解，对于苏联社会主义革命必然失败的论断，形成了帝国主义国家中相对薄弱环节的社会主义革命逻辑，列宁"通过破除考茨基等第二国际理论家们主张的'经济唯物主义'思想教条而发动十月革命，破除了资本逻辑现代性一统天下的原初格局，开辟了现代性的社会主义道路"[①]。中国共产党一开始完全追随苏联的革命逻辑，将苏联革命逻辑教条化为落后国家普遍适用的唯一模式。这一实践失败后，中国开始深入反思自身出场语境特殊性、现实性、与苏联差异性，认识到中国还处于半殖民地、半封建社会历史条件，而苏联则已经作为帝国主义国家具有较中国更加先进的主客体条件，因而中国的社会主义革命道路必然不同于苏联，从而形成了新民主主义论这一革命逻辑，并取得了最后胜利，这一逻辑不同于苏联帝国主义条件下的革命逻辑，使唯物史观东方革命逻辑的内涵丰富起来。

---

① 任平：《论唯物史观的中国逻辑及其世界意义》，载《哲学研究》，2019年第8期。

在社会主义建设和发展逻辑层面，一开始，中国完全模仿苏联社会主义建设逻辑，在一段时间曾取得很大成功，之后的体制逐渐僵化，陷入巨大困境。中国共产党按照唯物史观的本质精神实行改革开放，开辟出中国特色社会主义的道路，形成了中国特色社会主义理论与实践，尤其是在21世纪形成了习近平新时代中国特色社会主义思想作为当代唯物史观的中国发展逻辑，取得辉煌历史成就，迎来中华民族伟大复兴的前景。与此同时，囿于马克思经典社会主义理论的结论，苏联社会主义建设实践在后期的困境逐渐凸显。由于照搬马克思基于西欧的唯物史观逻辑关于社会主义建设的具体结论，没有按照唯物史观的本质精神进行改革和创新，导致最后葬送了苏联社会主义。因此，中国特色社会主义理论是唯物史观中国逻辑的当代形态，也是唯物史观当代东方逻辑唯一取得成功，并将继续凸显唯物史观生命力的发展逻辑。

其次，创新出场论的唯物史观生成逻辑研究，也面临着需要继续深入研究解决的理论问题。

其一，如何从"创新出场论"的唯物史观生成逻辑准确看待西方马克思主义？唯物史观的西方出场逻辑是否仅仅是马克思恩格斯创立的唯物史观经典逻辑以及经典的资本批判逻辑？马克思恩格斯之后的唯物史观西欧出场逻辑是否还在延续、还在随着出场语境的变化而继续重新出场？除了把极端的西方马克思学、后马克思主义等基本排除在唯物史观之外，西方马克思主义的整体性质还如何判定？是否能够纳入唯物史观西方的出场形态？这是学界一直争论的问题，同时在创新出场论内部也还没有形成统一观点。

如果简单将西方马克思主义判定为"断裂无序论"生成逻辑，就会将西方马克思主义完全排斥在"创新出场论"之外，排除在出场学视域唯物史观生成逻辑之外，进而将唯物史观的西方出场逻辑仅仅局限在马克思恩格斯创立的唯物史观经典逻辑、西欧逻辑中，最多延续到列宁成立的帝国主义论的批判逻辑，否认在西方工业化发达阶段、后工业阶段作为出场语境的条件下，作为资本批判的唯物史观西欧逻辑重新出场的可能性。当然,虽然笔者总体上赞成将西方马克思主义纳入到"创新出场论"的唯物史观西欧逻辑之中,但并不意味着完全将其作为一个独立、完全意义上的唯物史观西欧逻辑阶段,而是认为它具有两面性。既有力图坚持马克思唯物史观本质精神,力图根据西方工业化发达阶段的出场语境创新发展的一面,又存在着偏离唯物史观,仅仅局限于新出场语境的表层特点否定唯物史观本质内容的方面。正像有的学者所说"以欧洲资本主义国家的革命和社会发展问题为中心,以卢卡奇、葛兰西、柯尔施和法兰克福学派等为代表的西方马克思主义的理论形态等等。既有对历史唯物主义的丰富和发展,……也存在对历史唯物主义的偏离,如第二国际一些理论家把马克思的历史观曲解为庸俗的经济决定论"[①]。因此,如何在此基本立场之上,以出场学视域,深入研究和全面揭示西方马克思主义作为唯物史观西欧逻辑的两面性,并对建构和完善唯物史观的中国逻辑提供借鉴,就是以后一个重要的理论挑战和课题。

其二,中国特色社会主义作为唯物史观中国逻辑的当代形态,是出场学视域唯物史观演进逻辑研究的重点内容和落脚点,如何从"创新出场论"出发建构纯粹理性唯物史观中国形态,既是一个紧迫的研究领域,也是一个艰巨的理论挑战。

中国特色社会主义理论是唯物史观中国逻辑的当代形态,属于唯物史观的中国发展逻辑,既有别于唯物史观的中国革命逻辑,也有别于苏联唯物史观的建设逻辑,还有别于唯物史观的西欧逻辑。目前中国特色社会主义理论基本可以视为具体指导中国特色社会主义道路的实践理性理论,是否需要、是否能够像马克思那样构建资本批判理论,构建一个中国唯物史观发展逻辑的纯粹理性形态,则是一个历史性挑战。站在出场学视角,可以这样提问:在首先追问唯物史观中国逻辑的当代出场语

---

① 郝立新:《历史唯物主义的理论本质和发展形态》,载《中国社会科学》,2012年第3期。

境、出场实践、出场路径、出场历程以及作为实践理性出场成果的基础上，从学理上构建中国特色、中国风格、中国气派的唯物史观理论理性形态，这一形态的参照是《资本论》一样的较为严密的学理体系形态，虽然《资本论》属于马克思资本批判性质的理论，而中国唯物史观理论理性形态属于社会建设性质的理论，但它们都具有立足于当代实践，又超越具体经验材料，在学术史梳理与穿透基础上进行严密学理性构建和论证的共同特点。

其三，建构中国话语的马克思主义哲学形态既是马克思主义中国化的时代需要、时代关切，也是唯物史观生成逻辑研究的重要课题和研究领域，因而它是唯物史观中国逻辑的出场史研究中的理论需要、理论挑战。我们曾经在唯物史观的中国革命逻辑出场阶段，既创造出"新民主主义论"这样中国话语的实践理性形态，也创造出像《实践论》《矛盾论》这样中国话语的理论理性形态，而在唯物史观中国发展逻辑中，如何在构建唯物史观中国化理论理性出场形态过程中，进一步书写中国话语的理论理性出场形态，则同样是一个理论挑战和时代需要。

（作者冯建华系江苏师范大学哲学范式研究院教授、哲学博士，研究方向为马克思主义哲学史、马克思主义哲学原理）

马克思主义哲学文本文献学研究范式的方法论辨析*

张丽霞

[摘　要] 马克思主义哲学的研究从来都是与文本文献相关联的，但对马克思主义哲学进行文本文献学视阈的专门性研究却是改革开放以来创新的研究范式。就文本文献学研究范式的方法论理解，用回到马克思文本文献的方法来准确把握马克思主义哲学是文本文献学研究范式的学术根据。不仅回到文本文献学的研究目标所具有的绝对性与所研究的文本文献理论本身因时代局限性之间存在着矛盾，而且文本文献理论的时代局限性与文本文献在学术史上具有的价值永恒性之间也存在着理解上的困难。这种认知困难又催生了新的问题意识，即不同的文本文献研究范式的学者对既定文本文献研究的差异性结论能否准确体现出文本文献学术的价值永恒性。即使前人文本文献的研究的差异性结论能够体现出文本文献的巨大学术价值，但这些前人的文本文献代表的哲学研究水平也不能够表征当下时代的哲学发展水平，意即当代中国化马克思主义哲学是发展了的马克思主义哲学。

[关键词] 马克思主义哲学　文本文献学研究范式　方法论辨析

---

* 基金项目：教育部人文社会科学研究项目"哲学形态演变视阈中的唯物史观研究"（19YJC710104）的阶段性成果。

马克思主义哲学在当代中国的价值，不仅有学术性的，更有意识形态性的。这就意味着，当代中国马克思主义哲学研究不能按照纯粹的学术规律进行，即当代中国马克思主义哲学研究不但要体现出学术性水平，政治上还不能出现伤害人民群众感情的理论成果。研究上达到二者的共容，逻辑上似乎有所困难，因为学术是无禁区、无前提的开放式研究。实践证明，中国特色社会主义理论的发现与实践，就是科学、准确地克服了这一研究逻辑的理论困难。究其原因，最为根本的原因是学者们发现了这一理论困难早被马克思给予了科学的解答，即马克思早就明确指出，"任何真正的哲学都是自己时代的精神上的精华"①。马克思的这一理论逻辑有两层内涵，一是哲学要随着时代的发展而发展，二是哲学对后世的影响体现在认知逻辑之上。对于第一层内涵人们都能够理解，而对于第二层内涵的理解就要从哲学史的研究转向视阈理解才能实现。从马克思的这一理论逻辑理解文本文献学研究范式的方法论意义，就是指从回到马克思哲学的文本文献视角来深度探讨马克思哲学成果的文本文献学研究范式的研究，有助于提升当代中国马克思主义哲学研究的水平，即有利于彰显哲学研究水平的发展和提升。围绕这一方法论意义，文本文献学研究范式只有准确把握好回到文本文献的目标绝对性与文本文献理论的时代局限性之间的认知逻辑关系、文本文献理论的时代局限性与文本文献思想的学术永恒性之间的认知逻辑关系和文本文献学术的价值永恒性与文本文献解读的结论差异性之间的认知逻辑关系，以及文本文献解读的成果差异性与哲学理论研究的水平当代性之间的认知逻辑关系，文本文献学研究范式的研究成果才能够表征出上述的方法论意义。

---

① 《马克思恩格斯全集》第1卷，北京：人民出版社1995年版，第220页。

一、回到文本文献的目标绝对性与文本文献理论的时代局限性

改革开放以来，中国共产党和中国政府号召学术界能够用自己的学术为社会主义现代化建设服务。在这种背景下，马克思主义哲学界的许多学者认为，应该发掘马克思哲学的理论宝藏，发掘的方式之一就是"回到马克思"，如张一兵就撰写过《回到马克思》的学术著作①。就"回到马克思"的思维方式而言，回到马克思中的"回到"内涵十分丰富，如既可以指回到马克思的方法论逻辑，也可以指回到马克思的理论逻辑，还可以指回到马克思的问题意识，等等。不论是何种意义上的回到马克思，都需要通过马克思的文本文献来论证。所以，"回到文本文献"的思维方式就成为"回到马克思"的范式研究方法，且是原则性的、不可撼动的"绝对性"研究方法。回到文本文献的目标"绝对性"研究方法虽不仅仅是属于文本文献学的研究方法，但它必定是文本文献学研究范式采用的根本性方法。那么，问题是，文本文献学的研究能不能取得"回到马克思"的预想研究成果呢，即能不能服务于当代中国的社会主义现代化建设任务呢？这一问题又涉及两个方面，一个方面是指马克思主义哲学中是否阐释过如何建设社会主义现代化的理论逻辑，另一个方面是指马克思哲学中是否阐释过当代中国的社会主义现代化建设问题。回答都是否定的，在马克思哲学的文本文献中找不到这些问题的答案。马克思哲学的理论逻辑中之所以没有这方面的研究成果，根本原因是因为马克思也无法具体预知当下中国的社会发展状况。这种客观实际表明，文本文献学研究范式中的回到文本文献的研究目标的绝对性与文本文献理论表征的理论所具有的时代局限性之间存在着矛盾性的方面。

---

① 参见张一兵：《回到马克思》，南京：江苏人民出版社2013年版。

回到文本文献的目标绝对性与文本文献理论的时代局限性之间存在着矛盾性方面的原因众多，不仅有理论逻辑的本身局限性原因，而且有研究范式的目标理想化原因。就理论逻辑的本身局限性原因理解，马克思哲学中的文本文献也是不能够表征一切形式的社会历史发展规律，根据是马克思坚决反对学术上存在着这样的"一般历史哲学理论"，即马克思认为，"一般历史哲学理论这一把万能钥匙，那是永远达不到"[①] 认识社会演变规律的目的的。虽然存在着马克思哲学文本文献中的理论逻辑有可能不被当代中国社会主义现代化建设直接使用的可能性，同时不能否定马克思哲学文本文献中的认知逻辑也存在这种局限性，但在笔者看来，回到马克思哲学的文本文献就是要回到马克思认识社会历史的认知逻辑之中，或者说，要深度把握住回到马克思哲学目标的绝对性根本不存在认知逻辑上的理论困难，意即这种意义上理解，回到文本文献的目标绝对性就既是合理的也是合法的。就研究范式的目标理想化原因理解，学者们不应该认为马克思主义哲学文本文献学研究范式是研究马克思哲学最为科学、合理和正确的方法，也就是说所谓回到文本文献的目标绝对性与文本文献理论的时代局限性之间存在着矛盾性的方面，是因为夸大了文本文献学研究的方法论价值。改革开放后的中国哲学界，不断创新马克思主义哲学研究范式的原因之一是认为传统教科书研究范式中的思维模式不够合理。但不论马克思主义哲学的研究范式如何创新，也不可能再回到只存在一种研究范式的研究状态。也就是说，包括文本文献学研究范式的研究范式，都是无法影响到其他研究范式存在的。如果将文本文献学的研究范式目标确立为只是马克思主义哲学研究的一种方式，那么回到文本文献的目标绝对性与文本文献理论的时代局限性之间也就不存在矛盾性的方面了。

如果处理不好回到文本文献的目标绝对性与文本文献理论的时代局限性之间的关系，不仅因容易抬高文本文献学研究范式的理论成果价值

---

① 《马克思恩格斯选集》第3卷，北京：人民出版社2012年版，第730页。

而被其他研究范式所边缘化,而且会因僭越本应该属于其他研究范式的学术边界而被消解在其他研究范式之中。就文本文献学研究范式可能被其他研究范式边缘化视角理解,如果过度强调文本文献学研究范式的研究成果接近或等同于马克思本人的哲学理论,先不说主观意义上是否能够做到,仅就客观而言,马克思生前多次面对自称为马克思主义者的人歪曲自己的理论时所反驳的那样,"我只知道我自己不是马克思主义者"①。这就是说,客观地理解马克思是十分困难的。而问题是,由于任何文本文献都有适合于它存在的时代,所以学者们是否应该到马克思哲学的文本文献中去寻找适合当下中国社会发展的具体发展逻辑。如果不需要也不可能,那么文本文献学研究范式还强调自己的研究成果是真正马克思的哲学理论,不仅被视为是无知,还被视为是非学术,其结果只能是这样的研究范式被彻底边缘化。就文本文献学研究范式可能被消解视角理解,现在许多马克思主义哲学研究范式都将对马克思文本文献的研究纳入到其研究范式的具体方法之中。也就是说,将纯粹的文本文献研究作为研究范式的文本文献学研究范式的生存空间越来越受到其他研究范式的挤压。在人文科学的研究方法中,文本学的研究方法、文献学的研究方法、发生学的研究方法和比较学的研究方法等,被视为经典的研究方法。但范式是方法的体系化,所以文本文献学研究范式捍卫自己存在权利的方式就是规范自己研究职能的边界。也就是说,一旦文本文献学研究范式试图将自己的研究成果价值宽泛化,那么其他研究范式就会捍卫自己研究范式的研究成果价值,即被动地无视文本文献学研究范式的存在。

既然文本文献学研究范式中回到文本文献的研究目标的绝对性与文本文献理论表征的理论所具有的时代局限性之间只是存在着矛盾性的方面,那么导致这一矛盾产生的根本原因就不应该是来自文本文献学研究范式的认知逻辑,而只是因为一些人对文本文献学研究范式的研究成果

---

① 《马克思恩格斯选集》第 4 卷,北京:人民出版社 2012 年版,第 599 页。

期待过高。与此逻辑相适应，只要将回到马克思的"回到"理解为是对马克思哲学文本文献的方法论"回到"，以及将文本文献学研究范式的理论目标是试图总结和概括马克思哲学的一般原理，而不是寻找解决当代中国社会主义现代化建设过程所需要的结论，就可以消解回到文本文献的研究目标的绝对性与文本文献理论表征的理论所具有的时代局限性之间存在着矛盾性的方面，或者说，只要如此理解，文本文献学研究范式的方法论就是合理的和有意义的。

二、文本文献理论的时代局限性与文本文献学术的价值永恒性

从当代中国马克思主义哲学文本文献学研究范式的角度理解，不仅文本文献理论的时代局限性是绝对的，而且文本文献学术的价值永恒性也是绝对的。但就哲学理论的研究历史和现状理解却并非如此，即一些研究范式中还是存在着否定文本文献理论具有时代局限性观念的。追溯哲学史，黑格尔在《法哲学原理》一书中提出的"哲学'是被把握在思想中的它的时代'"①，往往被人们理解为哲学具有"时代局限性"，但实际上并非仅仅如此。也就是说，这一理念中还包含着众多思想，如哲学具有历史贡献性和当下哲学具有未来哲学的问题意识性等，即文本文献具有学术的价值永恒性。换言之，文本文献学研究范式的方法论意义不是因为文本文献理论的时代局限性显现出来的，而是因为文本文献学研究范式中的价值永恒性体现出来的。文本文献理论的时代局限性与文本文献学术的价值永恒性之间的关系，实际上就是理论哲学与实践哲学如何诠释理论与实践的关系问题。就理论哲学的本质特征而言，它们认为文本文献学术的价值永恒性是绝对的，而文本文献理论的时代局限性

---

① 黑格尔：《法哲学原理》，范扬、张企泰译，北京：商务印书馆1961年版，序言第12页。

则是相对的,而且这种相对不是因为以往哲学的"时代性根据过时了",而是因为以往哲学家的"思想过时了"。就实践哲学的研究现状理解,既有认为文本文献理论的时代局限性是绝对的哲学家。也有认为文本文献理论的时代局限性是相对的哲学家,尽管如此,实践哲学家们还是都认为文本文献学术的价值永恒性是绝对的,意即实践哲学家们认为,不论以往的文本文献在当下时代是否还具有理论逻辑上的价值,但其学术的价值却是不应该受到忽视的。这就是说,在一些哲学家的观念中,文本文献理论的时代局限性与文本文献学术的价值永恒性之间有着矛盾性存在的一面。

无论是马克思哲学理论还是当代中国马克思化哲学理论,都认为马克思文本文献中阐释的理论逻辑具有时代性,但也认为这些文本文献中展现出来的学术价值却是永远不会改变的。这就是说,文本文献理论的时代局限性与文本文献学术的价值永恒性之间的矛盾是客观存在的。换言之,不但文本文献理论的时代局限性容易遮蔽文本文献学术的价值永恒性,而且文本文献学术的价值永恒性容易消解文本文献理论的时代局限性。文本文献理论的时代局限性与文本文献学术的价值永恒性之间的矛盾既然是理解意义上产生的,就应该去澄清是何种原因导致了这种理解,因为只有论证清晰这一原因,人们才有可能据此正确认知文本文献学研究范式的方法论意义。无论是就文本文献理论的时代局限性理解文本文献学研究范式,还是就文本文献学术的价值永恒性理解文本文献学研究范式,文本文献理论的时代局限性与文本文献学术的价值永恒性之间都是没有必然的内在性联系的。也就是说,不会因为文本文献理论的时代局限性存在就会影响到文本文献学术的价值永恒性。当然,也不会因为文本文献学术的价值永恒性而影响到文本文献理论的时代局限性的关注和警惕。然而,在现实的研究之中却是存在着二者之间的矛盾,而且这种矛盾导致了哲学基础理论意义上的"争论",即导致了对待经典著作的态度上的"争论"——经典著作认知上的"理论永恒论"和"理论过时论"的争论。这种认知逻辑的错误在于,它把本来只是属于文本文献理论时代局限性意义上研究问题的"理论永恒论"和"理论过时论"也泛化为文本文献学术的价值永恒性意义上的研究问题，即这种理解产生的原因是因为其僭越了研究问题的"边界"。

既然文本文献理论的时代局限性与文本文献学术的价值永恒性之间的矛盾不是内涵意义上的矛盾，那么这种所谓的矛盾也就不会影响到文本文献学研究范式的方法论意义界定。就文本文献学研究范式要回到马克思的认知逻辑视角理解，文本文献理论的时代局限性与文本文献学术的价值永恒性之间的矛盾不会影响到文本文献学研究范式对马克思哲学认知逻辑理论的认定。如果文本文献理论的时代局限性与文本文献学术的价值永恒性之间存在着矛盾，那么它们之间的矛盾就是指某一既定的文本文献的理论逻辑是否在当下时代依然具有理论意义和实践意义的问题，而这并没有涉及既定的文本文献的认知逻辑问题，所以不存在对文本文献研究范式的否定性影响。就文本文献学研究范式要回到马克思的基本原理视角理解，文本文献理论的时代局限性与文本文献学术的价值永恒性之间的矛盾不会影响到文本文献学研究范式对马克思哲学一般原理理论的概括。当代中国化马克思主义哲学关注的核心问题之一，应该包含如何认识中国特色社会主义最基本的经验逻辑是马克思主义基本原理与中国特色发展实际相结合。这就是说，文本文献学研究范式的学术任务之一也是像教科书范式一样去概括和论证马克思哲学的"基本原理"，或者说，去总结马克思哲学的世界观。文本文献学术的价值永恒性表明，马克思哲学中一定存在着这样的世界观。文本文献理论的时代局限性也不否定马克思文本文献中有着可以指导当下中国化马克思主义哲学理论建构的基本原理，意即文本文献理论的时代局限性只是意味着一些个别的结论可能不再适应当下的时代发展。

虽然文本文献理论的时代局限性与文本文献学术的价值永恒性之间的矛盾不是内在逻辑上的矛盾，但这种矛盾的存在也是现实存在的，这种存在甚至影响到了哲学意义上的思维方式理解。也就是说，只有唯物辩证地理解时代局限性与文本文献学术的价值永恒性之间的矛盾，才能够准确把握住文本文献学研究范式的方法论价值不是要回到马克思哲学的理论逻辑，或者说，文本文献学研究范式的方法论意义之一就是在于其能够致力于提炼马克思哲学的基本原理。也就是说，如果文本文献学研究范式试图遮蔽或扩大文本文献理论的时代局限性来理解文本文献学术的价值永恒性，就是突破了文本文献学研究范式的"范式边界"，其研究成果的可信性和可靠性就不能有效地得到保障，否则，文本文献学研究范式的方法论意义就不可能因为文本文献理论的时代局限性与文本文献学术的价值永恒性之间存在着矛盾的一面而受到影响。

三、文本文献思想的学术永恒性与文本文献解读的结论差异性

文本文献思想的学术永恒性表明阐释文本文献的重要性。为此，许多研究范式都试图依靠自己范式的优势去发现马克思哲学的认知逻辑和基本原理。然而，结果却是在同一个文本文献的解读结论上无法实现认知逻辑的"统一性"，即文本文献的解读成果存在着结论意义上的差异。自古以来，哲学界对于文本文献解读的结论差异性都是持一种宽容、理解和默许的态度，也许正是因为这种态度催生了"哲学解释学"。从这种意义上理解，"哲学解释学"亦可称为"哲学阐释学""哲学诠释学"和"哲学释义学"，是将准确理解和解释哲学文本文献作为己任。虽然从哲学的本质特征理解，文本文献解读的结论差异性具有合理性和合法性，但如果从客观性和意识形态性的视角理解，文本文献解读的结论差异性与文本文献思想的学术永恒性之间就存在着认知上的矛盾。从文本文献的客观性视阈判断，思想的存在是客观的，既定的文本文献也是客观的，所以既定的文本文献的认知逻辑和基本原理也应该是客观存在的，即根本不存在既定文本文献的多种思想结论，或者说，文本文献解读的结论差异性问题是个伪命题。从文本文献的意识形态视阈判断，虽然意识形态可以多元，但主流意识形态只能是一元性的。这就是说，意

识形态反对将标志自己存在的文本文献理解为多元逻辑，因为多元逻辑不仅会削弱意识形态的严肃性，而且会增强意识形态的贯彻难度等。就唯物辩证法的视角理解，文本文献解读的结论差异性并不会削弱文本文献思想的学术永恒性，也就是说，唯物辩证法认为，不同的语境、思想背景和认知逻辑对同一个文本文献的解读结论就应该是有所差别的，至于意识形态解读要求唯一性的问题，本身是意识形态问题而不是学术性问题，即与文本文献思想的学术永恒性问题无关。

既然尊重历史是哲学研究永远都不会放弃的研究主题表明人们会持续关注文本文献思想的学术永恒性问题，追寻真理是哲学研究永远都不会磨灭的研究主题表明人们会不断发现文本文献的多样性结论，那么，如果还存在文本文献思想的学术永恒性与文本文献解读的结论差异性之间的矛盾性理解，就主要存在两大原因，即学者们都试图表征自己解读结论的准确性和现实生活世界的社会实践还是多元性的存在。就学者们都想试图表征自己解读结论的准确性视角理解，自古以来的中外哲学界都存在着学科壁垒、门户壁垒、观念壁垒和人际壁垒等现象，即每一个哲学家都想证明自己的研究最为合乎理性。褒义性的理解这种现象就是"百花齐放百家争鸣"，贬义性的理解这种现象则是"公说公有理，婆说婆有理"，客观性的理解这种现象就是"哲学理论不断创新"。从文本文献学研究的视域理解，所谓哲学理论不断创新，就是指认为不存在有一种文本文献的解读是唯一正确结论的解读，即这种意义上理解的文本文献思想的学术永恒性与文本文献解读的结论差异性的矛盾就是指哲学家们自我划定的矛盾，因为哲学家们总想去找到表征"彻底性"的理论逻辑，因为马克思曾经指出，"理论只要彻底，就能说服人"[①]。就现实生活世界的社会实践还是多元性的存在视角理解，由于哲学家们在知识背景、社会阅历和价值观等上面的差别，就会使哲学家们对社会实践多元化的本质性特征的判断产生差异，即将社会实践的多元化进行分门别类

---

① 《马克思恩格斯选集》第1卷，北京：人民出版社2012年版，第10页。

化意义上的概括性理解，其结果就是必然会出现文本文献解读的结论差异性。

既然文本文献思想的学术永恒性与文本文献解读的结论差异性之间的矛盾的一面也不是由文本文献学研究范式的认知逻辑导致的，那么，这种矛盾的存在就不会削弱文本文献学研究范式存在的方法论意义，尽管这种矛盾会持续地存在下去。就文本文献学研究范式要回到马克思的认知逻辑视角理解，文本文献思想的学术永恒性与文本文献解读的结论差异性之间的矛盾不会影响到文本文献学研究范式对马克思哲学认知逻辑理论的认定。马克思哲学的认知逻辑理论是一种方法理论而不是理论逻辑，而文本文献思想的学术永恒性与文本文献解读的结论差异性之间的矛盾涉及的只是理论逻辑的结论问题，意即它不会涉及既定文本文献的认知逻辑问题。当然，也许会有学者与其他学者之间存在着对既定文本文献的认知逻辑的"不同理解"，但这种"不同理解"不是"差异性理解"，因为在"不同理解"中只能存在一种"正确理解"。就文本文献学研究范式要回到马克思的基本原理视角理解，文本文献思想的学术永恒性与文本文献解读的结论差异性之间的矛盾不会影响到文本文献学研究范式对马克思哲学一般原理理论的概括。既然所谓文本文献思想的学术永恒性与文本文献解读的结论差异性之间的矛盾，就是因为哲学家们认为文本文献具有多种意义上的学术价值而不是只有一种既定的唯一性的价值，那么这种矛盾就应该属于虚假意义上的，因为不同视角理解的既定文本文献的学术价值就应该是多重的，而如果允许既定文本文献具有多重的学术价值，就意味着文本文献解读的结论也可以存着差异性。

文本文献学研究范式中文本文献思想的学术永恒性与文本文献解读的结论差异性之间的矛盾，归根结底意义上是因为既要突出文本文献思想的学术永恒性与又想证明这种永恒性具有唯一的表述（即马克思所理解的彻底性）之间存在着矛盾，中国特色社会主义建设的社会实践需要对马克思文本文献进行多元结论阐释与传统马克思主义哲学教科书只有一种解释之间存在着矛盾。与此认知逻辑相统一，只要将回到马克思的"回到"理解为是"回到"马克思哲学文本文献的方法论逻辑之中，就可以得出当代中国化马克思主义哲学的结论必然与马克思文本文献中的结论有所差别，因为当下中国的中国特色社会主义建设面临的时代背景与马克思那个时代的社会背景是有所差别的，尽管当今时代下的世界历史依然属于资本逻辑的时代。这就是说，这层意义上理解，文本文献思想的学术永恒性与文本文献解读的结论差异性之间的矛盾就是虚幻的和抽象的，而既然是虚幻的矛盾，也就不可能影响到文本文献学研究范式的方法论意义。

四、文本文献解读的成果差异性与哲学理论研究的水平当代性

理论发展的规律意义上理解，文本文献研究成果的差异，很大意义上不是因为成果的非合理性，而是源于研究的视角和研究的问题等的差别，正是这些差别性成果的存在，才标志着哲学研究水平的不断提升。当然，这并不包括那些非合理性的所谓研究结果，也不表明文本文献的研究成果一定会导致哲学理论研究水平的提升，但哲学理论研究水平的提升却是一个客观性的不争的事实，因为哲学理论研究水平的提升是哲学与时代发展相适应的结果。上述的逻辑是理论意义上的，因为就当下哲学理论研究的水平理解文本文献解读的成果而言，应该有三种水平的研究成果，即低于当下哲学水平的、相对于当下哲学水平的和高于当下哲学水平的。也就是说，不论文本文献解读的成果多么丰富，也不能够标志着当下时代的哲学理论研究水平已经提升，甚至有低于当下时代发展水平的哲学理论成果的产生。就文本文献研究的认知逻辑方法视角理解，选择何种文本文献的认知逻辑方法，不能是随心所欲的选择，而是应该有底线或有边界意识的选择，这个底线或边界意识就是当下时代的哲学发展水平。一定意义上理解，这既是学术研究的底线，也是学术研

究者的良心。正是因为在文本文献解读中存在着低于时代发展水平的研究成果，又加之哲学理论研究的水平不应该低于当下时代的研究水平，所以文本文献解读的成果差异性与哲学理论研究的水平当代性之间亦存在着矛盾性的方面。

导致文本文献解读的成果差异性与哲学理论研究水平当代性之间的矛盾性存在的原因虽然是复杂的和众多的，但最为重要的原因至少包含研究者的理论水平没有达到当下时代哲学发展的水平和当下时代哲学的发展水平没有达到当下时代发展的水平。就研究者的理论水平没有达到当下时代哲学发展水平的视角理解，不论研究者多么勤奋和认真都无法实现对文本文献的当代解读，因为这里的当代不是纯粹时间意义上的当代，相反，主要是指哲学发展水平意义上的当代。这一认知逻辑的问题意识就是，不论研究者如何想"回到"马克思哲学，他们也不可能"回到"真正能够诠释当下时代问题的马克思哲学。目前有一些研究马克思文本文献的学者，理论前提要么是黑格尔、康德，要么是胡塞尔、海德格尔，甚至是哈贝马斯、阿伦特等，这些研究既体现不出当下中国哲学的发展水平，也体现不出西方哲学的当下发展水平。也就是说，这些从黑格尔、康德、胡塞尔、海德格尔、哈贝马斯和阿伦特等的哲学理论解读马克思哲学的研究成果，只能够具有研究资料意义上的纯粹的学术性价值。就当下时代哲学的发展水平没有达到当下时代发展的水平视角理解，文本文献研究的研究者没有研究文本文献水平的标准坐标可以参考，这就容易导致研究者会误把自己的研究水平看作哲学发展的时代水平。虽然当代哲学发展的水平标准很难确立，但并不是没有任何抓手可以利用。比如，该文本文献研究的哲学认知逻辑和理论逻辑是否有利于解释和概括当下中国社会的发展逻辑问题，即研究文本文献的哲学前提应该与中国新现代性问题之间有着内在的关联性。当然，这些抓手的系统化和理论化确立则是一个非常艰难的哲学研究问题。

暂且不论文本文献解读的成果差异性与哲学理论研究水平当代性之间的矛盾性存在只是两者关系的一个方面，即使两者之间就是这样的矛盾性存在，也不会影响到文本文献学研究范式的合理性和合法性存在，因为，即使文本文献解读的成果没有达到当下哲学发展的水平，但它的存在也有利于从相反的视角反思何为当下中国哲学发展的水平，以及如果文本文献学研究范式的研究者能够利用标志当下时代水平的哲学认知逻辑去研究马克思哲学的文本文献，那么这本身就是文本文献解读的成果差异性与哲学理论研究水平当代性之间的矛盾性存在所展现出来的方法论意义。就文本文献研究范式的研究成果没有达到当下哲学发展的水平视角理解，研究成果是否达到当下时代的哲学发展水平是一个很难界定的问题。既然很难界定，按照唯物辩证法的逻辑，与其直接否定它的价值，还不如去检验它是如何促进当代哲学发展或如何延缓甚至阻碍当代哲学发展的，即不是试图去消灭它的存在，因为唯物辩证法的辩证矛盾原理告诉人们，矛盾不能够被消灭只可以被转换。就文本文献学研究范式的研究者能够利用标志当下时代水平的哲学认知逻辑去研究马克思哲学的文本文献视角理解，没有学者会认为自己研究马克思哲学的文本文献学研究方法是低于当下中国哲学发展水平的研究方法。如果说高校是社会良知的传播地，那么研究思想的学者则是社会良知的守护者。从这个意义上讲，如果高校不引导学者利用当下哲学发展水平认识问题、分析问题和解决问题，如果研究者研究前人的文本文献只是为了发出思念前人伟大和英明的感概，那就是社会的倒退。这种社会倒退的现象，无论是研究者的主观意识层面，还是客观研究结果层面，都不应该存在。

　　文本文献学研究范式中文本文献解读的成果差异性与哲学理论研究的水平当代性之间的矛盾，归根结底意义上是因为既要突出解读文本文献的哲学认知逻辑水平不低于时代水平又与文本文献解读的成果存在低于时代哲学水平的现象之间存在着矛盾，中国特色社会主义建设的社会实践需要对马克思文本文献进行不低于时代水平的理论阐释与传统马克思主义哲学教科书只有一种根源于苏联教科书研究范式的理论阐释之间存在着矛盾。马克思曾经指出，"德国的法哲学和国家哲学是唯一与正式的当代现实保持在同等水平上的德国历史。因此，德国人民必须把自己这种梦想的历史一并归入自己的现存制度"①。据此逻辑，再加之马克思哲学的研究成果既有面对资本主义的成果，也有面对共产主义的成果，所以马克思哲学的总体水平应该是高于当下中国哲学水平的研究成果。虽然解读文本文献的认知路线应该是遵循马克思的唯物辩证法逻辑，但理解唯物辩证法的认知逻辑却应该是与当下时代哲学发展水平相结合的，因此，消解文本文献解读的成果差异性与哲学理论研究的水平当代性之间矛盾性方面的方法之一就是要立足于当下的哲学发展水平来解读马克思哲学的文本文献，而不能低于这一水平来理解马克思哲学的文本文献。

（作者张丽霞系江苏师范大学哲学范式研究院副教授，哲学博士，硕士生导师；主要研究方向为马克思主义哲学基本原理）

---

① 《马克思恩格斯选集》第 1 卷，北京：人民出版社 2012 年版，第 7—8 页。

部门哲学在当代中国马克思主义哲学中的学术价值定位*

——基于2019年部门哲学及相关研究成果的反思

于桂凤

[**摘 要**] 进入新时代,伴随着中国特色社会主义建设理论与实践的双重推进,部门哲学研究发展也呈现出领域拓展、范式转换和价值提升的趋势和特征。由此,部门哲学在当代中国马克思主义哲学中的学术价值定位问题日益凸显。从学界的相关研究和探讨来看,对于这一学术价值定位,大致可以从三个方面来理解:一是部门哲学是表征当代中国马克思主义哲学存在的一种重要方式;二是部门哲学是推进当代中国马克思主义哲学方法论创新的一种重要力量;三是部门哲学是构建创新、构建当代中国马克思主义哲学学术体系的一种重要资源。正因如此,部门哲学对于中国马克思主义哲学的存在、发展、创新具有不可替代的作用,并在一定程度上影响和规约着中国马克思主义哲学的未来走向和发展水平,我们不能低估部门哲学研究的学术价值。但是,部门哲学既不是表征当代中国马克思主义哲学的唯一方式,也不是推进当代中国马克思主义哲学方法论创新的唯一力量,更不是构建当代中国马克思主义哲学学术体系的唯一资源。由此,我们又不能过于高估部门哲学研究的学

---

* 基金项目:国家社会科学基金项目"恩格斯晚年关于马克思哲学的阐释及其对马克思主义哲学中国化的影响研究"(20BKSO13)的阶段性成果。

术价值，更不能以部门哲学研究代替其他哲学研究，而是要把部门哲学研究与其他哲学研究结合起来，互相取长补短，合力推动当代中国马克思主义哲学创新发展，以更好地发挥其改变世界的社会功能。

[**关键词**] 部门哲学　当代中国马克思主义哲学　存在方式　方法论创新　思想资源

进入新时代，伴随着中国特色社会主义建设理论与实践的双重推进，部门哲学研究发展也呈现出领域拓展、范式转换和价值提升的趋势和特征。由此，如何看待部门哲学对当代中国哲学尤其是对当代中国马克思主义哲学的意义问题日益凸显。这一问题实质关涉部门哲学在当代中国马克思主义哲学中的学术价值定位问题。从学界的相关研究和探讨来看，对于这一学术价值定位，大致可以从三个方面来理解：一是把部门哲学看作当代中国马克思主义哲学的一种存在方式，二是把部门哲学视为推进当代中国马克思主义哲学方法论创新的一种重要力量，三是把部门哲学理解为构建创新、构建当代中国马克思主义哲学学术体系的一种重要资源。本文试对这三个方面进行学理性与现实性的分析，以期推进对部门哲学的理论性质、功能、意义等问题的再认识。厘清这些问题也是部门哲学对新时代中国马克思主义哲学、21世纪马克思主义哲学发展有所作为的基本前提。

一、表征当代中国马克思主义哲学存在的重要方式

任何一种哲学理论都有其自身的存在方式。哲学的存在方式也曾经成为一些西方学者判断一种哲学形态是否具有合法性的根本依据。例如：有些西方学者不承认中国哲学的合法性，就是片面地按照西方哲学的存在方式标准进行判断的结果；有些西方学者以苏联"正统"马克思主义哲学存在方式为标准否认中国马克思主义哲学的原创性；有些西方学者完全按照西方传统哲学的存在方式标准错误地判定马克思学说中没

有哲学思想；等等。

　　作为一种关于"存在"、追问"存在"的理论，依据研究的是一般"存在"还是特殊"存在"，哲学的存在方式简言之，既可以呈现为一般哲学，包括本体论、认识论、价值论等哲学问题，又可以呈现为具体的经济哲学、政治哲学等领域性哲学即部门哲学。从学理上说，哲学的存在方式应该是一般哲学与部门哲学或一与多相统一。但是，从现实上看，落实到具体的哲学流派或哲学家那里，哲学的存在方式则或者以一般哲学为主，或者以部门哲学为要。部门哲学是哲学体系内容具体化的展现，一个具体的、实存的哲学体系可以包括多种部门哲学。1843年，恩格斯在《大陆上社会改革运动的进展》一文中，谈到黑格尔哲学体系时指出："从人们有思维以来，还从未有过象黑格尔体系那样包罗万象的哲学体系。逻辑学、形而上学、自然哲学、精神哲学、法哲学、宗教哲学、历史哲学，——这一切都结合成为一个体系，归纳成为一个基本原则。"① 就黑格尔哲学而言，自然哲学、精神哲学、法哲学、宗教哲学、历史哲学既构成其哲学的重要内容，也是其哲学存在的一种方式。因此，把握黑格尔哲学的精神实质，评价黑格尔哲学的理论价值，历史哲学、宗教哲学、法哲学等这些部门哲学是决不可或缺的考察维度。但是，部门哲学并不是黑格尔哲学唯一的、最重要的呈现和存在方式。相比之下，从整体上看，一般哲学更能表达、体现黑格尔哲学及其存在方式的特性。从哲学史上看，不同的哲学体系涵盖的部门哲学种类并不相同，各个部门哲学在不同的哲学体系中所处的地位也不尽相同。例如，在黑格尔哲学中，宗教哲学的地位就高于自然哲学，而在费尔巴哈哲学中却是自然哲学比宗教哲学更为重要。

　　近年来，中国学界不仅有一批学者着力挖掘马克思主义理论中蕴含的经济哲学、政治哲学、文化哲学、社会哲学、价值哲学、生态哲学等部门哲学思想，而且有学者明确从部门哲学视角探讨马克思哲学存在方

---

① 《马克思恩格斯全集》第1卷，北京：人民出版社1956年版，第588—589页。

式的革命。例如，在《恩格斯辩证唯物主义哲学体系论纲》一文中，宫敬才提出："马克思哲学是哲学史意义的伟大革命，这种革命既包括内容也包括存在形式。二者有机统一使马克思哲学以领域性哲学的形式表示存在，如经济哲学、历史哲学、政治哲学、法哲学和工艺哲学等。"①此文不仅以领域性哲学即部门哲学概括马克思哲学的存在形式，而且打破了传统认知，以辩证唯物主义来表征恩格斯哲学的体系，以此强调马克思哲学与恩格斯哲学之间存在的思想差异。但文章也指出，由于这种区别长期被研究者忽略，导致"马克思经济哲学和工艺哲学等领域性哲学在以辩证唯物主义和历史唯物主义形式表现出来的马克思主义哲学理论逻辑中得不到表示存在的机会"②。不可否认，传统的"辩证唯物主义和历史唯物主义"框架下的马克思主义哲学教科书体系，的确没有突出马克思主义的经济哲学、政治哲学、文化哲学等部门哲学向度。当然，在一定意义上，中国传统的马克思主义哲学教科书体系也是中国马克思主义哲学的存在方式，甚至在特定历史时期成为主导的中国马克思主义哲学存在方式。直到今天，这种存在方式依然是人们系统、整体地把握马克思主义哲学"知识体系"的重要工具，依然有其存在的价值，这一点是不能否定的。20世纪90年代以来，在理论与实践的双向互动中，中国马克思主义哲学研究的理论视野转向社会实践的具体领域，价值哲学、经济哲学、政治哲学、发展哲学、社会哲学、文化哲学、生态哲学、管理哲学、教育哲学等部门哲学兴起并蓬勃发展，逐渐成长为当代中国马克思主义哲学的另一种存在方式。在此，特别要指出的一点是，本文所说的作为马克思主义哲学存在方式的部门哲学，并不是指所有形态的部门哲学，而是主要指马克思主义哲学研究视野中的部门哲学，特别是指马克思主义部门哲学，如马克思主义经济哲学、马克思主义文化哲学、马克思主义政治哲学等。

---

① 宫敬才：《恩格斯辩证唯物主义哲学体系论纲》，载《现代哲学》，2020年第1期。
② 宫敬才：《恩格斯辩证唯物主义哲学体系论纲》，载《现代哲学》，2020年第1期。

作为表征当代中国马克思主义哲学存在的一种重要方式，部门哲学的发展也表征着我们这个时代中国马克思主义哲学的发展，是我们把握当代中国马克思主义哲学发展脉络和图谱的重要参照系。部门哲学的发展对于中国马克思主义哲学研究的意义是多方面的，其中有两点贡献是非常重要的，不容忽视。

第一，部门哲学的发展，大大拓宽了中国马克思主义哲学研究的学术视野、理论话题和思想资源，有助于我们多角度地理解马克思主义哲学的生成逻辑、精神内涵和时代价值。部门哲学的兴起与发展，不仅标志着当代中国马克思主义哲学的存在方式走向多元化，而且意味着当代中国马克思主义哲学研究领域的分化。中国马克思主义哲学研究领域的分化不仅没有导致中国马克思主义哲学的"贫困化"，反而使马克思主义哲学走向具体化和现实化，学术视野更宽广，理论话题更多样，思想资源更丰富。

从2019年部门哲学的相关研究成果来看，学界关于马克思主义部门哲学的研究，涉及的内容就非常丰富。其中，关于马克思主义政治哲学的研究成果最为丰富。从内容上看，这些研究成果可以归纳为三个方面：一是对中国政治哲学发展史的反思与总结，如关于五四运动对中国马克思主义政治哲学开启之功的分析[1]，对新中国成立70年来政治哲学发展历程的梳理与总结[2]，对当代中国政治哲学发展成就、存在的问题及其出路问题的反思[3]。这些研究成果有助于我们深入理解中国政治哲学发展的历史逻辑、理论逻辑和实践逻辑。二是对马克思主义政治哲学的研究。这些研究既有宏观的也有微观的，如对马克思主义政治哲学在

---

[1] 李维武：《五四运动与中国马克思政治哲学的开启》，载《社会科学战线》，2019年第5期。

[2] 李佃来：《新中国成立70年来政治哲学的发展》，载《武汉大学学报》（哲学社会科学版），2019年第6期。

[3] 王炳权：《当代中国政治哲学的发展：回顾与前瞻》，载《学术月刊》，2019年第6期。

中国兴起与发展的逻辑及相关争论的探讨①，对马克思主义政治哲学方法论②和人性根基③的探究。三是对马克思恩格斯等重要代表人物的政治哲学思想的研究。总的来看，关于马克思本人政治哲学的研究成果最为突出，涉及的内容也非常广泛，如对马克思政治哲学的"普遍公设"的探析④，对马克思政治哲学构建的可能性问题⑤和马克思政治哲学中的"社会性"问题的研究⑥，对马克思政治哲学转向的创新性分析⑦，对马克思政治哲学的思想逻辑的深入解析⑧，对马克思政治哲学的实践旨趣的阐发⑨，对《资本论》进行政治哲学解读的可能性追问⑩，从"精神史"反思基础上的微观政治哲学批判层面理解马克思的历史唯物主义政治哲学的本质与旨趣⑪。此外，也有学者对马克思主义正义论的黑格尔渊源、马克思正义观与权利观、生产力观的关系等问题进行了深入探讨。这些探讨对我们深入理解马克思的政治哲学思想有着重要意义。

---

① 阎孟伟：《马克思主义政治哲学在中国的兴起与发展》，载《教学与研究》，2019 年第 10 期。

② 唐瑭：《价值形式理论：马克思政治哲学的方法论》，载《江西社会科学》，2019 年第 10 期。

③ 陈绍辉、王岩：《论马克思主义政治哲学的人性根基》，载《湖北社会科学》，2019 年第 10 期。

④ 吴宏政：《马克思政治哲学的前提性"普遍公设"》，载《哲学动态》，2019 年第 12 期。

⑤ 李佃来：《马克思政治哲学的构建何以可能》，载《哲学研究》，2019 年第 5 期。

⑥ 李佃来：《马克思政治哲学中的"社会性"问题》，载《理论探索》，2019 年第3 期。

⑦ 白刚：《从"政治革命"到"革命政治"：马克思政治哲学的转向》，载《武汉大学学报》（哲学社会科学版），2019 年第 9 期。

⑧ 卞伟伟、曹典顺：《论马克思政治哲学的思想逻辑》，载《湖南社会科学》，2019 年第 5 期。

⑨ 袁祖社：《公共世界的逻辑与马克思新政治哲学的实践旨趣》，载《政治学研究》，2019 年第 6 期。

⑩ 高广旭：《〈资本论〉的政治哲学解读何以可能》，载《马克思主义与现实》，2019 年第 6 期。

⑪ 温权：《唯物史观的"精神史"批判与马克思主义微观政治哲学》，载《学术交流》，2019 年第 12 期。

此外，关于马克思主义经济哲学的研究，从内容看集中在两个方面：一是对马克思经济哲学思想的研究，如对恩格斯与马克思经济哲学体系的关系、马克思哲学体系存在形式问题的探讨①，对《资本论》的反贫困哲学及其新时代价值的阐发②。二是对中国马克思主义经济哲学发展的回顾与反思，如对新中国成立以来中国化马克思主义经济哲学话语体系演变逻辑的深入分析③。关于马克思主义文化哲学的研究，主要包括两个方面：一是分析文化哲学对于马克思主义的意义。如从马克思主义研究范式角度提出文化哲学是马克思主义思想中蕴含的更为始源的范式，强调在马克思主义研究和马克思主义理论学科建设中要重视文化哲学范式的功能和作用。④ 二是揭示当代中国马克思主义哲学发展的文化哲学形态与观念。如有学者提出，新中国成立以来中国马克思主义哲学发展经历了从科学理性向历史理性的转化，历史理性的建构表征为以现代文化发展为基础的开放的、多元的文化哲学的现代哲学观念的形成，这一哲学观念也是21世纪中国特色社会主义的哲学观念。⑤ 关于马克思主义生态哲学思想的研究，主要集中于对习近平生态文明思想的多重解读和阐释。如对习近平生态文明思想的哲学文化维度、经济维度和社会政治维度及其当代价值的挖掘⑥，对习近平生态文明思想对马克思

---

① 宫敬才：《恩格斯与马克思经济哲学体系》，载《北京师范大学学报》（社会科学版），2019年第3期。

② 周露平：《〈资本论〉的反贫困哲学及其新时代价值》，载《马克思主义研究》，2019年第12期。

③ 周银、邓伯军：《中华人民共和国成立以来经济哲学话语体系的演变逻辑》，载《党政干部学刊》，2019年第4期。

④ 李宝文：《文化哲学：马克思主义研究的重要范式》，载《思想政治教育研究》，2019年第5期。

⑤ 何萍：《1949年以来中国马克思主义哲学的逻辑进路——为庆祝中华人民共和国成立70周年而作》，载《武汉科技大学学报》（社会科学版），2019年第5期。

⑥ 王雨辰：《习近平生态文明思想的三个维度及其当代价值》，载《马克思主义与现实》，2019年第2期。

主义生态哲学的继承和创新意义的阐发①，对习近平的人与自然生命共同体理念的生态哲学内涵和价值的解析②，对"绿水青山就是金山银山"理念内涵和价值观基础的剖析③。上述研究成果及其他未列出的部门哲学研究成果，有力推进了我们对马克思主义哲学的深入理解，也为建构当代中国马克思主义哲学新形态提供了重要的思想资源。

第二，部门哲学的发展，大大提升了中国马克思主义哲学研究回应时代与现实的力度、热度和高度，有助于我们增强中国马克思主义哲学理论自信和学术自信。时代是思想之母，实践是理论之源，只有与时代同行、与实践同行的哲学，才是有生命力的哲学。中国马克思主义部门哲学的蓬勃发展体现了中国马克思主义哲学与时代同行、与实践同行的客观要求和理论品格。前文所说的每一部门哲学的历时性发展与多种部门哲学的共时性发展，特别是经济哲学、政治哲学、文化哲学、社会哲学、生态哲学的历时性发展与彼此之间的共时性发展，不仅折射出中国马克思主义哲学与新时代中国特色社会主义经济建设、政治建设、文化建设、社会建设和生态建设实践的动态交互作用，而且深刻表明当代中国马克思主义哲学研究具有积极顺应时代、回应社会生活现实的理论自觉和主体意识，是对马克思主义哲学"改变世界"的实践精神的传承和发扬。中国形态的马克思主义经济哲学、政治哲学、文化哲学等部门哲学是马克思主义哲学中国化的理论成果，这些部门哲学对具体实践领域与现实问题的哲学观照证明、彰显了马克思主义哲学强大的解释力、思想力和引领力，为增强中国马克思主义哲学的理论自信和学术自信提供了思想支撑。

---

① 彭曼丽：《习近平生态文明思想对马克思主义生态哲学思想的继承和创新》，载《思想理论教育导刊》，2019年第9期。

② 孙要良：《唯物史观视野下习近平人与自然生命共同体理念解读》，载《当代世界与社会主义》，2019年第8期。

③ 徐朝旭、裴士军：《"绿水青山就是金山银山"理念的深刻内涵和价值观基础——基于中西生态哲学视野》，载《东南学术》，2019年第5期。

二、推进当代中国马克思主义哲学方法论创新的重要力量

与时俱进推进中国马克思主义哲学创新贯穿中国马克思主义哲学发展始终。总结新中国成立以年来中国马克思主义哲学发展成就，一个突出表现就是马克思主义哲学研究方法论的创新。哲学方法论创新虽然不同于哲学形态、哲学观念、哲学范畴、哲学话语、哲学体系的创新，但又与这些方面的创新密不可分，而且可以推进这些方面的创新，进而推进哲学的"系统创新"。当前，推进当代中国马克思主义哲学"系统创新"进而发展 21 世纪中国马克思主义哲学的理论任务，又对马克思主义哲学研究方法论创新提出了更高要求。当代中国马克思主义哲学创新的最终目的是使哲学更好地切近现实，更好地发挥哲学的社会功能。而以诸现实领域为研究对象的部门哲学本身就是哲学切近现实的重要方式，中国部门哲学也是为顺应中国马克思主义哲学研究切近现实这一客观要求而兴起和发展的。部门哲学提供了把哲学与现实联结起来的"接口"。不同的部门哲学提供了不同的"接口"，因而也提供了多样的把握现实的方法论原则。而且，部门哲学在自身的发展过程中也有着方法论自觉。例如，有学者提出，新时代发展哲学要有所作为，需要"在增强方法论自觉的同时，需要拓展研究的视野，这就是要用世界的眼光来审视我国的发展，注意吸收国外发展理论研究的新成果、新方法，加强文明交流、文明互鉴"[①]。因此，在学界对当代中国马克思主义哲学方法论创新诉求的积极回应中，无论是主张突破单一方法论局限、实现多种方法论综合创新的观点，还是主张确立一种主导的、引领性的方法论原则的观点，都非常注重借鉴部门哲学方法论创新的经验智慧和资源。

---

① 丰子义：《面向新时代的发展哲学》，载《北京大学学报》（哲学社会科学版），2019年第 5 期。

部门哲学本身就是哲学方法论创新的产物，即一般哲学与具体科学相结合的产物。因此，从方法论运用上，具有中介性、学科交叉性、综合性特征的部门哲学，既可以借鉴具体科学方法论，又可以运用一般哲学方法论，并在此基础上进行方法论的整合与创新。当然，在现实的研究实践中，这种整合与创新的效果还不尽人意。部门哲学对于当代中国马克思主义哲学方法论创新的重大意义，突出表现在为人们提供了一种新的解释原则或阐释视域，即经济哲学、政治哲学、文化哲学、生态哲学等具体的部门哲学跃迁为一种重要的解释原则或阐释视域，既被运用于对马克思主义哲学相关理论的理解之中，也被运用到对具体的社会实现问题的阐释之中。以 2019 年部门哲学相关研究成果为例，大概可以归纳为以下两个方面。

一是运用部门哲学对马克思主义哲学及其他理论的创新性阐释，如从政治哲学视角对马克思哲学的阐释。从政治哲学角度阐释历史唯物主义的性质、功能、价值及影响等问题，挖掘历史唯物主义的政治哲学思想，揭示政治哲学与历史唯物主义的内在关系，是近年来政治哲学和马克思主义哲学研究中的一个重要论题。张文喜的《历史唯物主义的功能与影响——基于政治哲学视域的思考》一文，针对当代哲学中理解历史唯物主义的两种方式，即把历史唯物主义看作实证科学的"还原论"和把历史唯物主义建立在阶级意识基础之上的"消解论"，特别提出要从政治哲学视角思考历史唯物主义的社会功能与现实影响，并在此基础上阐明历史唯物主义的思想定位。[①] 而《唯物史观的政治哲学阐释：视域和限度》一文，则以唯物史观的政治哲学阐释的理论困难为切入点，通过分析唯物史观所实现的两个转变即历史认识模式和历史研究方法的转变[②]，深刻剖析了唯物史观的政治哲学化阐释的理论视域和理论限度。这些研究既为我们更为深入地理解和研究历史唯物主义提供了一个新

---

① 张文喜：《历史唯物主义的功能与影响——基于政治哲学视域的思考》，载《哲学动态》，2019 年第 8 期。

② 方瑞：《唯物史观的政治哲学阐释：视域和限度》，载《哲学动态》，2019 年第 10 期。

的思路,也引发了一些重要的理论反思——从政治哲学视域阐释历史唯物主义及整个马克思哲学的可能性与必要性、合理性与有限性等问题。臧峰宇的《建构马克思政治哲学的问题意识》一文推进了对这些问题的思考。作者在文中提出,阐释马克思政治哲学应该具有一种问题意识,包括如何实现人类解放、如何建构"真正的共同体"、如何展开政治经济学批判以及如何理解公平正义问题。这些问题构成马克思政治哲学的主要问题域,从中理解马克思政治哲学的总体结构及其当代性,可以形成将马克思的思想建构为一种政治哲学的合理思路。① 也有学者从政治哲学视角对马克思哲学文本及思想进行研究,如周阳从政治哲学角度对《关于伊壁鸠鲁哲学的笔记》进行了解读,分析了马克思第一次宗教批判的背景、逻辑及意义②,王益的《〈资本论〉中自由观的三重维度——基于政治哲学的考察》,从政治哲学视域分析了《资本论》中的自由观革命和自由问题研究范式的革命③。这些相对具体的研究,有利于深化我们对马克思的某个具体哲学思想观点及核心范畴的认识。

此外,从经济哲学、文化哲学等其他部门哲学视域对马克思主义哲学的解读,也很有启发意义。如宫敬才、彭园珍的《马克思经济哲学语境中的"分析的马克思主义"》一文,从马克思经济哲学出发,剖析了"分析的马克思主义"试图用分析哲学和新古典主义经济学方法"重建历史唯物主义"所造成的理论混乱④,为我们认清"分析的马克思主义"的理论局限提供了一个新视角。向君焱的《五大发展理论探究——

---

① 臧峰宇:《建构马克思政治哲学的问题意识》,载《中国人民大学学报》,2019 年第 5 期。

② 周阳:《马克思第一次宗教批判的背景、逻辑与意义——关于〈伊壁鸠鲁哲学的笔记〉的政治哲学解读》,载《现代哲学》,2019 年第 1 期。

③ 王益:《〈资本论〉中自由观的三重维度——基于政治哲学的考察》,载《山东社会科学》,2019 年第 2 期。

④ 宫敬才、彭园珍:《马克思经济哲学语境中的"分析的马克思主义"》,载《马克思主义与现实》,2019 年第 2 期。

以马克思经济哲学方法论为视角》一文，从马克思经济哲学方法论高度概括出了五大发展理念所蕴含、呈现的方法论原则，有助于我们从方法论高度把握五大发展理念的内涵与价值①。马彦超的《文化哲学视域下的冯友人生境界说研究》一文，从文化哲学视域对冯友兰的人生境界说的文化特征、内涵及其意义的分析，对于我们深刻认识冯友兰人生境界说的文化意蕴具有启示意义。②

从某一部门哲学视角对马克思主义哲学进行阐释，或使我们能够从一个相对微观的层面重新审视马克思主义哲学，从而更深刻地理解其理论性质、理论特色、理论功能、理论价值。

二是运用部门哲学包括马克思主义部门哲学对现实问题的多视角审视与反思。这些现实问题，既包括中国自身的特殊问题，也包括带有普遍意义的世界性或人类性的问题。如对基因问题的反思，姚大志的《基因平等：从政治哲学的观点看》一文，从政治哲学角度对于是否应该追求基因平等问题进行了深入分析与合理论证③，为我们辩证看待基因平等问题提供了借鉴和启示。叶冬娜的《生态问题的政治哲学分析理路》一文则从政治哲学角度对生态问题进行了解析，明确提出生态问题的最终解决，生态文明建设的重要路径，都依赖于政治思维方式的变革④，有利于人们认识生态问题的政治属性。王卫华、董逸的《新中国成立70年来人的主体性发展的经济哲学反思》一文，以经济哲学为解释原则，对新中国成立70年来人的主体性发展与资本之间互动关系的辩证进行了探讨⑤，为我们深入理解资本因素对人的主体性发展的影响提供了新的有益思考。胡博成、朱忆天的《新时代中国企业家精神的经济哲学追

---

① 向君焱：《五大发展理念探究——以马克思经济哲学方法论为视角》，载《学理论》，2019年第6期。

② 马彦超：《文化哲学视域下的冯友人生境界说研究》，载《学术交流》，2019年第7期。

③ 姚大志：《基因平等：从政治哲学的观点看》，载《哲学研究》，2019年第11期。

④ 叶冬娜：《生态问题的政治哲学分析理路》，载《哲学研究》，2019年第11期。

⑤ 王卫华、董逸：《新中国成立70年来人的主体性发展的经济哲学反思》，载《广西社会科学》，2019年第11期。

问》一文，从经济哲学视角追问新时代企业家精神面临的问题及其成因和可能的出路①，为我们从哲学层面把握中国企业家精神的培育提供了方法论启示。王早娟的《文化哲学视野下的宗教中国化问题研究》一文，从文化哲学视野分析了宗教中国化实质就是宗教要与当前政治制度、社会价值观和科学技术发展相适应②，对于推进宗教中国化实践具有指导意义。近年来从马克思主义人学视域对教育特别是思想政治教育问题的探讨，对于解决教育难题、提升教育质量有借鉴价值。此外，从马克思主义人学视角对人工智能与人的发展问题的反思，也很有现实意义。

从部门哲学视角对现实问题尤其是那些复杂的、共性的现实问题的多角度反思，不仅有助于人们从哲学高度多维把握现实问题的本质进而有效推进现实问题的解决，而且有助于促进部门哲学自身在内容与形式上的丰富、发展和创新。

三、构建当代中国马克思主义哲学学术体系的重要资源

在《中国现代学术要略》一书中，刘梦溪指出："学术思想是人类理性认知的系统化，是民族精神的理性之光；学术思想发达与否是一个民族文化是否发达的标志"③。那么，如何判断一种学术思想是否发达？作为人类理性认知的系统化，一门学术思想成熟、发达的一个重要标识是体系化——形成适应时代需要、反映时代精神、引领时代发展的学术

---

① 胡博成、朱忆天：《新时代中国企业家精神的经济哲学追问》，载《财会月刊》，2019年第15期。

② 王早娟：《文化哲学视野下的宗教中国化问题研究》，载《宗教学研究》，2019年第2期。

③ 刘梦溪：《中国现代学术要略》（修订版），北京：生活·读书·新知三联书店2018年版，第1页。

体系。按照这个逻辑，一个国家、一个民族哲学社会科学成熟、发达的重要标识也应该是建构起一个与国家发展水平相应的学术体系。那么，我国哲学社会科学总体发展状况如何？习近平总书记在2016年哲学社会科学工作座谈会上的讲话中明确指出，我国"目前在学术命题、学术思想、学术观点、学术标准、学术话语上的能力和水平同我国综合国力和国际地位还不太相称"。为此，构建中国特色哲学社会科学的学科体系、学术体系、话语体系成为当前重大的理论任务和理论使命，而构建中国特色的马克思主义哲学学术体系是题中应有之义。这一哲学学术体系构建也是由哲学自身的内在要求所决定的。在黑格尔看来，"哲学若没有体系，就不能成为科学。没有体系的哲学理论，只能表示个人主观的特殊心情，它的内容必定是带偶然性的。"① 包括马克思主义哲学在内的哲学演进就展现为旧的哲学学术体系不断被解构、超越以及新的哲学学术体系不断生成和发展的过程。当然，这些新哲学体系的生成和发展是哲学家适应时代需要自觉建构的结果。构建当代中国马克思主义哲学学术体系是我国实践发展提出的客观要求，是马克思主义哲学自我提升诉求的时代回应，是改革开放以来中国马克思主义哲学研究成果总结、整合的必然逻辑。

任何哲学学术体系的构建都需要借助一定的理论遗产或思想资源。构建当代中国马克思主义哲学学术体系需要吸收借鉴多方面的思想资源。其中，部门哲学是不可或缺的重要资源，应该是这个哲学体系内容的重要组成部分。

善于把一切可资借鉴的经济哲学、政治哲学、文化哲学等部门哲学"为我所用"是马克思恩格斯哲学研究的一大特色。马克思主义哲学本身就包括丰富的经济哲学、政治哲学、文化哲学、社会哲学、生态哲学等部门哲学思想，而且如前所述，中国马克思主义部门哲学已经成为表征当代中国马克思主义哲学存在的重要方式。这决定了构建当代中国马

---

① 黑格尔：《小逻辑》，北京：商务印书馆1997年版，第56页。

克思主义哲学学术体系必然要吸纳部门哲学研究的最新思想成果。特别是中国化马克思主义部门哲学思想，如毛泽东思想、邓小平理论、"三个代表"重要思想、科学发展观和习近平新时代中国特色社会主义思想所蕴含的经济哲学、政治哲学、文化哲学、社会哲学和生态哲学思想，更不可遗漏。近年来部门哲学的快速发展也积累了丰富的思想资源，而且中国马克思主义部门哲学体系建构的理论自觉和多种探索，对构建当代中国马克思主义哲学学术体系具有多重意义。有些学者积极尝试以政治哲学、文化哲学等部门哲学重构当代中国马克思主义哲学。相比较而言，当前关于当代中国马克思主义政治哲学体系构建的探讨最为热烈，涉及的内容也非常广泛。如对构建当代中国马克思主义政治哲学的可能性问题、前提性问题、关键性问题、原则性问题的多维度思考，对构建当代中国马克思主义政治哲学的基本路径的多样化探索，对构建当代中国马克思主义政治哲学的现实基础、理论意义、理论目的、理论资源、理论困难等问题的具体性分析，等等。这些问题也是哲学学术体系构建的共性问题，因而对这些问题的反思与探讨对于推进构建当代中国马克思主义哲学学术体系具有借鉴和启示意义。由此，部门哲学不仅成为创新、构建当代中国马克思主义政治哲学的重要内容来源，而且有着重要的方法论意义。

构建当代中国马克思主义哲学学术体系，不仅需要对改革开放以来中国马克思主义哲学研究所取得的研究成果进行概括、总结和提升，而且需要自觉吸收、整合有价值的古今中西哲学及社会科学研究的最新成果。其中，中国优秀传统文化蕴含的价值、文化、政治、生态智慧、当代西方哲学、西方马克思主义相关研究的积极成果都是需要认真考量、辩证分析的思想资源，部门哲学为多维度挖掘和借鉴这些思想资源提供了具体的平台。例如，《以生命共同体理念为切入点构建中国特色生态哲学体系》一文，明确提出要以生命共同体理念为切入点构建中国特色生态哲学体系，强调在注重挖掘我国传统生态智慧的同时也要积极参与世界范围内的生态实践，在中国特色和世界认同上保持合理张力。① 从中可以看到，单一中国特色部门哲学体系的建构与整体中国马克思主义哲学体系的构建一样，都需要多种学科思想资源的融合、汇通。不同部门哲学需要融合、汇通的学科思想资源不同，因而产生的理论成果也不同。构建当代中国马克思主义哲学学术体系，是众多学科学术研究成果的总结和升华。如果不能将近年来部门哲学研究所积累起来的优秀学术成果融入其中，那么这个哲学学术体系将是不完整的。

综上可见，作为表征当代中国马克思主义哲学存在、推进当代中国马克思主义哲学方法论的重要力量、构建当代中国马克思主义哲学学术体系的重要资源，部门哲学对于中国马克思主义哲学的存在、发展、创新具有不可替代的作用，并在一定程度上影响和规约着中国马克思主义哲学的未来走向和发展水平。正因如此，我们不能低估部门哲学研究的学术价值。但是，部门哲学不是表征当代中国马克思主义哲学的唯一方式，不是推进当代中国马克思主义哲学方法论创新的唯一力量，不是构建当代中国马克思主义哲学学术体系的唯一资源。由此，我们又不能过于高估部门哲学研究的学术价值，更不能以部门哲学研究代替其他哲学研究，而是要把部门哲学研究与其他哲学研究结合起来，互相取长补短，合力推动当代中国马克思主义哲学创新发展，更好地发挥其改变世界的社会功能。

（作者于桂凤系湖北大学马克思主义学院副教授，哲学博士；研究方向为马克思主义哲学）

---

① 赵建军：《以生命共同体理念为切入点构建中国特色生态哲学体系》，载《环境保护》，2019年第20期。

福柯与马克思的对话范式*

——一种基于"实践"概念而来的比较分析

陈群志　徐怡

[摘　要] 福柯对现代资本主义社会的批判延续了马克思唯物史观中的"实践"分析方法。尤其以题为"生命政治的诞生"的讲稿为标志,"实践"一词正式活跃在福柯的文本当中。福柯与马克思在"实践"概念上的同构性表现在方法论层面,他们的"实践逻辑"都要求由对社会普遍概念的分析转为对社会现实的分析,只有通过"实践"的审查才能建立起社会历史发展的合理性。这种通过"实践"的构造逻辑同样隐含在福柯的前期文本当中,即使没有"实践"一词在文本中的具体凸显。因此,从福柯的"解剖政治"到"生命政治",马克思唯物史观的"实践逻辑"方法论始终在场。正是在这个意义上,"实践"成为福柯与马克思的对话范式之一。

[关键词] 马克思　福柯　实践　社会治理

对于福柯与马克思能够通过"实践"概念对话的可能性,我们有着两方面的考量。就马克思的学说自身而言,《关于费尔巴哈的提纲》作

---

* 基金项目:国家社会科学基金一般项目"当代英美哲学中的时间理论研究"(19BZX101)的研究成果。

为"包含着新世界观天才萌芽的第一个文件"①,诞生了具有划时代意义的历史唯物主义,并对马克思之前的旧唯物主义和唯心史观进行了有力的批判,而这种对先前理论的扬弃正是基于对"实践"概念的科学阐释。此外,福柯与马克思之间可以通过"实践"概念来沟通的可能性也并不是空穴来风。在《回到福柯》的系列文章中,张一兵就通过词频统计展现出"实践"在福柯后期"生命政治"思想中的基础性作用。② 然而,福柯前期著作中就没有"实践"的在场吗?又或,福柯思想中的"实践"因素一定要通过有"实践"一词在场的文本来体现吗?在莫伟民对福柯政治哲学的研究中,似乎提供了一条可以联系福柯前后期思想中有关"实践"概念的线索。③ 这是因为,"实践"在马克思学说中也同样具有政治哲学的意蕴,我们或许可以通过莫伟民展现的福柯政治哲学的线索来梳理出福柯前后期思想中包含的"实践"概念。

但这又会产生新的问题,福柯谈论的"实践"与马克思历史唯物主义中的"实践"是在同一意义上使用的吗?与此相关,本文将依次处理以下几个议题:第一,厘清福柯与马克思之间的关系,说明本文何以能够将福柯著作中包含马克思主义这一观点接受为理论前提;第二,梳理福柯从"解剖政治"时期到"生命政治"时期的"实践"观点;第三,阐释福柯与马克思"实践"概念的同构性体现在"实践逻辑"的方法论层面。

一、福柯与马克思之间的显隐关系

从以上思路出发,我们首先要回答:在马克思视域下展开对福柯思

---

① 《马克思恩格斯选集》第4卷,北京:人民出版社2012年版,第217—219页。
② 张一兵:《自由主义的幻象:市场与公民社会的治理技艺——晚期福柯对资本主义生命政治控制的批判》,载《新视野》,2015年第3期,第14页。
③ 莫伟民:《从"解剖政治"到"生命政治"——福柯政治哲学研究》,上海:上海人民出版社2018年版,第318页。

想的反思是否可能？就福柯与马克思之间关系来看，关于他们两者的争论始终处在"显"处，学界对此众说纷纭，莫衷一是。这样一种局面无疑增加了研究的难度，基于马克思视角对福柯思想的阐释也似乎变得难以通达，并且在这些争论中不乏有从福柯文本出发，从而得出福柯与马克思之间不存在沟通可能性的观点。甚至有些学者还认为福柯排斥马克思主义，例如，巴利巴尔就认为福柯从写作《古典时代疯狂史》开始，再到《求知意志》完成之后都处在一种对马克思的斗争状态中。① 然而，这种塑造福柯与马克思之间对立的做法，只是为了避免一种含糊的境地，即对马克思的批评本身已经潜在地使用了马克思的研究。② 于是，福柯的思想便成了巴利巴尔用来应对马克思问题域的理论中介。此外，波斯特的做法与巴利巴尔如出一辙，在《福柯、马克思主义与历史》一书中，他就基于福柯的话语实践理论提出了用来批判马克思的概念。但是，波斯特同时也承认，自己的这项研究工作并没有把福柯的著作当作一个整体来评价，而仅仅从福柯思想的特定方面着手来进行福柯与马克思的比较研究。③

在笔者看来，这些学者的理论进路不足以否证福柯思想中包含马克思学说的事实。这是因为，福柯和马克思之间的人为对立在一定程度上来自不同学者维护自身论证立场的逻辑需要，而福柯的思想能够充当这一过程的理论中介也恰恰证明福柯与马克思在思想观点上有着密切联系。另一方面，这些用福柯的观点来批判马克思主义的做法大多只是从福柯著作中的个别理论出发，即使可以证明福柯与马克思主义之间的差别，但也不能以偏概全地认为福柯与马克思之间没有关系。总之，上述这些观点都过于关注福柯的个别理论，从而忽视了这些观

---

① 艾蒂安·巴利巴尔：《福柯与马克思：唯名论问题》，李增译，见汪民安、陈永国、马海良编：《福柯的面孔》，北京：文化艺术出版社2001年版，第443页。

② 艾蒂安·巴利巴尔：《福柯与马克思：唯名论问题》，李增译，见汪民安、陈永国、马海良编：《福柯的面孔》，北京：文化艺术出版社2001年版，第462页。

③ Poster M. *Foucault, Marxism, and History*. (Cambridge: Polity Press, 1984), p.ix.

点之间本有的联系,所以才得出福柯与马克思之间存在着"看似的"对立。

事实上,之所以存在福柯与马克思之间思想关系的表面争论,恰恰是因为其背后含有两者之间的内在联系。如果说"任何真正的哲学都是自己时代的精神上的精华"①,那么哲学家们便是研究和发展这些"时代精神精华"的人。因此,福柯首先作为一个哲学家,在其学术研究中必定会受到他所处时代的诸多哲学潮流影响。毫无疑问,马克思的哲学观点在当时的法国学术圈中无疑是最重要的"时代精神精华"之一。福柯的老师阿尔都塞就是一位研究马克思主义的学者。具体而言,阿尔都塞在其学术生涯中,致力于通过结构主义对马克思的学说进行重新阐释。因此,我们有理由相信,求学时期的福柯无疑是熟悉他老师所研究的马克思哲学领域的。而在福柯跟随阿尔都塞学习之前,法国哲学界在萨特、梅洛-庞蒂等人的引领下也早已掀起了结合现象学和马克思主义哲学的运动。这就是说,福柯整个学习哲学的过程中,始终有着马克思主义哲学的在场。这一点也得到了福柯本人的承认,他曾在访谈中明确表示自己作为阿尔都塞的学生,对于当时法国包括马克思主义、黑格尔主义和现象学在内的哲学主流都学习过。② 因此,无论是在学术知识储备上还是在意识形态方面,福柯始终与马克思的思想有所交融。这可以说是第一层"隐性"关系。

福柯与马克思在思想上还存在着第二层"隐性"关系,这是由于福柯在其著作中并没有过多地讨论和评价马克思所造成的。③ 但与此相反,福柯在一次访谈中,明确地承认过马克思对他的影响,并且还自称是一

---

① 《马克思恩格斯全集》第1卷,北京:人民出版社1995年版,第220页。
② 福柯:《自画像》,见《权力的眼睛——福柯访谈录》,严锋译,上海:上海人民出版社1997年版,第6页。
③ 莱姆克等:《马克思与福柯》,陈元等译,上海:华东师范大学出版社2007年版,第2页。

个"隐性的马克思主义者（crypto-Marxist）"①。福柯甚至还讽刺那些认为他从来不引用马克思观点的学者，声称这些人仅仅是因为辨认不出马克思的文本内容才得出这样的结论。②

在笔者看来，造成这一看似矛盾的局面有着两个方面的原因。其一，由于福柯个人特有的学术追求，他并不承认教条主义式的马克思主义，福柯想做的正是要消除长期束缚和鼓吹马克思的法国党派教条。③从这一点上来看，福柯是故意在其学说中"隐去"马克思哲学的踪迹，以此来"抗议"当时法国形式化的马克思主义学术研究。其二，真正影响福柯学术生涯的思想动力来源是尼采—海德格尔这条主线，因而在福柯的著作当中鲜有明确引用马克思观点的地方也在情理之中。④福柯曾公开表明过自己在哲学方面的整个发展变化是由阅读海德格尔的著作决定的。⑤而尼采对于福柯的影响更甚，他不仅在学术上起着作用，而且一度成了福柯的"信仰"。尼采对全部传统哲学的颠覆点醒了福柯的"迷梦"，按照福柯的话来说，尼采的著作是一种"启示"，当他自己满怀激情地读完时仿佛变了个人似的。⑥

因此，正如不能因为福柯与马克思之间存在些许不同就否定福柯思

---

① Foucault, M., "Truth, Power, Self: An Interview with Michel Foucault, in Martin, L.H., Gutman, H. & Hutton, P.H. (eds.), Technologies of the Self: A Seminar with Michel Foucault, Amherst: The University of Massachusetts Press. 1988, p.13.

② 福柯：《关于监狱的对话》，见杜小真编选：《福柯集》，上海：上海远东出版社1998年版，第281页。

③ Foucault, M., Aesthetics, Method, and Epistemology, Faubion, J.D. (ed.), Essential Works of Foucault, 1954-1984 Volume 2. New York: The New Press. 1998, p.458.

④ 莫伟民：《从"解剖政治"到"生命政治"——福柯政治哲学研究》，上海：上海人民出版社2018年版，第2—4页。

⑤ 福柯：《道德的复归》，见杜小真编选：《福柯集》，上海：上海远东出版社1998年版，第522页。

⑥ Foucault, M., "Truth, Power, Self: An Interview with Michel Foucault", in Martin, L.H., Gutman, H. & Hutton, P.H. (eds.), Technologies of the Self: A Seminar with Michel Foucault. Amherst: The University of Massachusetts Press. 1988, p.13.

想中的马克思主义观点一样,我们也不能由于福柯与马克思之间存在联系就忽视两者之间的差异性。也就是说,我们这里所论的最终答案并不是福柯与马克思之间的思想关系具体如何,而仅仅是通过福柯本人的学术背景、访谈话语等"隐性"因素,来提供从马克思哲学的角度看福柯的可能性。这种可能性在本节已然得到了肯定的回应:存在于"显"处的有关于福柯与马克思之间思想关系的争论,正是由于福柯有意地和无意地将马克思从自己学说中"隐去"所造成的。而在此基础上,我们便可以从这种可能性出发,进一步回归到福柯与马克思的文本中来验证福柯思想中所包含的"实践"观点。

二、从"生命政治"回溯到"解剖政治"中的"实践"意蕴

1979年1月10日,在一场题为"生命政治的诞生"的课程讲演中,福柯正式地将"实践"作为其政治哲学的特殊方法论地位阐释出来。福柯认为,以往对政治、社会治理的历史梳理都是从普遍概念出发来考察、调整和修改它们的,但正确地做法应该要从具体的"实践"出发,并且在这些实践活动的框架中检验上述所谈的普遍概念。[①] 这并不是福柯第一次在其学说中提及"实践",在1978年题为"安全、领土与人口"的课程讲演上,福柯认为对"生命政治"的学术分析应该定位在现实的基础上,从而使得这项研究在"实践哲学"的范围之内实行。[②] 在"实践"的指导下,重要的不是解释一种权力运行的方式,而是通过具体的现实来反思这种概念化的运行方式的有效性。可以看出,"实践"在福柯后期思想中始终伴随着对"生命政治"的相关讨论。因此,我们不妨先从"生命政治"的概念缘由谈起。

[①] 福柯:《生命政治的诞生》,莫伟民等译,上海:上海人民出版社2011年版,第2页。
[②] 福柯:《安全、领土与人口》,钱翰等译,上海:上海人民出版社2010年版,第1—3页。

在《必须保卫社会》（1976）系列讲座的最后一讲中，福柯声称，在19世纪中存在着一种基本现象，那就是"权力"开始负担起生命的责任，个体的生命开始国家化。① 这种权力就是福柯所谓的"生命权力"，它掌控着所有个体生命的"活着"，并以此形成了"生命政治"。与此相对应，管控个体"肉身"的"规训权力"则形成了"解剖政治学"。② 也就是说，"生命政治"与"解剖政治"并不是绝对断裂的，它们对当时资产阶级社会产生的作用存在着重合性。在福柯的文本中，"生命政治"的出场虽然要晚于"解剖政治"，但这只是一种在文本体现层面的叙事，它们两者实际上近乎同时。既然如此，"实践"如果被当作是"生命政治"的方法论，那么与其处于同一时期并重叠产生作用的"解剖政治"中是否也有着"实践"的在场呢？而要回答这个问题，就等于是在问"解剖政治"与"生命政治"具体处于何种关系中。对此，我们还需要先回到"生命政治"的具体"运行"，以福柯式的"实践"方法来考察"生命政治"。

福柯对"生命政治"的现实性分析可以追溯至他对18世纪末德国和法国兴起的社会医疗体系的研究。对于人类而言，医疗事业直接关涉着个体的"生与死"。最初，"生与死"的权利在统治权的经典理论中存在着一个悖论：君主可以决定原本每个臣民自己可以选择的生死权利。这就是说，原本属于天赋的个体生死权利，在君权统治的时期却要受到君王的干预。福柯敏锐地看到理论的矛盾必须由"实践"来打破，由于君主所具有的政治权力只有通过杀人才可以得到体现，所以"活着的"人的死亡权利变得只能由君主来决定。而除此以外，君权统治下的个体在面对生育、疾病等情况下的死亡都是偶然的。换句话说，只要个体不触及到君权所规定的死亡红线，就能相对自由地选择自己的活法。在这种治理模式下，君主"使人死而让其活"。③

---

① 福柯：《必须保卫社会》，钱翰译，上海：上海人民出版社1997年版，第227页。
② 福柯：《必须保卫社会》，钱翰译，上海：上海人民出版社1997年版，第229页。
③ 福柯：《必须保卫社会》，钱翰译，上海：上海人民出版社1997年版，第227页。

但是，个体在这种看似自由的活法之下，仍然要面对客观世界中无情的死亡"天命"。从整个人类历史向度来看，生老病死确实无法避免，但对于个体来讲，他并不是必然会在其人生的某个时间阶段死亡。这就是说，在君权治理时代，个体在面对疾病灾难时，虽然有着"生"的自由意志，但没有能力与这些阻碍力量相抗衡，从而可能在过早的人生阶段上消亡。正是在这个意义上，资产阶级社会大力发展社会医疗福利，通过提高疾病治愈率和婴儿出生率等"实践"，来打破过去"人可以选择生"而"客观规律让其死"的绝对理论悖论。这种进步是有其积极意义的，它也在一定程度上增加了人类的幸福感。但福柯是从政治权力的角度来考察这一转变的，于是他发现，"生命权力"下的生死权利由此反而便成了与君权时代相反的"使人活和让人死的权利"。① 人们的生命开始变得集权化，在以"生命权力"为依托的"实践"中，"使人活"的政治权力可以通过人口统计学来控制出生率，以及依据完善的社会医疗系统来控制治愈率，甚至延伸到对城市环境空间的整体规划上。

因此，福柯提出的"实践"在"生命政治"中获得了第一个形态，即"生命权力"。这种新的权力所干预的是并不是单独的"个人—肉体"，但也不是无生命的社会实体，而应该是"复杂的实体，按人头数算的实体"。② 这便是福柯所谓的"人口"概念。"生命政治"通过"实践"的现实手段，将原本描述社会各层面的普遍化概念具象化为可被统计的定量数据。由此，原本发生在众多个人身上的偶然事件，便在基于一定人数的概率论中获得了可掌控的规律，在这种意义上谈论的"众人"就是"人口"。福柯对此总结道："生命政治学要面对的是在人口中产生，并在一定时间段内加以考察的偶然事件。"③ 这样的一种"生命政治"对于"人口"走向的把握不仅可以规避不利条件，同时也能带动"人口"走向一个在"总体上"良好的将来。也就是说，个体的走向在

---

① 福柯：《必须保卫社会》，钱翰译，上海：上海人民出版社1997年版，第228页。
② 福柯：《必须保卫社会》，钱翰译，上海：上海人民出版社1997年版，第231页。
③ 福柯：《必须保卫社会》，钱翰译，上海：上海人民出版社1997年版，第232页。

"生命政治"的"实践"中将服从于作为"类别的人"的"人口"。相应的,"生命权力"将越来越没有权力"让人死",而是越来越有权力通过干预"怎样"生活的方式来"使人活",大众的生存方式从出生到死亡仿佛都被定制安排好了一样。①

于是,在"生命政治"的"实践"中,即通过"生命权力"的具体运行来打破个体在客观规律面前的原始无力感,人们惊异地发现,当个体被"生命权力"组织成"人口"时,过去曾忌惮的"天命"似乎已经透显出理论的苍白。但是,人们又会随即跌入另一个旋涡:个体如何在作为整体的"人口"中安放呢?福柯对此的回答是,"规训权力"作为"解剖政治"的运行方式是和"生命权力"相互铰接起来的,其中"规训权力"是惩罚的,而"生命权力"则是调节的,两者在不同层次上互相配合着起作用。② 我们可以说,"生命政治"的"实践"更注重社会宏观层面,而"解剖政治"则偏向于社会微观层面的辅助治理。在这个意义上,"解剖政治"也是一种"实践",它打破了"生命政治"在具体运行中所产生的新的理论悖论,唯有通过"实践"的方法论转向,才能解决个体与"人口"看似的矛盾。

因此,福柯的"实践"就获得了第二种形态,即"规训权力",它要保证的是个体的力量在"生命政治"的大趋势中,既是有用的也是顺从的。③ 也正因为如此,"解剖政治"所实行的惩罚抛弃了以往的杀人酷刑,而是通过越来越远离"肉身"的方式来触碰"身体以外的"东西,其主要目标变为"剥夺个人的财富、权利和灵魂"④。而将惩罚转向温和的目的并不是要减少惩罚的数量,而是提高惩罚的有效性,从而使得这样的一种"实践"深深地嵌入社会本身之中。"解剖政治"的"实践"

---

① 福柯:《必须保卫社会》,钱翰译,上海:上海人民出版社1997年版,第233页。
② 福柯:《必须保卫社会》,钱翰译,上海:上海人民出版社1997年版,第236页。
③ 福柯:《必须保卫社会》,钱翰译,上海:上海人民出版社1997年版,第234页。
④ 福柯:《规训与惩罚》,刘北成等译,北京:生活·读书·新知三联书店2003年版,第16—17页。

深谙，一旦惩罚不再通过鲜血警醒世人，其温和的外表就可以使得惩罚慢慢地具有普遍性和必要性。① 于是，规训进一步地扩大了控制范围。此时的"身体"已经不再是"身体"，而是在"规训权力"的"实践"中被"零碎敲打"成不同的细微模块，然后"从机制上——运动、姿态、态度、速度——来掌控身体"②。学校、医院等社会机关都成了这种微观权力的渗透对象，"规训权力"借此潜移默化地对人进行精密的控制，不断地驯服人的力量，最终使得个体能够服从于"生命政治"对"人口"的宏观操控而不自知。

福柯继续追问"解剖政治"与"生命政治"到底处于何种关系之中。这即是在问，作为包含"生命权力"和"规训权力"在内一起运行的社会治理应该如何实现"最好的"治理呢？这是因为，作为"实践"的"规训权力"击碎的仅是个体与"人口"之间的理论矛盾，它所要实现的是个体服从于"人口"的整体安排。也就是说，"规训权力"作为福柯"实践"概念的第二个形态仅是反思"生命政治"如何生发自己，而对于"生命政治"如何与"解剖政治"一起协同实现"最好的"社会治理并没有回答。福柯认为需要进一步对"最好的"社会治理进行反思，而这种反思相当于对"治理理由"的确立，即我们为何要以现在这样的社会形式来治理。

因此，这种追问暗含了社会整体处在动态发展的观点，我们对"生命政治"和"解剖政治"关系的思考应该成为"一种实践或者一种实践的合理化"，并且由这一"实践"来将既定的社会和要加以建立的社会连接起来。③ 这种基于"实践"来考察社会治理的方式就是福柯所谓的"治理术"，它确定的是"治理实践"的规则，并且几乎是把社会从

---

① 福柯：《规训与惩罚》，刘北成等译，北京：生活·读书·新知三联书店2003年版，第91页。
② 福柯：《规训与惩罚》，刘北成等译，北京：生活·读书·新知三联书店2003年版，第155页。
③ 福柯：《生命政治的诞生》，莫伟民等译，上海：上海人民出版社2011年版，第3页。

"应该存在"过渡到"实然存在"作为目标的。① 因此,"治理术"在这里就成为福柯"实践"概念的第三种形式,它继承了从"生命政治"到"解剖政治"中的"实践"方法论内核。无论是"治理术",还是"生命权力"和"规训权力",它们都朝向"最好的"治理这一目的。

三、福柯与马克思在"实践逻辑"上的同构性

这是福柯对于我们的启示,无论是社会在宏观和微观层面上的具体治理,还是社会的整体历史趋势,都应该从社会自身的现实出发,通过"实践"的方法论来实际地破除理论上的迷雾。在"生命政治"通过"生命权力"对"实践"的归复中,个体虽然成为"使其生"的对象,但总体的"人口"却第一次获得了战胜偶然事件的能力;在"解剖政治"通过"规训权力"对"实践"的归复中,个体虽然被微分的权力无时无刻地导引着,但也获得了比以往时代更长的寿命、更多的社会福利等进步;最后,通过"治理术"对"实践"的归复,社会的合理性虽然一直处于校验之中,但这并不代表着会忽视和否定社会在特定时期中应有的特定作用。②

相反,这恰恰表明,"社会"在福柯的观点中应该且必然始终处发展前进的状态。这种强调人类社会的普遍联系和发展的理论在马克思的学说中被概括为"社会永恒发展论",并且它是唯物史观成立的逻辑前提和基本内涵。③ 因此,在这一点上,福柯与马克思的对话是可能的。福柯"实践"概念本有的三层内在逻辑作为一个整体,共同反映着福柯的"实践"方法论向着马克思哲学的归复。作为唯物史观的重要概念,

---

① 福柯:《生命政治的诞生》,莫伟民等译,上海:上海人民出版社2011年版,第3页。
② 莫伟民:《从"解剖政治"到"生命政治"——福柯政治哲学研究》,上海:上海人民出版社2018年版,第198页。
③ 曹典顺:《唯物史观逻辑演变范式的根据和方法论意义》,载《哲学研究》,2020年第3期,第23页。

马克思的"实践"概念同样有着与福柯"实践"概念相同的内在逻辑，并且福柯正是通过这种"实践逻辑"，将马克思的方法论运用到自己的学说之中，因而福柯才曾在学术访谈中承认他相信马克思的历史分析。①

当然，马克思并没有首创"实践"概念，他对"实践"概念重新进行科学阐释的目的在于创立唯物史观。具体而言，这项工作从批判唯心史观和旧唯物主义两方面出发，最后基于"实践"概念来结合两者中的合理成分，并以此创立了唯物史观。在马克思所处的时代，黑格尔依托"绝对精神"建立的形而上学体系已经显露出疲态，如果世间万物都是"绝对精神"这个理念存在的外化发展，而"绝对精神"又"只是事后在通过哲学家意识到自身是具有创造力的世界精神"②，那么由此形成的世界势必只能存在于思辨的想象中，这显然是没有说服力的。因此，由黑格尔完成的西方传统形而上学体系虽然发挥了人类思维的主观能动性，但没有把现实作为其根基，从而使得这种解释世界的方式只能落入空想的窠臼。与之相对应的是，用唯心主义解释的人类社会历史也只能有着这一相同的结局。

以费尔巴哈为代表的旧唯物主义看到了这一点，因而他们主张从"对象、现实、感性"出发，通过被动的直观形式来理解世界。但是，这种反映论的做法反而又忽视了人的主观能动性，世界与人之间的关系变得机械和片面。马克思由此批判费尔巴哈没有把"对象、现实、感性"当作"感性的人的活动，当做实践去理解，不是从主体方面去理解。"③ 也正因为旧唯物主义看不到人的主体能动作用，由其形成的历史观只是单纯直观地反映自然历史，对于人类社会的历史谈论则必然陷入到唯心史观的陷阱中，从而忽视了人民群众在创造历史中的主体地位。

---

① 福柯：《权力的眼睛——福柯访谈录》，严锋译，上海：上海人民出版社1997年版，第211页。

② 《马克思恩格斯文集》第1卷，北京：人民出版社2009年版，第292页。

③ 《马克思恩格斯选集》第1卷，北京：人民出版社2012年版，第133页。

那么，哪一种解释世界的思维方式才具有真理性呢？对于这个问题的回答，马克思创造性地颠倒了唯心主义中理论与现实的位置：一方面保留了人的主观能动性；另一方面则将社会现实作为理论研究的依据。因此，人对世界的解释所具有的真理性不再是一个理论问题，而是"实践"问题。马克思对此说道："人应该在实践中证明自己思维的真理性，即自己思维的现实性和力量。"①

由此可以看出，"实践"概念是马克思创立唯物史观所依据的重要方法论，它所要解决的问题正是理论与现实之间的解释悖论，并且这种"实践逻辑"并不是排斥人的思维理论，而是在现实的基础上将理论与现实能动地结合在一起。从本质上讲，"实践"作为一种方法只是"思想方法"在现实中的展开，它并没有背叛"思想方法"。② 正是在这个意义上，马克思认为作为"时代精神精华"的哲学应该"把无产阶级当做自己的物质武器"，而同时"无产阶级也把哲学当作自己的精神武器"，而"思想的闪电一旦彻底击中这块素朴的人民园地，德国人就会解放成为人"③。所以说，人的抽象理念必然不能凭空产生现实世界，但可以指导人类来改变世界，这一过程所依据的正是马克思的科学"实践"概念。而在改变世界的"实践"中又会发现新的理念，根据这个新的理念又能展开新的"实践"，如此循环往复。人类正是通过"实践"这一本质属性，在不断批判旧世界中发现新世界，以此推动人类社会历史的永恒发展，最终实现马克思所说的全人类解放。

福柯看到了这一点，理论解释的悖论正是要通过"实践"的"改变"来打破，唯有通过"实践"的方法论将理念的基础颠倒回现实的基础，才能由此出发来考察和检验那些主宰着现存社会的普遍概念，从而使得社会向着应然存在发展，最终实现福柯所谓的"最好的"社会治

---

① 《马克思恩格斯选集》第1卷，北京：人民出版社2012年版，第134页。

② 曹典顺：《唯物史观逻辑演变范式的根据和方法论意义》，载《哲学研究》，2020年第3期，第28页。

③ 《马克思恩格斯全集》第3卷，北京：人民出版社2002年版，第214页。

理。因此，福柯的"实践"概念正是他引用马克思历史唯物主义方法论的重要标志。在唯物史观正式创立的《德意志意识形态》中，马克思同样阐明了"实践"作为历史唯物主义的奠基性作用，马克思说道，唯物史观和"唯心主义历史观不同，它不是在每个时代中寻找某种范畴，而是始终站在现实历史的基础上，不是从观念出发来解释实践，而是从物质实践出发来解释各种观念形态"①。这一表述与福柯的如出一辙，福柯的"实践"概念作为总方法论的"实践逻辑"与马克思的相应阐述是同构的。

因而，人类历史的真正发源地在"实践逻辑"的建构下并不体现为抽象的理念，而是人民群众的物质生产。这就是说，经过"实践"从历史方法论层面的改造，原本唯心史观中被解释的世界与现实世界的悖论问题得到解决，但旋即又会产生新的问题：人如何具体地开展创造历史的"实践"活动呢？于是，马克思对"实践"概念的探讨进一步深入到物质生产领域。在马克思看来，"实践"首先就是人的对象性劳动。人作为历史的创造者首先需要满足自己的衣食住行，并且还要应对疾病与自然灾害等风险。作为"实践"的劳动从一开始便是用作解决人与自然之间的矛盾的，而随着生产力的不断发展，人也越来越善于应对自然以至改变自然。马克思认为，人只有借由物质生产，"自然界才表现为他的作品和他的现实"②。在这个意义上，世界也不再只是"自然世界"，而是有了人的烙印的"人为世界"，这个被改变了的世界正是人类通过物质生产的"实践"形式来重新现实地解释过的世界。

但另一方面，随着物质生产的规模扩大以及人类社会的形成，劳动的分工日益普遍化，由此形成的社会交往逐渐发展成为生产关系，并反过来制约着生产力本身。社会的生产力和生产关系似乎陷入了矛盾之中。福柯的分析中也有着与此相似的困境形式，面对人与陌生自然的矛

---

① 《马克思恩格斯选集》第1卷，北京：人民出版社2012年版，第172页。
② 《马克思恩格斯文集》第1卷，北京：人民出版社2009年版，第163页。

盾,"生命政治"通过"生命权力"的"实践",使得作为整体人类单位的"人口"获得了改造自然并用于服务人类本身的空前力量。但是,个体的发展动力并不一定与作为集体的"人口"相向而行。福柯进一步延续"实践"的方法论,通过"解剖政治"的"规训权力"分析,来解释了个体如何实现在社会治理中自身的发展,从而消解了这个理论上的悖论。而马克思则更深刻地看到,这一矛盾并不仅仅是社会治理的政治问题,即个人意识与社会意识的表层矛盾,"对市民社会的解剖应该到政治经济学中去寻找"①。马克思的这一断言也正预示了福柯此后对"治理术"的"实践"分析必然会回归到经济层面中去。

四、结语

从"个体的实践"到"社会的实践",正是基于"政治经济学的批判范式",马克思才得以对资本主义"社会实践"经验进行了唯物史观哲学总结②,从而发现了资本主义社会发展运行的秘密,为无产阶级革命斗争提供了有利武器。笔者认为,这也正是福柯在分析社会历史问题时所延续的"实践"方法论,从对个体的规训到"人口"的生命管控,再到协调两者的"治理术",它们都是唯物史观中"实践逻辑"的再应用。因此,我们可以得出两点结论:第一,福柯与马克思在"实践"概念上的沟通可能性更多地在于方法论层面,福柯继承和发展了马克思的历史分析方法,他们两者都强调对社会历史的解释要从现实的"实践"出发,以此检验高悬在社会历史之上的普遍概念,击碎颠倒的唯心史观迷梦。第二,福柯与马克思在各自学说中对"实践"方法论的贯彻都并不是一次性的。作为方法论的"实践逻辑"链接着现实与理论两端,每一次通过"实践"对现实的归复又会产生新的理论悖论,从而需要进一

---

① 《马克思恩格斯选集》第 2 卷,北京:人民出版社 2012 年版,第 2 页。
② 曹典顺:《唯物史观理论演进的研究范式》,载《中国社会科学》,2019 年第 8 期,第 11 页。

步的"实践"来解决,社会由此获得不断向前进步发展的动力。

当然,在这一过程中,福柯与马克思还是有不同的侧重点。马克思的天才性在于,他发现了政治经济学作为社会发展的根本性批判范式,从而在"实践"概念上更多地关注于社会的宏观层面。福柯则相反,他更多强调社会微观权力对个体的规训"实践"。但是,这并不意味着福柯与马克思会因为各自所侧重的一面就忽视其相对的另一面,福柯后期"生命政治"的权力分析正是向宏观视角的靠拢。对于马克思而言,社会宏观的政治经济发展,也是为了更好地落实到个体之上,当生产力高度发达的共产主义社会实现的时候,人也将会得到自由而全面的发展。而福柯"最好的"社会治理所朝向的目的也是在扣问人的生命本身,对"我们是什么"问题的追问伴随了福柯一生。① 因此,从这里我们还能看到,福柯与马克思之所以能通过"实践"概念对话,虽然一方面主要是因为福柯继承和发展了马克思唯物史观的"实践逻辑",但另一方面,这同样也是因为福柯与马克思都有着相同的哲学追求,他们的思想透过"实践"对理论与现实的调和,无不彰显着对"人"的终极关怀。

(作者陈群志系江苏师范大学哲学范式研究院副教授,主要研究方向为外国哲学、西方马克思主义;作者徐怡系江苏师范大学外国哲学专业硕士研究生,主要研究方向为外国哲学、西方马克思主义)

---

① 陈群志:《福柯晚期哲学思想中的"断裂"和"延续"》,载《南昌大学学报》(人文社会科学版),2019年第5期,第44页。

从"大众"到"分众":马克思主义哲学中国化范式的转型与创新

董 波

[摘 要] 马克思主义哲学中国化、大众化、时代化是辩证统一的,马克思主义哲学中国化是在不同时代的大众中中国化,并在实践中不断深化的过程。新时代马克思主义哲学大众化向何处去?引领哲学时尚的《大众哲学》范式难以为继,哲学教科书范式存在脱离青年实际和话语迟滞的问题,有陷入新教条主义、精英主义和应试主义的风险。哲学中国化的分众范式成为突破旧范式的新路径既是历史发展的必然,又是大众范式在新时代的深化。分众范式不仅不会取消哲学教科书,反而给教科书以及马克思主义哲学大众化创新发展带来新的机遇。同时,分众范式将对哲学研究和哲学工作者带来新的挑战。

[关键词] 马克思主义哲学中国化 大众范式 分众范式

马克思主义哲学中国化不仅是中国话语的表达,而且是要使之普及化以至于成为中国大众的内在语言。也就是说,哲学中国化不是在"关键少数"中中国化,而是在普通大众中中国化。这看起来虽是一个简单的结论,但在实践中多数情况所论及的"哲学大众化"都只是在第一层面即"关键少数"层面而言的大众化。真正使马克思主义哲学深入普遍群众心中的大众化,常常并不是简单的一种主义、一种思想、一本书,即一切停留于文字的东西,而是真正向群众播撒理论种子的"哲学大众化实践"。这种实践可能是田间地头的一次聊天,可能是屋内炉火边的一席话,可能是一次革命斗争引发的主义之争,可能是一次冲突或问题的解决,等等。总之,哲学大众化实践是一种非文字形态的观点碰撞向思想转变的过程。

所以,哲学大众化决不仅是用文字表达的如《大众哲学》《街头讲话》等书籍的大量发行,而且是思想观点方法向大众内心深处的流入过程。这种流入正如毛泽东在《实践论》中所言,是一种从"实践、认识、再实践、再认识,这种形式,循环往复以至无穷"的过程。哲学大众化运动是一种认识论过程,这个过程离不开实践,并且"循环往复以至无穷"。同时,无论是大众化理论还是大众化实践,都有"再实践、再认识"的环节。正因为如此,马克思主义哲学的普及化或大众化决不是一次性完成的,而要在不同时代进行自己时代的普及化或大众化。这是因为,随着时代的变迁,过去的话语未必能被新时代的大众所接受,即使是同样的问题也可能呈现出新时代的面貌。

综上而言,马克思主义哲学中国化,不是在少数精英中中国化,而是在普通群众中中国化;不是一次就行的中国化,而是在不同时代在实践中不断深化认识的过程。也就是说,马克思主义哲学中国化、大众化、时代化其实是一个共同问题的三种不同表达。从哲学大众化的角度而言,被赋予新时代精神的马克思主义哲学不应该成为精英的专业话语或专属话语,更不能使用一套话语去应付所有时代的大众。因此,哲学大众化将永远处于未完成状态,即过程状态。

一、马克思主义哲学中国化的大众范式

新时代中国马克思主义哲学大众化面临一个新问题,那就是如何从《大众哲学》和哲学教科书范式中实现转型与创新。艾思奇于 1934 年出版的《哲学讲话》(1936 年改名为《大众哲学》)至新中国成立前一共

出版32次，被誉为出版史上的奇迹。这本书曾经"引导无数人走上革命道路"①。蒋介石甚至感叹："一本《大众哲学》，冲垮了三民主义的思想防线。"② 正因为如此，《大众哲学》成为马克思主义哲学大众化历程中至今不可逾越的典范之作。能与之相媲美的，只有新中国成立后的哲学教科书系列。《大众哲学》与哲学教科书有许多相似之处：其阅读者或写作对象主要都是青年；语言都通俗易懂；书籍被出版、重印和修订过多次；都由艾思奇开创了先河；内容结构都参照了苏联版本但又不失中国化创新等。

当然，二者的区别也是显而易见的，比如：语言风格上《大众哲学》更加通俗化，吸引人的案例也更多，而教科书则主要以理论阐述为主；章节标题上《大众哲学》新颖独特、吸引大众；教科书的结构和内容更严谨、完整等。二者的区别创造了两种哲学大众化的范式，即《大众哲学》范式和哲学教科书范式，前者是大众被哲学吸引和引导的典范，后者是哲学向大众进行灌输的范例。哲学从能动地"吸引"大众走向被动地向大众"灌输"，其过程呈现出一种类似经济学所谓"边际效用递减"的现象，即随着哲学的越来越普及化，大众对哲学的兴趣越来越淡化。

不少哲学研究者试图重新恢复《大众哲学》范式，例如，韩树英主编的《通俗哲学》（1982），林青山著《新大众哲学》（1990），肖前、杨彦钧主编《新大众哲学》（1996），王伟光主编《新大众哲学》（上下卷）（2014）。尽管研究者们付出了巨大的努力，作出了从形式到内容上的富有时代意义的哲学大众化创新，但是哲学"吸引"大众这一目标再也不能恢复到艾思奇的《大众哲学》的盛景。这一事实，不能不引人深思：新时代的哲学大众化之路到底该向何处去？弄清这一问题还需要对

---

① 石铭：《夕拾集》，哈尔滨：黑龙江教育出版社1995年版，第35页。
② 许全兴：《"一卷书雄百万兵攻心为上胜攻城"——关于艾思奇〈大众哲学〉历史作用的回顾》，见李金山主编：《大众哲学家：纪念艾思奇诞辰百年论集》，北京：中共党史出版社2011年版，第265—266页。

《大众哲学》和哲学教科书这两种范式进行进一步分析。

(一)《大众哲学》范式

相比同时代的哲学著作,《大众哲学》确有其出众的地方,才能创造出版的奇迹。奇迹发生的必然性方面在于,《大众哲学》采用了当时最受欢迎的表达方式,创新了哲学表述语言和结构,同时还采用了在当时时尚的"读者问答"式互动。而这一切,都建立在马克思主义哲学的真理性和作者表述的准确性基础之上。从这个意义上而言,《大众哲学》范式的确是马克思主义哲学中国化、时代化、大众化的典范之作。问题是,为什么当前再难出现当年《大众哲学》一出版就销售一空、受无数青年热捧争读的出版效果?创作被无数青年追捧的新的《大众哲学》是否还可能和必要?

乐观者认为,随着新媒体技术的发展和马克思主义哲学队伍的不断壮大,马克思主义理论得到了进一步丰富和发展,这赋予了当前哲学大众化更加有利的条件。但是,我们应当清醒地看到,新媒体技术的发展不仅造成了出版业的革命,也造成了传播的革命。这种传播的革命体现在以下四种转变:(1)信息流向从线性传播到多向互动的转变;(2)传播理念从模糊大众到精细分众的转变;(3)受众角色从被动接受到主动参与的转变;(4)内容样式从单一介质到多元融合的转变。在传播方式已经发生巨变的现实条件下,试图完成旧纸媒时代的传播目标,既不现实也很困难。也就是说,时代的变迁使《大众哲学》范式再难被超越。

首先,20世纪三四十年代的纸媒互动方式,如"读者来信"式的信息反馈"并未从根本上改变单一性的传播向度,使信息反馈呈现出滞后性和间接性的特点,信息的通畅程度远未达到受众的互动需求"①。其次,各种"客"族、"群"族将大众精细化区分,笼统的"大众"渐渐

---

① 朱天、梁英等:《新媒体与传媒产业生态》,上海:复旦大学出版社2015年版,第82页。

成为抽象的主体，大众被分割成碎片化的小众群。再次，新媒体时代年轻一代的网民越来越倾向主动参与话题和思想碰撞。最后，传统出版单位只能发挥主流媒体的传播主导权，数字化、检索型、碎片化、及时性、浅层次阅读将书籍的整体功能零散化，如果缺少主流媒体力量，就很难使一本书实现多媒体效应，更难出现一本书连续重复多次出版的效果。艾思奇在《我怎样写成〈大众哲学〉的？》一文中写道："与其说是《大众哲学》本身的成功，勿宁说是中国一般大众的智识饥荒是太可怕了。"[①] "内容为王"固然是内容产业颠扑不破的真理，但在马克思主义哲学已成为显学的今天，其内容再难像革命时代的《大众哲学》那样，成为人皆向往进而一版再版的时尚流行元素。

用今天的眼光看，《大众哲学》仍然是精英范式。《大众哲学》的写作对象主要是年轻的热血青年或知识分子，艾思奇定位这本书的读者群为哲学"初学者"，而不是"专门学者或有较高修养的人"。而当时的中国人大部分还是文盲或半文盲，《大众哲学》再通俗也无法让他们看懂。据晏阳初估算，当时中国4亿人口中只有大约20%的人识字。[②] 据统计，20世纪30年代，在出版《大众哲学》的上海，"出版物的主要读者群由这不足百分之八的中产阶层构成"，"'大众'的绝大部分还处于文盲和半文盲状态"。[③] 这样看来，《大众哲学》的受众群体仍然是小众。只不过，由于马克思主义哲学在当时的时尚性，再加上《大众哲学》的语言表达比纯学术文字更浅显易懂，因此受到当时识字而又有上进心的读者的欢迎。而其他哲学书籍，如瞿秋白的《现代社会学》、李达的《社会学大纲》等由于表述更学术化、内容更难懂，相比更难吸引到"初学者"群体。

但是，《大众哲学》也仅仅在语言表达或理论宣传上实现了大众化，

---

① 艾思奇：《艾思奇全书》第1卷，北京：人民出版社2007年版，第605页。
② 参见晏阳初：《晏阳初全集》第1卷，长沙：湖南教育出版社1989年版，第51页。
③ 冉彬：《上海出版业与三十年代上海文学》，上海：上海文化出版社2012年版，第98、100页。

真正在实践中的大众化运动则需要使哲学走进工农兵群众中去，让工农兵在实践中学哲学用哲学。从 1958 年开始直到 20 世纪 70 年代末结束的"工农兵学哲学用哲学"群众运动，是一场广泛而深入的哲学大众化实践，这场全民学哲学的全国性运动持续了 20 年，是哲学大众化的直接深入。这场让工农兵学哲学用哲学运动的初衷和用意是使马克思主义的一些基本观点深入人心，如"实事求是""理论联系实际""学用结合""没有调查就没有发言权"等话语成为普通群众耳熟能详的口头禅。然而，由于过分强调政治导向性，这场学哲学用哲学运动陷入到"以阶级斗争为纲"的泥潭之中，使哲学思维与政治运动相混淆，最终导致一些非辩证唯物主义和历史唯物主义的东西甚嚣尘上，教条主义、主观主义、工具主义、机械论等非马克思主义的错误观点在运动中流行，在群众中造成了不良影响，这种群众性政治学习运动形式直到今天还饱受诟病。

在群众中实行整齐划一的哲学大众化运动是无法收到整齐划一的大众化效果的，因为现实的人都是具体的，都是所处具体社会关系的总和。正因为如此，每个人的具体而微的思想实际总是有差别的，只有因人而异或因群而异的思想教育才具有实效性。与之相比，教科书范式就成功得多，因为其受众群体是十分明确的青年学生，再加上科学、规范、系统的教材，使受教育者不至于只受到带有时代烙印的过度政治化的影响，但哲学教科书范式也存在自身发展的困境。

（二）马克思主义哲学教科书范式

哲学教科书是哲学大众化的主渠道。这一点在当前学界已形成共识，或许有人质疑哲学教科书的大众化形式或细节存在的问题，但鲜有人否认哲学教科书是哲学大众化的最有利形式。事实上，以教科书形式宣传马克思主义是苏联于 1916 年出版的德波林的《辩证唯物主义纲要》，后来布哈林的《历史唯物主义理论》（1921），米丁和拉祖莫夫斯基的《辩证唯物论和历史唯物论》（1934）出版。之后，斯大林主持编写了《联共（布）党史简明教程》（1938）。在中国，瞿秋白的《社会哲学概论》和《现代社会学》（1924）是最初的哲学教科书。《大众哲学》（1936）最初形态是艾思奇在量才业余学校授课的教案。《社会学大纲》（1937）则被毛泽东誉为"中国人自己写的第一部马列主义的哲学教科书"[①]。《辩证唯物主义历史唯物主义》（1961）是由艾思奇主编的我国第一部统编马克思主义哲学教科书。经历了一段时期的变革发展之后，《马克思主义基本原理概论》作为全国高校本科生思想政治理论课统编哲学教科书一直沿用至今。

有人批评哲学教科书模式是对苏联教科书的模仿。对此，有两点需要澄清：其一，只要模仿不是照搬，适当的模仿也是有益的。吸取前人有益的经验并推陈出新，结合自己实情进行改革创新，这本身是符合辩证唯物主义认识论规律的。其二，不能完全否定苏联教科书的历史价值。全盘否定苏联教科书，就不能正确评价中国的教科书范式发展历程，也无法解释当前的思想政治理论课存在的合理性。不能因为苏联解体而对前苏联的一切都全盘否定，在哲学教育范式上，苏联教科书模式向中国教科书范式的转化是成功的。一些人总以为可以凭空创造出更好的范式来，但事实却令人尴尬地呈现为，当苏联教科书模式早已成为过去的今天，他们并没有创造出比《大众哲学》范式和哲学教科书范式更令人信服的创新范式来。当然，范式的模仿不等于模仿的范式，创新才是范式唯一的出路。

之所以采用教科书形式，是培养社会主义建设者和接班人这一思想政治教育的目标使然，这一目标要求用马克思主义理论教育和引导受教育者。有一段时期，一些人对思想政治教育存在意识形态偏见，认为这是"中国特色"的产物，认为只有中国在搞思想政治教育，以美国为代表的西方国家没有思想政治教育。经过人们大量的实地观察发现，西方国家表面上没有思想政治教育的专门课程，实际上处处都在搞思想政治

---

① 《李达文集》第1卷，北京：人民出版社1980年版，第17页。

教育。其思想政治教育不仅仅体现在课堂上，已然渗透到日常生活的方方面面，真正做到了"理论与实践相结合"。其做法隐蔽、潜移默化、无孔不入。比如，美元硬币上印着"IN GOD WE TRUST"（相信上帝）、"LIBERTY"（自由）、"E. PLURIBUS. ENEM"（合众为一），它体现的就是美式世界观、价值观和美式爱国主义。不仅如此，在抵制社会主义方面，西方更是充分使用其传媒优势进行舆论控制，例如当前美国的"麦卡锡主义"泛滥，"甩锅中国"成为其所谓的"政治正确"。意识形态越来越成为中西方激烈争夺的"战场"和"阵地"，不守好阵地我们就会失去阵地。列宁在革命和建设中提出的"灌输"理论认为，马克思主义不会天然地存在于人们的头脑之中，必须要通过"灌输"的方式使人们了解和接受它。当然，现今的"灌输"概念不再是一种强制性输入理论，而是认为应借鉴软性灌输方式，即生活化、日常化和潜移默化。

哲学教科书范式比《大众哲学》时期的受教育者数量更多、范围更广。以近十年来的大学本科思想政治理论课教学为例：我国每年都有三四百万普通本科生受全国统编马克思主义基本原理概论课教科书的影响，十年来，就有三四千万大学生受教科书的影响，这是事实上的哲学大众化。哲学教科书范式与《大众哲学》范式的最重要区别在于：《大众哲学》的受众是在互动的基础上主动接受教育，而教科书受众则主要是被动地接受教育，虽然有些教师在授课中也采取了互动模式，但"必修课"的课程性质使得教学互动也显得有些被动。《大众哲学》风行的年头，人们是主动购买或借书去读，但是无法对阅读的效果逐一进行测评，而当今本科教育至少有结业测试作为效果认定标准。当然，由于思想政治教育测评本身所遇到的难题，这种方式并不一定能完全证明教育的实效性，但仍然能在一定程度上了解学生对马克思主义理论的掌握情况。

当前哲学教科书的问题不在于不够普及，而在于问题意识的缺乏，不联系青年思想实际和社会实际，与日常生活相脱节。与实践分离的哲学教育容易陷入教条主义的困境和应试主义的牢笼。当前，大学生思政课开设了实践教学环节，这是一种开拓创新，是对理论脱离实际倾向在一定程度上的警觉与修正，但仍然需要不断加强和完善，防止走过场或变成新的形式主义。

哲学教科书本身也存在精英化的毛病，即高高在上，用不够大众化的语言表述，使哲学与大学生保持距离，又要求大学生必须接受这种语言表达范式。如果这样，教科书就是要刻意疏远广大青年，强行让他们学会一种他们不再喜欢的语言表达方式。与其这样，还不如因势利导，以教材或教辅读物的形式，用更多生动形象的案例，用更加时代化的、网络化的、年轻人更易于接受的语言，去解读那些看起来十分高深的哲学思想。在互联网时代，教科书范式遭遇阅读与传播方式不适应的尴尬。青年在互联网上的主动参与与在课堂上的被动灌输形成鲜明的对比。也就是说，互联网的主动性、互动性可以毫不费力地战胜课堂教学的被动性、说教性。再不改革，随着课堂听课率的不断下降，哲学教科书的主阵地地位也很难保住。

当前哲学教科书范式还存在"政治化"与"知识化"的内在矛盾，存在着是"政治课"还是"专业课"的定位困惑，其核心是政治话语的流动性与知识话语的相对稳定性之间的矛盾。要保证教科书的权威性与科学性，就必须保证教科书体系的一致性与观点自洽。教学过度政治化的危险在于重蹈1958年全民学哲学的窘境，而过度知识化或专业化的危险在于脱离大众思想实际和社会实际，陷入科学主义使哲学进一步精英化。矛盾的解决需要抓住问题的关键，而关键在于受众的分化。

从一定程度上而言，哲学中国化的大众范式走的仍然是精英路线，因为群众路线的实质是具体问题具体分析、从实际出发、实事求是，不搞一刀切，而如前所分析的大众范式通常使用同一套话语应对所有人，仍旧未摆脱精英传播模式。在哲学宣传与写作创新上，试图通过统一模式的"大众哲学"书写来解决所有人的困惑，试图用一本书的出版成功，加上大众的阅读热情来实现哲学的"大众化"，已很难实现，就算成为一时的时尚，也不可能一劳永逸。分众范式是真正的大众化哲学和哲学大众化，是哲学走向人群与具体的人相结合，而不是高高在上，只能让大众去仰望的模式。真正的大众哲学应该写在祖国的大地上，应该与群众息息相关、血肉相连，与不同的群众同呼吸、共命运。否则，群众宁可去信仰宗教，宁可去看抖音或电视剧，也不会理睬"大众哲学"的。

二、马克思主义哲学中国化的分众范式

随着经济变革，利益和阶层呈现分化态势，诉求或消费的差异，以及审美趣味的异同，在网络时空中以"群""客"等虚拟部落的形式聚集在一起，传统的、单一的脱离时代的哲学宣传教育模式正在远离以"群""客"为代表的新时代大众。无论《大众哲学》范式还是哲学教科书范式，都只能解决自己时代的问题。新时代面临的受众急剧分化态势使这两种范式都面临不能适应的尴尬，从大众范式向"分众"范式转型是新时代哲学发展的必然。"分众"概念源自营销学和传播学领域。哲学的分众范式是以受众诉求分化为前提，并针对不同受众群体而实行的复合式哲学宣传教育活动。

（一）分众范式及其必然性

分众范式是新时代马克思主义哲学中国化的创新范式，它具有时代发展的必然性。

首先，哲学中国化需要分众的传播思维。传播的主体是人，传播的对象是马克思主义哲学，传播的受众是相区分的群众。由于受众的分众化，因此传播的形式就必须也分众化才能与受众精准对接。传统哲学教育的同质化传播模式在信息时代已成为落后的技术。

其次，哲学中国化实践是一种双向对象化运动，即在理论传播中，将马克思主义哲学对象化为中国人的思维；在实际行动中，将中国人的思想对象化为马克思主义哲学。中国化实践的对象是现时代的"中国

人",而现时代的中国人突出地表现为"圈""客"分众,因此哲学中国化实践必须转向"分众"。

再次,在受众分众化的时代背景下,传统的大众范式呈现出难以为继的迹象。具体的分众取代了模糊的大众,如果不清醒地看到这一点,依旧以抽象的大众为哲学宣教的对象,将遇到可以预见的阻碍。"一种时尚的流行速度决定着它作为人们热门的话题过时的速度。因此,决定一种文化时尚流行速度的技术越发达,该时尚在消费者中流行的时间就越短,一种时尚流行的势头越大,它过时的速度就会越快。最好的例子就是新技术对时尚流行速度的影响,收音机大大提高了新歌的流行速度,同时也把一首流行歌曲的寿命从 18 个月降低到 3 个月。"① 就如同 20 世纪 80 年代一首流行歌曲甚至可以在大街小巷里传唱几年,但现在一首流行音乐的平均流行寿命不到 3 个月一样。文化传播媒体的分众化、小众化趋势十分明显,数字技术导致分众传播时代的到来已成必然。

最后,无论从意识形态领域争夺"阵地"的视角,还是从思想政治教育向纵深发展的视角,在"阵地"碎片化、分众化十分明显的情形下,分众教育都是不可回避的趋势。谁掌握了分众,谁就能掌握新时代的大众。显然,马克思主义哲学须要成为"掌握"分众的主体。

新时代的大众哲学范式,应在分众思维的基础上建立分众哲学范式。分众思维不仅是针对不同的人,采取不同的言语形式进行书写与宣传,而且将具体的人理解为不同群体的集合,哲学分众宣教的对象是不同群体中的个人。

(二) 分众范式是大众范式的深入

大众不是没有差别的整体,新传媒时代的大众更多以分众的形式呈现出来。分众是文化传播中市场通过新媒体对受众群体的具体的细分,

---

① 颜士锋编著:《文化经济学》,济南:山东大学出版社 2011 年版,第 110 页。

是新媒体技术条件下受众因诉求、利益、审美、观点、地域、职业、年龄等分化所产生的分群现象。个体常常隶属于不同的分众群体，个体可以根据不同的需要主动或被动加入不同分众群体。分众包括：话语分众、平台分众、年龄分众、职业分众、地域分众、需求分众等。

　　哲学分众不仅仅是"哲学群"，其他群也有可能涉及哲学，哲学中国化的分众范式更倾向于宣传与教育对象的分众。思想的多元仍存在于分众群体内部，细分的人群在虚拟群中与哲学也许并不直接相关，但这并不意味着分众与哲学大众化无涉。思想在不同人群中传播以至认同，需要采取不同的话语和策略。因此，哲学中国化的分众范式意味着哲学话语的分众，分众群体中的"意见领袖"的意见将起到关键作用。意见领袖最重要的能力是话语能力。"到什么山唱什么歌""见什么人说什么话""量体裁衣"，这既是意见领袖的能力体现，又是马克思主义哲学特殊性与普遍性辩证关系原理的现实体现。如歌曲《马克思是个90后》是专门为"90后"群体谱写的歌曲，其语言表达形式、歌曲形式（说唱）、视频形式等都带有十分地道的"90后"特色，成为"90后"重新认识马克思主义的经典音乐作品。可见，意见领袖的话语能力甚至可以影响到某个年龄分众群体。

　　分众范式是大众范式在新时代的深化。马克思主义哲学中国化的分众范式作为话语是形式的多元，而不是内容的多元，其内容都是马克思主义哲学。哲学的分众范式包括以下内容：其一，哲学书写范式的分众化；其二，哲学教育宣传范式的分众化；其三，哲学平台的分众与分众的哲学平台。哲学的分众范式有利于对细分群体进行精准而高效的哲学信息传播，是哲学信息面向不同受众群体的多样化供给。就如同在物资短缺的时代，要解决的是"有没有"的问题，而在物质丰裕的时代，则要解决"好不好"的问题一样。在革命时代，要解决的是大众对哲学知识的饥渴，大众范式可以应付；而在信息高速发展的新时代，大众需要分化多元更合乎口味的哲学知识，则需要采用分众范式去适应。分众哲学范式是菜单范式、订单范式、定向范式、点选范式、供给丰富范式、供给侧范式，而不是填鸭范式、单向供给范式、唯一范式、无选范式、供给不足范式、匮乏范式。

(三) 分众范式与哲学教科书

"分众"教育宣传范式是要取消教科书的统一化吗？不是。哲学的教科书范式与分众范式是互为补充，辩证统一的关系。教科书模式具有最直接有效的大众化效果，只不过这种效果因时代发展而有一种"力不从心"之感，原因在于时代化不够，这种时代化是充分联系大众的时代化。分众已成趋势，固守传统大众范式只会落后与时代。分众思维是一种适应时代的思维，哲学教科书也应当适应时代。举例而言，当同一本教科书面对千差万别的受众群体的时候，应当对这些差异性有所兼顾，或者对其中有共性与个性的问题予以关注，或者通过课外阅读、教辅材料、网络互动、网络超链接等方式对那些多样化的问题和诉求予以回应，或者以分组的形式进行讨论互动。

当前所谓"将教科书体系转化为教学体系"的说法十分流行。这种说法的关键之处是把思想政治教育的"最后一公里"牢牢地绑定在思想政治理论课教师身上，让思政课教师既不脱离教材，又要跳出教材，用所谓通俗易懂、接地气、理论联系实际的话语来向学生表达。这是一种"教科书无能综合症"的体现，教科书在书面语言表达上无法"转化"的东西要求教师在口头语言上实现转化，假如不是强人所难，就是认可口头话语可以不必太严谨的做法。换句话说，如果教科书还需要进一步"转化"之后才能在受教育者中入脑入心的话，实际上就首先承认了教科书体系与受众之间的距离。因此，教科书体系向教学体系"转化"说法的盛行，正好说明了教科书体系面临的窘境，对其进行改革以适应时代之需是迫在眉睫的事情。分众范式正是哲学教科书改革的一种可能方案。

三、马克思主义哲学中国化的分众范式的前景与挑战

从大众范式走向分众范式是哲学中国化在新时代的转型与创新,是哲学大众化范式的"供给侧"改革,是解决哲学面临的时代问题的一把钥匙。分众哲学范式具有新时代特征,是主要矛盾转变在宣传和教育领域的体现,即人们对哲学的需要已经转变为对更切己的表达、更符合自身实际的需要同单一化、不平衡、不充分的话语表达之间的矛盾。革命时代,人们单纯就是需要革命的马克思主义哲学、救亡的马克思主义哲学;在新时代,哲学需要面向生活实际,适应分众传播时代。

(一) 分众范式的前景

分众范式是一个具有远大前途的新事物,是未来大众哲学发展的方向,是哲学工作者可以服务大众的广阔天地。服务群众、解放群众本身就是马克思主义哲学的根基之所在,进一步深入分众之中,深入新时代的大众群体之中,是马克思主义哲学不落后于时代的动力源泉。

围绕哲学教科书,分众范式有着广阔的天地。比如:因不同年龄、不同兴趣、不同民族、不同地域、不同家庭背景等可以进行不同的教辅教学研究。不能沉浸在行业内对哲学教科书范式的自我满足之中,要警惕哲学教科书范式所形成的渐渐固化的"哲学家共同体"对哲学创新的阻碍。

分众哲学范式的建设需要靠各行各业从事理论与实际工作的哲学研究者、哲学爱好者、哲学家、哲学宣传家、马克思主义学者去作细致的工作。这是一项长期而艰巨、系统而庞杂的新哲学范式工程。

哲学中国化的分众范式转型,意味着对一些新的、创新性概念或命题进行大力宣传,针对不同受众群体的思想,进行不同形式的宣传;针对不同人群的共性问题,采取不同的哲学宣传策略。

(二) 分众范式的挑战

分众是个细分概念，虽然细分使分众范式的前景光明，但是细分又使哲学工作者面临巨量工作的挑战。分众范式不可能是短时间可以彻底完成的目标，随着分众群体的增减，哲学分众范式直面市场的选择与淘汰，对于理论和实践研究方式提出不断进行跟进时代的创新要求。

哲学工作者面临能力不足的挑战，分众范式的理论研究工作同样面临人才匮乏以及数量庞大的工作。分众范式将偏爱跨领域、跨学科的哲学工作者，将偏爱有更多实践经验以及能把握并熟练运用时代话语的哲学工作者。

贴近时代问题和现实问题的分众范式使哲学研究和哲学工作更加精准化。以往纯粹的钻研哲学书籍的学问不再适应分众范式的要求，深入田野、深入社会、深入"群""客"的调查研究将成为哲学工作者的日常工作形态。这就要求对不同群体的思想实际了如指掌，了解他们对马克思主义存在的困惑在哪里，他们问题的症结在哪里，他们关注的重点是什么，在现实生产生活中，他们遇到了哪些用马克思主义哲学解释不通或感到相悖的问题。充分贴近分众的思想实际，有针对性地解决分众的困惑，才能让马克思主义哲学成为活的学问。还需要深入调查和了解更多分众的思想困惑与思想实际，以形成一个有说服力的思想系统，进行有针对性的宣传。

总之，哲学中国化从传统的大众范式向新时代的分众范式的转型，既是一种范式创新，也具有历史的必然性，虽然充满了挑战，但前景既宽广又光明。

(作者董波系中共成都市委党校教授；主要研究方向为马克思主义哲学、马克思主义中国化、思想政治教育、民族学、党性教育)

在"问题的反思"中创新发展马克思主义哲学

——"反思的问题学"研究范式2019年研究综述

孟献丽　池政阳

[摘　要] 马克思主义哲学之所以能引领和指导不断变化发展的实践，是因为它时刻保持对问题的敏锐度，在不断发展变化的实践中不断发现问题、反思问题，并致力于找出解答问题的方法。以问题为中心是"反思的问题学"最鲜明的特征。2019年，学术界围绕习近平生态文明思想、新中国成立70周年取得的巨大成就及启示、决胜全面建成小康社会、共同构建人类命运共同体等重大理论和现实问题进行了深入探讨，马克思主义哲学也在这些问题的"反思"中实现了创新发展。

[关键词] 问题的反思　问题意识　马克思主义哲学创新

"反思的问题学"是一种哲学范式，"问题意识"一直以来都贯穿于马克思主义哲学发展始终。无论是在什么时代，无论是什么样的境遇下，发现问题、思考问题、解决问题都是我国哲学社会科学工作者不能放弃的关键所在。因此，在新时代，我们将继续以问题为导向开展马克思主义哲学的研究，不断突破创新，为马克思主义哲学注入新时代的新鲜血液。

一、"问题意识"是马克思主义哲学保持生机与活力的重要法宝

"问题意识"一直是马克思主义哲学历久弥新的制胜法宝,如马克思认为,"问题却是公开的、无多顾忌的、支配一切个人的时代之声。问题是时代的格言,是表现时代自己内心状态的最实际的呼声"①。十九大报告作出了中国特色社会主义进入新时代的重大判断,中国处于全面建成小康社会的决胜阶段,这个阶段正是承上启下、继往开来的关键阶段,在这样一个伟大的新时代,更需要注重"问题意识"。没有"问题意识"则停滞不前,满足于现有的成就如逆水行舟,不进则退;没有反思则不会进步,再高的成就也会止步于此。没有任何一个国家的发展可以离开创新,对于问题的敏锐发现就是创新的动力和源泉。

习近平总书记一直以来也将"问题意识"贯彻于国家治理的方方面面,他提出:"不断强化问题意识,积极面对和化解前进中遇到的矛盾。问题是事物矛盾的表现形式,我们强调增强问题意识、坚持问题导向。"② 中国特色社会主义进入新时代,我们在各个方面取得重大成就的同时也面临不少新的矛盾。马克思主义哲学最可贵的品质莫过于善于发现问题、分析问题,并尝试提出解决问题的方法。"问题是创新的起点,也是创新的动力源。"③ 始终敢于提出问题,敢于创新,是马克思主义哲学保持生机与活力的重要法宝。

---

① 《马克思恩格斯全集》第 1 卷,北京:人民出版社 1995 年版,第 203 页。
② 习近平:《坚持运用辩证唯物主义世界观方法论提高解决我国改革发展基本问题本领》,载《人民日报》,2015 年 1 月 25 日。
③ 习近平:《在哲学社会科学工作座谈会上的讲话》,载《人民日报》,2016 年 5 月 19 日。

二、2019 年学术界对中国重大现实问题的研究与反思

2019 年，学术界围绕习近平生态文明思想、新中国成立 70 周年取得的巨大成就及启示、决胜全面建成小康社会、共同构建人类命运共同体等重大理论和现实问题进行了研究分析。

（一）习近平生态文明思想

习近平生态文明思想是对马克思主义生态观的继承和发展，丰富了世界生态文明思想体系，拓宽了中国共产党在生态文明领域的思路和视野，回答了中国要建设的生态文明是什么样的，为什么要注重生态文明建设以及怎样建设生态文明的重大问题。关于习近平生态文明思想的研究将从以下几个研究方面展开。

1. 习近平生态文明思想的生成逻辑及基本内涵

习近平生态文明思想的形成不是一蹴而就的，像世界上任何理论的形成一样，离不开前人的思想奠基。习近平生态文明思想是习近平新时代中国特色社会主义思想的重要组成部分，有力指导我国社会主义生态文明建设和生态环境保护取得历史性成就、发生历史性变革，是社会主义生态文明建设的方向指引和根本遵循。习近平生态文明思想是当今世界任何与生态相关的理论、观点都不可比拟的，是 21 世纪马克思主义生态文明思想。必须指出的是，这一思想对马克思主义的继承和发展，不仅是对马克思主义相关生态理论的继承和发展，而且是对整个马克思主义基本理论的继承和发展。[1] 关于习近平生态文明思想的逻辑生成，张云飞从党的会议为时间轴来梳理。党的十七大创造性地提出了建设生态文明的理念，党的十八大进一步将之纳入中国特色社会主义总体布局

---

[1] 陈学明：《习近平生态文明思想对马克思主义基本理论的继承和发展》，载《探索》，2019 年第 4 期。

中。党的十八大以来，在推动生态文明理论创新、实践创新、制度创新中，以习近平同志为核心的党中央提出了一系列生态文明新理念。① 另有学者站在理论的角度来梳理。张波指出，习近平生态文明思想是在继承和创新马克思主义生态文明思想的基础上、在系统总结国内外生态文明建设经验教训和客观分析我国生态文明建设现实的基础上以及在推动中华优秀传统文化中生态思想资源现代化的过程中逐步形成的。② 姚永明、王绚灏两位学者认为，习近平生态文明思想的生成除了是对马克思主义生态思想的继承外，还有对中国传统生态思想的扬弃，以及对当代西方生态理论的反思。③

关于习近平生态文明思想的基本内涵，谭文华认为，习近平生态文明思想内涵丰富，包括文明兴衰生态决定论、生态环境生产力论、生态环境财富论、生态环境民生论、生命共同体理念、生态文明建设系统工程论、生态文明建设制度化理念、生态文化观、生态文明教育观、生态环境全球治理观等主要观点、理念和论断，是对马克思主义生态文明理论的继承、丰富和发展。④ 许先春认为习近平生态文明思想具有深刻的时代背景和深厚的实践基础，内涵十分丰富，涵盖新时代生态文明建设的战略地位、总体目标、基本框架、核心原则、根本途径、重点任务、制度保障、政治领导等方面，这些构成了习近平生态文明思想的"四梁八柱"。⑤

---

① 张云飞：《习近平生态文明思想话语体系初探》，载《探索》，2019年第4期。
② 张波：《习近平生态文明思想的内在逻辑》，载《马克思主义理论研究》，2019年第1期。
③ 姚永明、王绚灏：《习近平生态文明思想的生成逻辑与体系创构》，载《扬州大学学报》（人文社会科学版），2019年11月第23卷第6期。
④ 谭文华：《论习近平生态文明思想的基本内涵及时代价值》，载《社会主义研究》，2019年第5期。
⑤ 许先春：《习近平生态文明思想的科学内涵与战略意义》，载《人民论坛》，2019年第33期。

2. 习近平生态文明思想的内容及特征

习近平总书记在前人的基础上通过发展创新形成了一套语言生动的、完整的、逻辑缜密的、具有时代特征的理论体系，他的生态文明思想是中国特色社会主义理论的重要组成部分，也丰富了世界生态文明理论体系。研究其内容能更好贯彻习近平生态文明思想，明确其特征能更加精准地进行生态文明建设。谭文华将习近平的生态文明思想的内容总结为文明兴衰生态决定论、生态环境生产力论、生态环境财富论、生态环境民生论、生命共同体理念、生态文明建设系统工程论、生态文明建设制度化、生态文化观、生态文明教育观、生态环境全球治理观这十个方面。① 在赵英的研究中，归纳出五个方面的内容，第一点是以人与自然和谐共生为目标，第二点是以民生福祉与生态高度融合为根本，第三点是以生态保护与经济发展协调推进路径，第四点是以严格制度与严密法治协同发展为保障，第五点是以底线意识和红线思维为框架。②

在探讨习近平生态文明思想的特征这一问题时，周建超认为，一是作为党的指导思想的马克思主义，二是作为思想文化根脉的中华优秀传统文化。习近平生态文明思想是在长期的奋斗实践中生成的，它的理论基础是马克思主义生态文明观，思想文化根脉是中华优秀传统文化之生态智慧，习近平生态文明思想完全是马克思主义的，又完全是中国的。③ 还有学者提出，习近平生态文明思想的特征是一种家国情怀；生态文明是实现中华民族伟大复兴的必然要求，是一种人民情怀；生态文明是实现人民对美好生活向往的现实需要，是一种历史情怀；生态文明建设是顺应历史潮流的正确抉择，是一种世界情怀。生态文明是构建人类命运

---

① 谭文华：《论习近平生态文明思想的基本内涵及时代价值》，载《社会主义研究》，2019 年第 5 期。

② 赵英：《渊源·内涵·价值——理解习近平生态文明思想的科学维度》，载《理论导刊》，2019 年第 12 期。

③ 周建超：《论习近平生态文明思想的鲜明特质》，载《江海学刊》，2019 年第 6 期。

共同体的重大历史任务,这四大情怀集中体现了习近平总书记的初心。①两位学者关于习近平生态文明思想的特征的探讨虽各有各的角度,但都包含着中国精神,是几千年来璀璨悠久的中华文化和中华儿女精神的集中体现。

总的来说,从这些学者的思想中能够体会到,习近平生态文明思想始终是以人民为中心,以人民利益为出发点,加强生态文明建设的措施也是为了改善生态环境,使人民的美好生活需要得到满足。

3. 习近平生态文明思想的时代意义

在新时代,习近平生态文明思想有其独特的时代意义。杨红柳从三个方面概括习近平生态文明思想的价值,首先是新时代生态文明的批判性深刻意涵,由生态良好与生产发展互促溶融体现出来;其次是人类与自然和谐共生体现了新时代生态文明的超越性价值内蕴;最后,激活制度创新与引领人类发展,是新时代生态文明的历史趋势。② 许先春从理论意义的角度来分析,认为其一,习近平生态文明思想以鲜活的、富有时代性的理论创新,把我们党对生态文明建设规律的认识提高到新的科学水平;其二,习近平生态文明思想蕴含着丰富的辩证思维,为新时代生态文明建设提供了科学的思想方法和工作方法;其三,习近平生态文明思想是习近平新时代中国特色社会主义思想的重要组成部分,为新时代推进生态文明建设提供了方向指引和思想武器。③ 王雨辰从现实意义来解读,认为习近平生态文明思想是以马克思主义生态哲学为基础,批判继承西方生态哲学和中国传统生态智慧的结果,它的哲学文化维度决定了其经济维度的特殊性。另外,习近平生态文明思想的哲学文化维度决定了其目的和归宿是满足人民对美好生活的需要和向往,这主要体现

---

① 张秀芹、王凯:《论习近平生态文明思想的四大情怀》,载《思想教育研究》,2019年11月第11期。

② 杨红柳:《习近平生态文明思想的独特意蕴》,载《探索》,2019年第1期。

③ 许先春:《习近平生态文明思想的科学内涵与战略意义》,载《人民论坛》,2019年第33期。

在他提出的"环境民生论"和"以人民为中心"的发展思想上。①

另外,习近平生态文明思想也具有丰富的世界意义。张永红分别从理论维度、实践维度、价值维度来论述其世界意蕴。从理论维度分析——以史为鉴,原创性理论擘画世界文明新样态;从实践维度分析——战略"定力"激发实践"活力",让世界感知中国方案;从价值维度分析——价值主体价值目标新认知,为人与自然和解提供现实支点。②

(二) 新中国成立 70 周年取得的巨大成就及启示

新中国在不知不觉中已走过 70 个年头了,从刚成立时的百废待兴,到如今在众多领域的重大突破,取得了傲人的成绩。这其中离不开中国共产党的正确领导,离不开中国人民的吃苦耐劳、艰苦奋斗的精神,以及全体中华儿女团结一致、同心同德的凝聚力。我国的专家学者也总结出新中国成立 70 周年以来获得的启示,取得的成就将在此列举经济、政治、外交、生态这几个方面的成果。

1. 新中国成立 70 周年取得的巨大成就

在经济方面,岳伟、鲍宗豪回顾祖国 70 年来经济现代化的发展历程,总结出三点取得的巨大成就。第一点是经济现代化形态更替:从传统农业大国到工业经济大国。第二点是发展体制更换:从计划经济到社会主义市场经济。第三点是民生理念更新:从公平优先到共享共富。③ 林火灿主要侧重归纳关于各种结构的优化,如产业结构持续优化、需求结构持续改善、区域结构更加协调、城乡统筹有序推进,以及所有制结

---

① 王雨辰:《习近平生态文明思想的三个维度及其当代价值》,载《马克思主义与现实》,2019 年第 2 期。

② 张永红:《习近平生态文明思想的世界意义论》,载《湖湘论坛》,2019 年第 6 期。

③ 岳伟、鲍宗豪:《新中国成立 70 年来经济现代化的历程、成就及启示》,载《企业经济》,2019 年第 19 期。

构合理调整这五个方面。①

从政治层面来看,新中国成立 70 年来,经济为何能发展的如此迅速?有学者认为,一是现有产业不断进行技术创新,劳动者能够生产出更多更好的产品;二是附加值更高的新的产业不断涌现,资源、劳动力、资本能够从附加值比较低的产业重新配置到附加值比较高的产业。这是劳动生产率水平提高、收入增长的两个必要机制。②但从根本上来说,为什么会有这么明智的经济改革举措,这都是归功于中国共产党的正确领导。简新华强调,新中国 70 年经济发展成就巨大的根本原因是坚持和改进共产党领导、坚持和创新发展马克思主义、建立和完善社会主义制度。

从外交层面来看,从新中国成立之初的与周边国家关系紧张,到 2004 年同 165 个国家建立了外交关系,参加了 130 多个政府间国际组织的工作,同 200 多个国家和地区开展友好交流,中国人民的朋友已经遍天下。③ 2013 年,中国首次提出"一带一路"倡议,在"五通"方面取得了重要进展和成就,推动构建人类命运共同体更加务实和深入。在政策沟通方面,共建"一带一路"倡议及其核心理念已写入联合国、二十国集团、亚太经合组织以及其他区域组织等有关文件中,不断丰富着构建人类命运共同体的内涵。在设施联通方面,六大国际经济合作走廊稳步推进,中国与"一带一路"国家在基础设施建设领域的合作有效提升了其基础设施水平,不断增强构建人类命运共同体的新动能。在贸易畅通方面,中国发起了《推进"一带一路"贸易畅通合作倡议》,中国同"一带一路"国家贸易总额超过 6 万亿美元,不断加强构建人类命运共

---

① 林火灿:《新中国成立 70 周年经济社会发展成就》,载《现代商业银行》,2019 年第 20 期。

② 林毅夫:《新中国成立 70 年和中国经济发展奇迹的解读》,载《科学社会主义》(双月刊),2019 年第 3 期。

③ 李肇星:《为人民服务的新中国外交——纪念中人民共和国成立 55 周年》,载《求是》,2004 年第 19 期。

同体的联动水平。在资金融通方面，中国与 27 个国家核准了《"一带一路"融资指导原则》，以亚投行、丝路基金为代表的金融合作不断深入，不断提升构建人类命运共同体的保障水平。在民心相通方面，中国设立"丝绸之路"中国政府奖学金项目，与 20 多个"一带一路"国家签署高等教育学历学位互认协议，不断巩固构建人类命运共同体的人文基础。"一带一路"推动构建人类命运共同体进入全球互联互通的新阶段。① 我国建交一路走来，积极与外国政府建交，中国始终以包容友好的姿态、以独立自主的原则、以带动全世界一起发展的理念进行外交建设，最终取得了如今的外交成果。

从生态方面来看，新中国成立以来我们党不断深化对经济发展与环境保护关系的认识，不断提升对人与自然关系的认识。我们党先后提出节约能源与环境保护的基本国策、可持续发展战略、科学发展观、建设资源节约型和环境友好型社会等重要论断。从人口资源环境基本国策的确立，到"两型"社会的构建，生态文明战略已经呼之欲出。从党的十二大到党的十五大，中国共产党一直强调建设物质文明和精神文明，党的十六大在此基础上提出了社会主义政治文明。党的十七大提出建设生态文明，进一步丰富了社会主义文明思想，将建设生态文明提到了发展战略的高度。党的十八大将生态文明建设作为中国特色社会主义事业五位一体总布局之一，使生态文明建设的战略地位更加明确。② 另外有学者以毛泽东、邓小平、江泽民、胡锦涛、习近平为代表的中国共产党人对生态文明建设的推进成果进行了总结。③

2. 新中国成立 70 周年的经验启示

新中国成立以来 70 年风雨历程，面临了许多机遇与挑战，在面临

---

① 高扬：《"一带一路"推动构建人类命运共同体进入新阶段》，载《学习时报》，2019 年 12 月 27 日，第 2 版。

② 宋琳琳：《新中国成立 70 年来我国生态环境治理的历程与启示》，载《国家治理现代化：70 年回顾和新时代展望——第八届中国行政改革论坛论文集》，2019 年 11 月 24 日。

③ 左雪松：《新中国七十年来中国共产党生态思想历史演进的回顾和启示》，载《中南大学学报》（社会科学版），2019 年 11 月第 25 卷第 6 期。

挑战时能够迎难而上不畏艰难，必定是有着中华儿女所独有的精神奥秘，因此总结建国以来的经验及启示，对我国更好更长远的发展有着深刻指导意义。

从经济层面来看，岳伟、鲍宗豪从经济发展的范畴领悟到，要坚定中国化马克思主义政治经济学的探索和指导，坚守中国共产党对经济现代化的领导，坚决厘清政府与市场在资源配置中的作用边界，坚持经济现代化的系统推进和内部协调①。有学者指出了新中国成立70年来中国经济增长动力变革的经验，第一是市场化改革是加快动力变革的体制机制保障；第二，经济转型升级是加快动力变革的主要抓手；第三，人才是加快动力变革的核心要素。除此以外，笔者还总结了新时代中国经济增长动力变革的启示，首先要坚持以市场化改革破解动力变革难题，其次坚持以全面经济转型升级培育新动能，最后是坚持以人才红利引领支撑动力变革。②

从政治层面看，"党领导一切"是马克思主义政党领导理论的根本原则，也是当代中国推进国家现代化的内在需要。新中国成立70年来，在领导社会主义革命、建设和改革的进程中，"党领导一切"一再被提及，并在党的十九大上被正式写进党章。历史地看，"党领导一切"历经新中国的确立与探索、新时期的改革与巩固、新时代的强化与规范等阶段，确保了中国社会主义建设始终在党的领导下进行，为加速推进国家现代化提供了有力保证。在演进理路上，"党领导一切"在实践、理论和制度上分别呈现出探索中前进、创新中发展、改革中完善的特点。新形势下坚持"党领导一切"，必须以坚强的政治定力为支撑，以持续

---

① 岳伟、鲍宗豪：《新中国成立70年来经济现代化的历程、成就及启示》，载《企业经济》，2019年第19期。

② 刘再起、王亚男：《新中国成立70年来经济增长动力变革的经验及启示》，载《武汉商学院学报》，2019年12月第33卷第6期。

的改革创新为动力,以全面从严治党为保证。① 新中国成立后的飞速发展离不开党的正确领导,中国共产党的所有决策都是以人民的利益为出发点,因此继续坚持党的领导不动摇,是中国持续健康稳定发展的法宝。

在生态方面,宋琳琳总结了以下几个方面的启示:一是科学认识人与自然的关系;二是善于运用系统思维;三是突出生态文明建设的重点领域;四是将生态文明建设与民生紧密联系。② 中国早年在加快工业建设时,第二产业的兴起对生态环境造成了一定的伤害。随着社会现代化进程的加快,第三产业带来的一些商业垃圾加重了生态负担。中国共产党敏锐地发现问题,出台相关保护环境的政策来应对环境污染。我们应反思总结70年来生态方面的经验教训,左雪松归纳出新中国成立70周年以来在生态方面走出的几点经验:第一,要坚持发展生产与改善民生的辩证统一;第二,坚持经济发展与保护环境的辩证统一;第三,坚持改造自然与顺应自然的辩证统一;第四,坚持制度保障与科技保障的辩证统一;第五,坚持立足国内与参与全球的辩证统一。同时,他还总结了几点启示:首先,要坚持中国美丽的方向;其次,要坚持依法治理的方略;再次,坚持厉行节约的方针;接着他还认为,坚持系统思维的方式;最后,要坚持群众路线的方法。③

(三)决胜全面建成小康社会

"小康"一词自古就有,是老百姓对美好生活的一种形容和期盼,自十八大第一次提出全面建成小康社会,到十九大宣布到了全面建成小

---

① 方涛:《新中国成立70年来"党领导一切"的历史逻辑与实践启示》,载《经济社会体制比较》,2019年第6期。
② 宋琳琳:《新中国成立70年来我国生态环境治理的历程与启示》,载《国家治理现代化:70年回顾和新时代展望——第八届中国行政改革论坛论文集》,2019年11月24日。
③ 左雪松:《新中国七十年来中国共产党生态思想历史演进的回顾和启示》,载《中南大学学报》(社会科学版),2019年11月第25卷第6期。

康社会的决胜阶段，一步一步都是党从人民的利益出发，致力于给人民创造更好的生活。研究全面建成小康社会，首先要明确其丰富的内涵，其次要清晰怎样实现全面小康，最后须总结这一目标的意义。这样才能使我们把握全面建成小康社会的进程，对于达到最终目标具有重要意义。

1. 全面建成小康社会的丰富内涵

"小康"一词不是空穴来风，早在《诗经·大雅·民劳》中就已出现，"民亦劳止，汔可小康"，意思是老百姓终日劳作不息，应该让他们稍得安宁。而"小康社会"是邓小平在20世纪70年代末规划中国经济社会发展蓝图时提出的重大战略构想，之后党的十二大首次使用了"小康"概念。1987年10月，党的十三大提出了"三步走"的战略，后来"小康"的发展又经历了从"小康生活"到"小康社会"、从"不全面"到"全面"，从"低水平"到"高水平"，从"建设"到"建成"不断丰富和完善。①

王显星提出，全面建成小康社会的重点是"全面"，第二点全面建成小康社会的目标是"建成"，第三点全面建成小康社会的关键是"小康社会"。② 张占斌、杜庆昊两位学者与王显星关于"全面"的观点一致，他们提出的"全面"的重要性，首先全面建成小康社会涵盖的领域是全面的，全面建成小康社会覆盖的人口是全面的，全面建成小康社会覆盖的区域是全面的。③ 全面建设小康社会重点在"全面"，使决策的实施找到了工作重心。对于其内涵的诠释，夏庆宇、张莉从时间上来梳理，两位学者指出，党的十六大提出的"全面建设小康社会"的各项目

---

① 夏庆宇、张莉：《论全面建成小康社会的科学内涵及重大意义》，载《深圳社会科学》，2019年第1期。

② 王显星：《全面建成小康社会的内涵、实践意义及现实路径》，载《黑龙江工业学院学报》，2019年12月第19卷第12期。

③ 张占斌、杜庆昊：《习近平全面建成小康社会重要论述的时代内涵》，载《中国浦东干部学院学报》，2019年9月第13卷第5期。

标：一是在优化结构和提高效益的基础上，国内生产总值到 2020 年力争比 2000 年翻两番，综合国力和国际竞争力明显增强；二是社会主义民主更加完善，社会主义法制更加完备，依法治国基本方略得到全面落实，人民的政治、经济和文化权益得到切实尊重和保障；三是全民族的思想道德素质、科学文化素质和健康素质明显提高，形成比较完善的现代国民教育体系、科技和文化创新体系、全民健身和医疗卫生体系，围绕这一目标报告还提出基本普及高中阶段教育、形成学习型社会等具体目标；四是可持续发展能力不断增强，生态环境得到改善，资源利用效率显著提高，促进人与自然和谐，推动整个社会走上生产发展、生活富裕、生态良好的文明发展道路。接着笔者又从政治、经济、文化、社会、生态五方面归纳十九大提出的"全面建成小康社会"的各项目标。①

王芝兰从全面建成小康社会思想得以发展的基础上来谈其科学内涵，第一，"五位一体""四个全面""五大发展理念"是我党全面建成小康社会思想的重要理论基础；第二，社会公平正义是新时期我党全面建成小康社会思想的主要价值导向；第三，讲到从严治党、反腐倡廉是新时期我党全面建成小康社会的制度保证；第四，指出人民群众是新时期我党全面建成小康社会思想实现的建设主体；第五，改革开放是新时期我党全面建成小康社会思想实现的巨大推力；第六，"四个自信"是新时期我党全面建成小康社会思想实现的文化引领和智力支持；第七，"精准扶贫"是新时期我党全面建成小康社会思想实现的重要抓手；第八，人民群众"共享社会发展成果"是新时期我党全面建成小康社会思想的出发点和归点。②

2. 全面建成小康社会的伟大意义

全面建成小康社会是中华儿女自古以来的理想生活追求，在中国共

---

① 夏庆宇、张莉：《论全面建成小康社会的科学内涵及重大意义》，载《深圳社会科学》，2019 年第 1 期。

② 王芝兰：《新时期我党全面建成小康社会思想体系内涵分析》，载《福建广播电视大学学报》，2019 年第 2 期。

产党的正确领导下，就快要实现量变向质变的飞跃，具有跨时代的伟大意义。首先从理论意义上来说，刘真、黄芮两位学者从习近平对于全面建成小康社会思想的重要论述来分析，认为一方面是对马克思主义关于社会发展理论的继承和发展，另一方面是对以人民为中心的发展思想的贯彻。①

其次从实践意义上来说，有学者指出，从个人发展角度看，体现了以人民为中心的服务宗旨；从社会实践角度看，彰显了社会主义制度的优越性；从国家阶段角度看，实现了复兴中国梦的重要环节。② 夏庆宇、张莉提出：第一，全面建成小康社会，标志着从1840年以来中国初步实现了一定程度的繁荣昌盛。第二，全面建成小康社会，将使中国人彻底摆脱因在近代史上遭受的屈辱而造成的心理阴影，将使中国人树立牢固的民族自信心。第三，全面建成小康社会，是新中国发展史上的一座里程碑，是中国特色社会主义事业取得的一项巨大成就，是第一个一百年的奋斗目标实现的标志。第四，全面建成小康社会，标志着"三步走"的奋斗目标胜利完成了"第二步"，为"第三步"的奋斗目标打下了坚实基础。第五，全面建成小康社会，是全国人民的根本利益所在，提高了全体人民特别是贫困人口的生活水平。第六，全面建成小康社会，巩固了党的领导，促进了社会的和谐稳定繁荣。第七，全面建成小康社会，将为应对国内外各种挑战打下坚实基础。第八，全面建成小康社会，将为实现中华民族伟大复兴的"中国梦"打下坚实基础。③

3. 全面建成小康社会的实现路径

王玉鹏和苗小露从科学发展观出发，提出要以科学发展观来统领，

---

① 刘真、黄芮：《习近平关于全面建成小康社会的重要论述及价值意蕴》，载《传媒论坛》，2019年第2卷第15期。

② 王显星：《全面建成小康社会的内涵、实践意义及现实路径》，载《黑龙江工业学院学报》，2019年12月第19卷第12期。

③ 夏庆宇、张莉：《论全面建成小康社会的科学内涵及重大意义》，载《深圳社会科学》，2019年第1期。

指出确立科学、合理的发展目标,要转换发展机制、遵循经济发展规律,要创新发展动力、推动经济持续健康发展。① 沈正言从学习贯彻省委经济工作会议精神出发,提出要全面建成小康社会必须要决战决胜,要坚定信心、保持定力;决战决胜,要把局定向、抓纲带目;要确保不发生区域性重大风险,统筹抓好政治、意识形态、经济、科技、社会等领域风险防范化解工作;决战决胜,根本在于坚持和加强党的领导,并进一步指出,坚持党对经济工作的集中统一领导,是中国特色社会主义制度的一大优势。② 朱虹从宏观角度分析,提出第一善于观大势,保持发展定力;第二坚持抓项目,持续奔跑态势;聚焦总定位,全面建成小康。③ 有学者提出如期完成全面建成小康社会的任务,必须采取精准扶贫的举措,落实好转变经济发展方式的科学战略,构建出和谐社会的体系,为了向"第二个百年奋斗目标"顺利过渡提供了有效的现实路径。④

刘丽红从脱贫攻坚的角度出发,认为打赢脱贫攻坚战是全面建成小康社会的重要战略,提出摆脱贫困是中国共产党人的铮铮誓言,打赢脱贫攻坚战是全面小康的最好体现,打赢脱贫攻坚战需要钉钉子精神。脱贫攻坚不是一天两天就能完成的,是一项长期而艰巨的任务,打赢脱贫攻坚战更需要发扬钉钉子精神。脱贫攻坚,见证了共产党人的初心和使命,书写了我们党对历史、对人民交出的一份答卷。⑤ 刘伟从乡村振兴角度出发,认为实施乡村振兴战略,是党的十九大做出的重大决策部署,事关全面建成小康社会,事关广大农民根本福祉,事关农村社会文

---

① 王玉鹏、苗小露:《论科学发展视域下全面建成小康社会的思考》,载《毛泽东思想研究》,2016年第4期。

② 沈正言:《全面建成小康社会的决胜号角——学习贯彻省委经济工作会议精神》,载《湖北日报》,2019年12月30日第1版。

③ 朱虹:《全面建成小康社会把握经济发展大势》,载《时代主人》,2019年第12期。

④ 王显星:《全面建成小康社会的内涵、实践意义及现实路径》,载《黑龙江工业学院学报》,2019年12月第19卷第12期。

⑤ 刘丽红:《打赢脱贫攻坚战是全面建成小康社会的重要战略》,载《本溪日报》,2019年6月5日,第4版。

明和谐稳定,是新时代"三农"工作的总抓手,"三农"工作进入了由"补短"向"升级"的转变。站在基层哨所前沿,贯彻落实乡村振兴战略,是我们的职责和使命,是增强民生福祉,提升人民群众的幸福感、获得感的迫切需要。从四个方面提出实施乡村振兴的措施:第一,以生态宜居为目标,推动绿色发展;第二,以乡风文明作保障,丰富乡村文化;第三,以精准脱贫为动力,巩固脱贫成效;第四,以基层党建为引领,建强组织保障。①

(四)共同构建人类命运共同体

1. 人类命运共同体思想与相关思想之间的关系

第一,人类命运共同体思想的来源之一是马克思主义共同体思想,那么它和人类命运共同体思想有什么关系呢。王顺顺提出,人类命运共同体是马克思主义社会共同体理论发展的当下逻辑,有着一脉相承的关系,是人类命运共同体对马克思社会共同体理论的历史承继,它也是时代的创新:人类命运共同体对马克思社会共同体理论的超越与创新。②于海明指出,人类命运共同体思想为马克思主义国际主义思想的继续发展提供了新的路径,在马克思恩格斯的阶级联合思想和自由人的联合思想之间架起了桥梁,认为人类命运共同体与马克思的共同体思想的逻辑是一致的,将马克思所说的真正共同体的美好理想转变为现实方案,实现对马克思共同体思想的创新构建与现实发展。③李莉莉、詹志华从马克思主义共同体与人类命运共同体之间的一致性与差异性来阐述。一致性在于:二者的实现路径具有一致性,二者的价值取向具有一致性。它们之间的差异性在于:二者的立足点存在不同,二者的内涵有本质区

---

① 刘伟:《实施乡村振兴战略全面建成小康社会》,载《恩施日报》,2019年12月28日,第3版。

② 王顺顺:《人类命运共同体对马克思社会共同体理论的传承与创新》,载《中学政治教学参考》,2019年第36期。

③ 于海明:《人类命运共同体的哲学思考》,山东师范大学硕士学位论文,2019年。

别,二者的实际操作性不同。① 还有学者认为,人类命运共同体思想是对马克思共同体思想理论跨越和理论范式创造性重构。②

第二,分析人类命运共同体与全球治理之间的关系。张泽一指出,人类只有一个地球,各国共处一个世界。多极化世界格局之下,世界变局百年之未有,全球发展的深层次矛盾日益突出。如何更好实现关乎人类前途命运的全球治理,世界各国有着不同的选择、不同的声音、不同的方案。中国共产党以马克思主义理论为指导,深刻把握了人类社会发展的历史规律,以高度的使命担当和宽广的世界胸怀,坚定不移维护国家主权、安全、发展利益,坚定不移维护世界和平,促进共同发展。特别是党的十八大以来,习近平总书记高瞻远瞩、胸怀世界,站在人类社会发展的高度,提出"构建人类命运共同体"的倡议,推进"一带一路"战略的伟大实践,为中国特色大国外交谋篇布局,对"世界走向"之问作出响亮回答。③ 叶险明分别从人类命运共同体意识的复杂性与全球治理关系的历史观、人类命运共同体意识在全球治理机制中作用的复杂性、正确把握人类命运共同体意识的复杂性与超越当代全球治理的制度困境三个方面来分析两者之间的关系。④

第三,"一带一路"倡议与人类命运共同体思想之间的关系。张耀军、邱鸣认为,"一带一路"文明之路是构建人类命运共同体的必由之路。⑤ 高扬认为"一带一路"推动构建人类命运共同体进入新阶段:"一带一路"推动构建人类命运共同体进入走深走实的新阶段,"一带一

---

① 李莉莉、詹志华:《论马克思共同体思想与人类命运共同体内涵及关系》,载《豫章师范学院学报》,2019 年 12 月第 6 期。

② 王公龙等:《构建人类命运共同体思想研究》,人民出版社 2019 年版。

③ 张泽一:《构建人类命运共同体具有全球治理生命力》,载《理论导报》,2019 年第 12 期。

④ 叶险明:《人类命运共同体意识的复杂性与全球治理——一种新全球治理理念的构建》,载《河北学刊》,2019 年第 6 期。

⑤ 张耀军、邱鸣:《北京社科基金项目成果"一带一路"文明之路是构建人类命运共同体的必由之路》,载《人民论坛》,2019 年 28 期。

路"推动构建人类命运共同体进入全球互联互通的新阶段,"一带一路"推动构建人类命运共同体进入富有活力的机制保障新阶段。① 刘虹飞、刘瑜、田广、寇南南提出"一带一路"与人类命运共同体建设一是有利于沿线国家共享中国对外开放红利,二是认为"一带一路"将为世界经济注入新的活力,三是"一带一路"体现合作共赢的新型国际合作关系,四是"一带一路"建设致力地区均衡化发展,五是粤港澳大湾区增添了"一带一路"发展活力,六是"一带一路"体现了人类命运共同体理念。② 李曦辉、陈景昭指出,"一带一路"倡议远远超越了区域一体化的性质和层面,具有更深邃、更丰富的内涵,倡导"共同发展和繁荣","面向和平与友谊之路",以"共赢合作的方式"以及"在所有联结的场域开展积极务实的合作"。它的基本原则打造了三个共同体式类型,即"利益共享的共同体""共同命运的共同体""责任共担的共同体"。"利益共享"作为最基本的诉求,从经济层面将彼此相连;应对当前挑战、面向未来发展这两个主题形成了"共同命运"的同一体;"责任共担"使彼此之间更容易形成协同合作的应对方式。③

2. 人类命运共同体面临的挑战及解决路径

经济全球化、社会信息化和文化多样化的深入发展,为"人类命运共同体"的构建奏响了时代号角,提供了时代滋养。同时,构建过程中也遇到了文化隔阂、偏见、冲突等各种文化挑战。骆郁廷、张蓓从文化角度阐述了人类命运共同体所面临的挑战:首先是文化民族主义带来的挑战,其次是文明优越论带来的挑战,接着他们提出了文明冲突论所带来的挑战,最后是文化霸权主义对人类命运共同体带来的威胁。如何应

---

① 高扬:《"一带一路"推动构建人类命运共同体进入新阶段》,载《学习时报》,2019年12月27日第2版。

② 刘虹飞、刘瑜、田广、寇南南:《浅论"一带一路"与人类命运共同体建设》,载《宏观经济管理》,2019年第8期。

③ 李曦辉、陈景昭:《"一带一路"倡议与人类命运共同体》,载《北方民族大学学报》(哲学社会科学版),2019年第4期。

对这一挑战，他们这样认为，首先可以打造"文化场"，以文化的平等对话加深相互理解；其次关注"问题域"，以广泛的价值共识推进全球治理；最后还应坚持"中国性"，以坚实的文化自信应对文化霸权。通过这三点来解决文化在人类命运共同体构建的问题上作出的应对措施。[①]

常东亮从推动建构人类命运共同体的国际境遇来分析人类命运共同体面临的挑战：一是中国与西方国家的意识形态歧见导致的"信任赤字"构成推行人类命运共同体的思想文化障碍，二是西方霸权话语及强权政治催生的"和平赤字"成为推行人类命运共同体的政治障碍，三是全球性问题凸显催生的"治理赤字"构成了推行人类命运共同体的治理障碍，四是传统国际社会"零和博弈""赢家通吃"的发展观催生的"发展赤字"构成了推行人类命运共同体的经济障碍。在应对挑战的实现路径上他从宏观、中观及微观上作出分析。首先，宏观上来说，积极提升中国在全球问题上的引领力与影响力，通过在全球践行"一带一路"倡议，使人类命运共同体理念内化为国际性组织的价值遵循。其次，中观上来说，积极构建周边命运共同体，在国家之间构建新型伙伴关系，在与他国的交往中积极践行人类命运共同体的理念，使人类命运共同体获得更多国家的认同。最后，微观上来说，充分注重民间主体和民间组织的重要性，加强民间交流与人文互动，促进人类命运共同体理念逐渐成为人类社会全体的共识。[②]

还有学者从人类命运共同体面临的挑战的角度来讲。马玉莎指出，人类命运共同体面临多方面挑战，分别是以个人主义为核心的新自由主义思潮，"逆全球化"势力的急剧上升，以及国际视野的缺乏。同时，她也指出了人类命运共同体意识培育路径：第一，树立人类共同价值，增强对共同体的认同感；第二，加强对各国文化和价值的多元理解教

---

① 骆郁廷、张蓓：《构建人类命运共同体的文化挑战与应对》，载《思想政治教育研究》，2019年10月第5期。

② 常东亮：《人类命运共同体：内在逻辑、现实挑战与践行路径》，载《厦门特区党校学报》，2019年第5期。

育；第三，强化各国人民的全球责任意识教育；第四，重建一种重视公共善的公民德行教育；第五，加强以民间沟通与人文交流为主的实践教育。① 另有学者提出，国际社会缺乏战略互信、逆全球化潮流的涌现、西方价值观仍占据国际话语的主导权、传统的霸权主义升级换代等人类命运共同体要面临的挑战。因此，这位学者指出构建人类命运共同体的路径选择：促进国际社会达成共识，依托"一带一路"建设促进经济合作，促进人类文明交流互鉴、包容共存，同时还需要推动构建以合作共赢为核心的新型国际关系。②

3. 构建人类命运共同的意义

构建人类命运共同体是党领导人民进行伟大斗争的理论和实践成果，有着深远的战略意义。人类命运共同体构想的战略意义在于，为防范化解国际关系重大风险，进行具有许多新的历史特点的伟大斗争提供重要遵循。具体来讲，它高举经济全球化的旗帜，积极应对世界变局，争取世界光明未来；它提炼"合作共赢"的时代主题，为世界和平发展凝聚共识；它积聚道义力量，为推进全球治理的公平正义发出中国声音；它把中国发展融入世界发展，打造中国国际新形象。③

李景治从世界社会主义的角度来分析其意义，认为首先构建人类命运共同体彰显了社会主义理想和价值观念，其次构建人类命运共同体为推动新时代世界社会主义发展提供了符合时代潮流的选择，最后构建人类命运共同体为新时代社会主义国家正确处理国际事务指明了方向。④

谭苑芳从哲学视角讨论了构建人类命运共同的意义。首先新时代面

---

① 马玉莎：《人类命运共同体意识：挑战与培育路径》，载《昭通学院学报》，2019年第6期。

② 张艳红：《构建人类命运共同体面临的挑战与路径选择》，载《理论观察》，2019年第1期。

③ 赵欢春：《构建人类命运共同体的战略意义》，载《马克思主义研究》，2019年第11期。

④ 李景治：《构建人类命运共同体的世界社会主义意义》，载《当代世界社会主义问题》，2019年第2期。

临紧迫问题的哲学解答：第一，普遍联系的辩证思维在社会历史领域的具体运用。第二，世界历史理论在当今经济全球化潮流中的深入拓展。第三，中华优秀传统文化和哲学思维的现实实践。其次，破解了国际关系领域的形而上学思维：其一，有助于破解"国强必霸"片面性思维，打破西方学者臆造的"修昔底德陷阱"幻象。其二，有助于破解"零和博弈"的恶性竞争思维，打造共商共建共享的新型国际治理模式。其三，有助于破解"中心—边缘"的不平等思维，构建更加公平合理的世界政治经济新格局。最后，凝聚了构建人类命运共同体的价值共识：一是追求"天下大同"的共同哲学理想，二是构建人类命运共同体的价值目标共识，三是树立合作共赢的系统思维模式，四是确立各国平等参与的大国主体意识。[1]

江时学解读了构建人类命运共同体的现实意义。第一，建立一个持久和平安全的世界；第二，建立一个共同繁荣的世界；第三，建立一个开放包容的世界；第四，建立一个清洁美丽的世界。[2] 修丽、李涛分析了其时代意义，首先是准确把握构建人类命运共同体思想的时代背景，其次是构建人类命运共同体思想是有着丰富内容的科学体系，最后是构建人类命运共同体思想指明了世界发展和人类未来的前进方向。[3]

三、在"问题的反思"中推进马克思主义哲学的创新发展

马克思主义哲学能够始终充满生命力与活力的奥秘在于能够敏锐地把握时代发展中的重大问题，不断反思、总结问题，深入研究问题，最

---

[1] 谭苑芳：《构建人类命运共同体的哲学意义》，载《理论导报》，2019年第4期。
[2] 江时学：《人类命运共同体理念的现实意义及其思想基础》，载《世界历史》，2018年第6期。
[3] 修丽、李涛：《构建人类命运共同体思想的时代意义》，载《红旗文稿》，2019年第5期。

后再落脚于解决问题。在这一过程中，马克思主义哲学也在"问题的反思"中不断实现了发展。"马克思主义哲学的逻辑不是一成不变的，随着马克思主义哲学所处的时境变化，也在发生着这样或那样的变化。"[①]时代不同，呈现出的问题也不同，马克思主义哲学始终善于随着时代变化不断从问题的反思和解决中汲取力量，这也是马克思主义哲学发展的本质。

马克思主义哲学在瞬息万变的时代中能够历久弥新的法宝就在于它对问题的敏锐度，失去问题意识将失去其生机与活力，逃避问题社会也随之产生更严重的问题。马克思主义哲学是实践性与时代性的统一体。一方面，马克思主义哲学除了敏锐的思辨特质之外，还肩负着"改变世界"的责任，它的实践性体现在善于与实际中的问题相结合，致力于解决现实中的实际问题，这正是马克思主义哲学不断聚焦、反思、探寻问题的初衷。另一方面，马克思主义哲学具有时代性，它反思的问题不是陈旧的问题，也不是重复讨论同一个问题，而是紧跟时代的脚步，不断发现时代发展中社会出现的问题。马克思主义哲学是浓缩的时代的精华，聚焦于新时代反思出的新问题，并不断审视问题、反思问题、找寻问题的本质，从而实现马克思主义哲学在"问题域"中不断发展创新。

（作者孟献丽系宁波大学教授，江苏师范大学当代中国马克思主义哲学研究范式创新研究中心研究人员，博士；研究方向为马克思主义理论与社会发展问题。作者池政阳系宁波大学马克思主义学院硕士研究生）

[①] 曹典顺：《论当代中国马克思主义哲学"原理范式"的出场与逻辑》，载《学习与探索》，2014年第3期。

二

专家评论

论哲学的"教育逻辑"之意蕴

——从《哲学简论》的写作主旨谈起

李惠斌

[摘　要] 哲学的"教育逻辑"勾连着哲学教育与哲学本身。我们对于哲学本身的追问是以一种哲学教育的方式进行的，两者在哲学的"教育逻辑"下显示出一体两面性。在此意义上，《哲学简论》所采用的"哲学学"视角，提供了一种对"教育逻辑"的总体阐述。具体表现在三个方面：第一，"理论逻辑"，其回应的是"哲学是什么"的问题；第二，"现实逻辑"，其回应的是"哲学为什么"的问题；第三，"实践逻辑"，其回应的是"哲学是什么"的问题。简言之，《哲学简论》正是基于哲学的"教育逻辑"，将哲学教育与哲学本身有机地结合在一起。

[关键词]《哲学简论》哲学　学哲学教育　教育逻辑　实践逻辑

在 100 多年前，马克斯·韦伯就已具有前瞻性地指出，"学术作为一种志业"在大学教育中或将面临困境。他特别提醒，如果大学或研究机构负责人以科层制的方式管理，既无学术地位又无科研经费的初级学术人员的地位将处于不稳定状态——朝不保夕。[①] 而在所有学科门类中，

---

① 马克斯·韦伯：《韦伯论大学》，孙传钊译，南京：江苏人民出版社 2006 年版，第 92 页。

哲学是最基础的学科。因此，我们更有理由去反思：在当今这个技术时代，哲学自身的良好发展应该如何保证？又或，我们应该如何协调哲学在高校中的教育实践与哲学本身之间的关系呢？

已有学者从哲学教育的"危机"入手，深入辨析了哲学与哲学教育的联系与差别，并表明"哲学本应具有的传道、授业和解惑的传统教育功能被狭隘地理解为单一的授业功能"①。近年来，还有学者认为上述现象背后有更深层的原因，即在现代技术与行政化的双重机制下，大学也被迫开始像机器一样运转，迫使哲学教师过于追求效率，学者的生活节奏加快，致使悠闲论道的情景已不复存在。②

然而，我们不难发现，随着曹典顺教授等撰写的《哲学简论》的出版，对上述各种问题的解决将打开新的局面。这是因为，《哲学简论》创造性地借由"教育逻辑"把对哲学教育与哲学本身的探讨结合在一起了。由此可知，对于哲学本性的探讨就是一种对哲学教育的探讨，哲学始终伴随着哲学的教育问题，而哲学与哲学教育自身以及两者之间的关系都在哲学的"教育逻辑"下得到了很好呈现。具体而言，《哲学简论》的"教育逻辑"又以三个层面展开：第一，哲学教育的"理论逻辑"，它回应的是"哲学是什么"的问题；第二，哲学教育的"现实逻辑"，它回应的是"哲学为什么"的问题；第三，哲学教育的"实践逻辑"，它回应的是"哲学是什么"的问题。

一、"哲学是什么"的"理论逻辑"

《哲学简论》的"理论逻辑"直接体现为"哲学学"的哲学反思。这包含两方面的意蕴：其一，哲学本身是作为一种反思的思维方式而存

---

① 汪堂家：《我们需要什么样的哲学教育——哲学教育的理念与危机》，载《探索与争鸣》，2009年第8期。

② 常艳芳：《马克斯·韦伯大学教育思想的社会学根基》，载《社会科学战线》，2017年第6期。

在的；其二，哲学同时具备对其自身的反思特性。也就是说，哲学本身就是一种理论活动，只要是在哲学会出现的地方，哲学自身将成为一种理论方法并以其自身的方式去反思对象，并且这其中也包括作为对象的哲学。由此，我们可以说，哲学不仅运用理论的反思方式来解释现实，而且以同样的方式来解释理论自身。正如黑格尔所认为的那样，哲学"是被把握在思想中的它的时代"①，因而每个时代中的"最美好、最珍贵、最隐蔽的精髓都汇集在哲学思想里"②。但是，通过哲学这种反思将现实事物提炼为理论化的思想、概念后，并不代表已经完成了哲学的最终发展，作为理论的哲学本身仍然能受到它所涵摄的反思特性的作用。乔治·米德对此说道："一个时期的哲学总是解释这一时期最可靠的知识的尝试。"③ 因此，当我们使用哲学去对现实进行最精炼的理论分析时，哲学作为一种理论知识也需要被进一步反思。而这种对哲学自身的理论反思便是"哲学学"。

所谓的"哲学学"在20世纪80年代由于光远首次提出，其目标正是建立一门以哲学本身为研究对象的哲学学科。④ 随后，有关"哲学学"本身的探讨还有不少，它们大致朝着两个主要方向发展：一是围绕"哲学学"的概念，从不同角度挖掘"哲学学"的具体内涵和定位；二是将"哲学学"的思考延伸到哲学学科的建设上，论证"哲学学"是否是一门学科。⑤《哲学简论》的独特创新性正在于承接了前人的上述两种研究，并通过哲学的"教育逻辑"调和了两者。在《哲学简论》看来，以往"哲学学"的第一种研究方向本质上在追问哲学本身，而第二种研究方向则在关注哲学教育。

---

① 黑格尔：《法哲学原理》，范扬、张企泰译，北京：商务印书馆2009年版，"序言"，第14页。

② 《马克思恩格斯全集》第1卷，北京：人民出版社1995年版，第219—220页。

③ Charles W. Morris, "Introduction: George H. Mead as social Philosopher", in Mead, *Mind, Self, and Society*, Chicago: University of Chicago Press, 1972, p.ix.

④ 曹典顺等：《哲学简论》，北京：人民出版社2020年版，第1页。

⑤ 曹典顺等：《哲学简论》，北京：人民出版社2020年版，第12页。

在哲学的"教育逻辑"下，对于哲学自身的追问就是探索如何才能在哲学教育中真正有效地将哲学自身呈现出来。因此，反思哲学自身的"哲学学"唯有与传统哲学教科书相结合，才能生发出哲学的本真状态。正是在这个意义上，《哲学简论》有两方面的超越性：其一，对于"哲学学"领域来说，通过哲学自身作为一种反思理论的观点，给予"哲学学"以哲学史的要素，使其有所依；其二，对于以往专注于哲学史的哲学教科书领域而言，"哲学学"这种反思方法的引入可以有效地实行哲学批判。

因此，《哲学简论》"理论逻辑"的第一层含义得以清楚表明，即通过"哲学学"对哲学的反思来实现对哲学本身反思的"历史反思"。一般而言，"哲学学"通过对哲学的起源研究、哲学的本性研究和哲学的问题研究三个方面展开自身。①《哲学简论》中的哲学起源研究并不仅是对哲学史的梳理，而且是将时间性的哲学发生与本体论上的哲学结构结合在一起，这些都是在"理论逻辑"的建构下完成的，最终把哲学反思落实到了问题意识上面。

正是基于此，《哲学简论》才能通过"哲学学"对哲学理论的诸前提进行了反思，这是有别于其他哲学类教科书的突出特征，并且"理论逻辑"的这种批判性功能本质上就是反思，"哲学学"反思哲学也就是"反思"哲学的前提。在《哲学简论》中，这些经过重新反思的哲学理论前提包括思想前提、逻辑前提、认识前提和价值前提。②诚然，正如笛卡尔所做的那样，哲学有着"清理"我们周遭世界的"地基"的作用，由此我们也能获得具有"自明性"的东西。但是，哲学获得的这种自明性仍然是"前提性"的，故而还有必要进一步"清理地基"，《哲学简论》正是在此意义上凭借"理论逻辑"完成了对"哲学学"的探讨。

---

① 曹典顺等：《哲学简论》，北京：人民出版社2020年版，第3页。
② 曹典顺等：《哲学简论》，北京：人民出版社2020年版，第46页。

由此而来，《哲学简论》"理论逻辑"的第二层含义也得以呈现，即哲学的丰富内涵自发地显现出来。这是因为，上述对哲学前提的批判不仅是为了批判，而且更重要的是对哲学"自明性"的再批判，从而确保了哲学自身在被批判之后还具有的"自明性"。换句话说，在通过"哲学学"对哲学史，即哲学前提进行批判之后，哲学在其自身对现实进行理论化的过程中所形成的自身历史的多样性就展露了出来。但与此同时，那些散落在各处的"同一性"也一并凸显，哲学自身的"理论逻辑"的丰富内涵也获得了表达。

我们可以说，"理论逻辑"的第一层含义所确定的是哲学的边界，而其第二层含义则是描述出哲学还有什么。在完成上述步骤之后，我们自然就能理解《哲学简论》为何可以精准地还原出哲学自身的功能以及结构，正是通过"理论逻辑"的双重含义，"哲学是什么"的问题得以回答。无论是哲学理论建构机制中的基本原理、核心问题、概念框架和认知逻辑，还是哲学理论的认识前提功能、理论认识功能、世界解释功能与世界改造功能，它们都是在哲学的"理论逻辑"的双重面向的交叉处产生的。这是《哲学简论》对于"哲学是什么"的问题的突出贡献。

二、"哲学为什么"的"现实逻辑"

《哲学简论》的"现实逻辑"表现为对现实世界的"二重批判"。这一批判有着两部分的发展过程：一是对现实的批判，其直接的产物便是哲学；二是对哲学的批判，其最终落脚点是回到现实。也就是说，在"现实逻辑"的审查下，哲学的批判经历了一个从现实出发又回归现实的过程，因而批判本身在此处只是手段，而只有现实才一直是批判的目的本身。《哲学简论》的这种"现实逻辑"与其"理论逻辑"形成了一个对照，甚至可以说，"现实逻辑"在"理论逻辑"隐匿的地方出现。

对这一表述有以下两个方面的考虑。

首先，前文已阐述了"理论逻辑"包含着反思的哲学理论本身与通过"哲学学"的反思而获得的哲学理论，但既然《哲学简论》中贯穿着"理论逻辑"的存在，那么在"理论逻辑"本身的阐述中也存在着进一步的反思，而这一反思的最直接结果是对"理论逻辑"的前提进行了清理，最后剩下的牢固地基便是"现实逻辑"。

其次，"理论逻辑"中的哲学与哲学的再反思之间的区别同样蕴含了"现实逻辑"的"在场"。既然哲学已经是一种对现实的抽象反思，那为何这一理论本身还需要受到进一步的反思呢？这一问题在"理论逻辑"的阐释中是没有得到回答的，但现在却可以在"现实逻辑"下得到解决：理论之间的矛盾正反映出理论背后的现实问题，理论并不一定只是为了理论，它始终有着潜藏的目的，即服务于现实本身。

《哲学简论》中"现实逻辑"的第一层含义对应的便是从现实开始的"现实批判"。这里所谓的"现实批判"是指对现实进行批判，其中最彻底与最普遍的方式便是借用哲学，并且这种批判的最终产物就是哲学理论。正如马克思所说的那样："在实体的私法的结尾部分，我看到了整体的虚假，这个整体的基本纲目接近于康德的纲目，而阐述起来却大相径庭。这再次使我明白，没有哲学就无法深入。"① 也就是说，对于现实的批判可以有许多其他形式，各种所谓的"学"都是在一定程度上在他们自己的领域内对现实世界进行着"解释"，但诸种"领域"也自然限定了这些学科的范围。马克思在对法学的思考中，发现了法学自身所带有的局限性，从而转向最为深刻的哲学思考。

但我们需要明确的是，这种转变并不是从法学直接到哲学的转变，而始终有着"现实的在场"，"哲学的出场"是在其他"学"对世界的解释中产生矛盾时发生的。因而我们就能看到，哲学的现实批判因其从

---

① 《马克思恩格斯全集》第 47 卷，北京：人民出版社 2004 年版，第 11 页。

现实出发的特性,从而始终又会朝向现实,它始终是关乎现实的。由此我们也就能理解,《哲学简论》中的第四章专门设立的哲学的"现实旨趣"分析是对"现实逻辑"第一层含义的明确表达。具体而言,该部分"主要围绕哲学思维的方式、哲学表征的内容、哲学问题的回答和哲学研究的目标等问题意识而展开,阐释哲学是认识自我的方式、是思想表达的时代、是面向生活的智慧、是社会发展的坐标,并与此同时将哲学放入现实生活中予以考察,使得哲学更能够反映现实,并指导现实。"①

《哲学简论》中"现实逻辑"的第二层含义对应的是以现实为最终目的的"哲学批判"。在此处,"哲学批判"不仅表明了对哲学的批判,而且意味着这一批判所朝向的是现实,并且这一批判并不是一次性的,而是作为一种反复的手段永恒地"合现实目的"。在某种意义上说,通过哲学去关照世界的传统哲学做法在黑格尔那里已有最全面的体现。借由"绝对精神"的理念,黑格尔"把整个自然的、历史的和精神的世界描写为一个过程,即把它描写为处在不断的运动、变化、转变和发展中,并企图揭示这种运动和发展的内在联系"②。但是,也正如马克思所说的一样:"新思潮的优点又恰恰在于我们不想教条地预期未来,而只是想通过批判旧世界发现新世界。"③

诚然,哲学对现实的批判最初带有对现实关照的理想,但它在这一过程中形成的也只是概念,而"概念是人在思想中构筑经验世界的方式"④,因而势必与现实之间存在着"裂隙"。在《哲学简论》的"理论逻辑"中,该书正是以"哲学学"的方式去再反思哲学对现实反思之后所产生的概念,从而获得更进一步的"自明性"。但这一方式还需在"现实逻辑"的"哲学批判"中获得完整的形态,"哲学学"进行再反

---

① 曹典顺等:《哲学简论》,北京:人民出版社 2020 年版,第 22 页。
② 《马克思恩格斯全集》第 25 卷,北京:人民出版社 2001 年版,第 390 页。
③ 《马克思恩格斯文集》第 10 卷,北京:人民出版社 2009 年版,第 7 页。
④ 孙正聿:《哲学通论》,沈阳:辽宁人民出版社 1998 年版,第 52 页。

思的重要基础正是现实。因此，所有的批判都只是手段而已，它们的反复运作都只是为了一个目的，即现实。也就是说，"现实逻辑"给予了"哲学批判"一个目的，使其为了这个"靶子"而"运转"。

不过，在《哲学简论》中，"现实逻辑"的这种以现实为目的的"二重批判"并不与"理论逻辑"相悖，并且只要它涉及批判就一定是带有理论性质的。因此，我们应该准确地将"现实逻辑"把握为只是对"哲学为什么"的问题的回答，它给予了"理论逻辑"一个符合现实的朝向。不管是哲学对现实的反思还是对其自身的再反思，都是为了更好地返回到哲学的来源之地，即现实。也就是说，"现实逻辑"并没有预设一个与"理论逻辑"对立的对象，而是与"理论逻辑"的批判相结合，使其附带上现实的旨趣。由此，我们也就能很好理解《哲学简论》在第七章"哲学的世界图景"中梳理的伦理规范、审美意识、和谐理想与正义秩序都是哲学的"理论逻辑"在"现实逻辑"下的具体表现，它们不仅是理论的抽象思考，同时又附带着浓厚的现实旨趣。

三、"哲学是什么"的"实践逻辑"

《哲学简论》的"实践逻辑"表现为对"理论逻辑"与"现实逻辑"的调和，它的直接表现形式是对哲学教科书的思考与布局。在"理论逻辑"的指引下，哲学背负着对现实进行理论抽象的任务，并进一步对这一抽象理论进行再抽象。通过这种对现实与概念的双重"清理地基"，哲学通过对自身界限与剩余物的梳理，而赢得其"是什么"的显明。而"现实逻辑"便是这一过程的背面，这种双重反思的动机来源于"哲学批判"对现实的合目的性。唯有从现实出发，哲学的反思才有可能，也只有再次回返到现实，哲学的批判才算完成，并且这一过程仍然需要永恒地重复，因为哲学永远地在"为现实"而思考。

但这里还存在新的有待回答的问题,即当"现实逻辑"通过哲学"为现实"的方式给予"理论逻辑"中的哲学"是什么"一个"为什么"的目的论,既然这一过程又因其是现实的而自然带有"现实逻辑"的属性,那么这一理论与现实之间转变的过程本身的"为什么"也势必"在场"并且需要回答。而对这个问题的答案已经蕴含在了《哲学简论》的"实践逻辑"当中,理论与现实之间转换的为什么在于"实践逻辑"的方法论作用,它具体回答了哲学在理论与其现实基础之间"怎样是"。

由此,我们就能同样清晰地把握到《哲学简论》中的"实践逻辑"的双重内涵。首先,"实践逻辑"作为一种"方法论"在起作用,它在书中连接的是哲学的理论与现实这两端。在这种意义上,"实践逻辑"显然反转了哲学带有的批判现实从而现实受哲学指导的顺序,哲学开始受到现实制约,由此引发出了"哲学学"在"理论逻辑"下对哲学的再反思。正如马克思在阐述其实践观中所讲的那样,"不是从观念出发来解释实践,而是从物质实践出发来解释各种观念形态"①。"实践逻辑"的"方法论意义"就在于此,它要调和的正是理论与现实之间的矛盾。

其次,"实践逻辑"虽然是在"方法论"层面冲击了理论的绝对性,但它并不排斥理论思维。实践本身就可以有"思维"这种形式,"思维"本身也是一种实践。对此,马克思有过类似的表述,哲学应该"把无产阶级当做自己的物质武器",而同时"无产阶级也把哲学当作自己的精神武器",而"思想的闪电一旦彻底击中这块素朴的人民园地,德国人就会解放成为人"。② 这就是说,《哲学简论》的"实践逻辑"不仅有"方法论"的意义,同样也注重"实践活动"本身。正因为如此,哲学在"理论逻辑"和"现实逻辑"的转换中并不是一次性的,思维作为一种实践本身就获得了去再反思哲学的权利,或者说"合现实目的"的再

---

① 《马克思恩格斯选集》第1卷,北京:人民出版社2012年版,第172页。
② 《马克思恩格斯全集》第3卷,北京:人民出版社2002年版,第214页。

反思必须还要以思维为实践基础。因此，在《哲学简论》中，"实践逻辑"的这两层含义是一体两面的，它们都服务于回答哲学"是什么"的问题。

"实践逻辑"的这两重意味在《哲学简论》中得到了完整的贯彻，其中第一种表现形式是对哲学学科建设的谈论。哲学学科关涉的是哲学教育，它在"实践逻辑"下，一方面是"教育实践"的本身，另一方面则是对哲学教育现实的反思以及哲学教育理念的再反思，这与被"实践逻辑"所调和的"理论逻辑"和"现实逻辑"之间的兼容性是相向而行的。因此，《哲学简论》作为哲学类教科书本身就是一种实践形式，它的实践过程必然将带动哲学教育理念与哲学教育现实之间的变化，它贯彻了哲学"怎样是什么"的"实践逻辑"。

与此同时，《哲学简论》对哲学教育现实进行了深刻反思，通过对哲学学科的问题意识、专业意识、整体意识和实践意识等前提的批判梳理，赢获了对哲学学科本身的准确理解。在此之中，《哲学简论》自身作为理论教材的特征也得以表征。这些背后都是哲学"是什么"的"理论逻辑"起作用。最后，《哲学简论》扎根于哲学"为什么"的"现实逻辑"，对哲学教育的现实目标和哲学学科的整体价值进行了详细梳理。由此，我们不难发现，无论是"理论逻辑"还是"现实逻辑"的实行，都还是需要通过《哲学简论》教科书这一"哲学实践"本身来实施，而前两者所涉及的实践形式是在"实践逻辑"的"方法论层面"被规定的，它们共同回答"怎样"建设哲学学科的问题。

如果说"实践逻辑"第一种表现形式是《哲学简论》为哲学学科而对哲学教育现实的反思，那么它的第二种表现形式就是《哲学简论》对哲学学科的再反思。这一再反思的结果便是对"哲学素养"的形成，它将哲学教育的学科关注点拉回到"教育对象"身上，体现了对"现实的人"的关怀。由此我们便能更好地理解《哲学简论》第八章所论述的内容：其一，哲学所要传授的素养与智慧在"理论逻辑"下得到了"是什么"的反思,表明哲学能带来的"是什么";其二,通过"现实逻辑"回归到哲学"为什么"的探讨上,最终落实到学习者本身,梳理出人应该如何具体地实现哲学素养的训练和哲学品格的培养;其三,上述这两点都是在"实践逻辑"作用下才能得以开展,正如"导言"中所言,第八章将为"读者形成哲学素养提供理论和实践的支持"①。

四、结语

我们不妨再对《哲学简论》中的三种逻辑做一个扼要的回顾:首先,在"理论逻辑"下,《哲学简论》通过"哲学学"的再反思方式与哲学史相结合的方式,回答了哲学"是什么"的问题;其次,在"现实逻辑"下,"哲学学"的这种反思方式获得了"为什么"的解释,不仅是哲学对现实的思考还是哲学自身的反思,最终都是以现实为目的;最后,在"实践逻辑"下,"理论逻辑"与"现实逻辑"之间的转化得到了合理解释,哲学"是什么"的问题获得了理解。更重要的是,《哲学简论》的这三种逻辑并不是分开的,而是"三位一体"的。"哲学学"作为该书最基础的理论思维方式一直在起着作用,它对一切理论的东西包括其自身都进行了反思。"现实逻辑"作为一个目的论的"研究范式"而"出场",同时,在"哲学学"批判在场的地方"现实逻辑"也同样在场;"实践逻辑"则是"理论逻辑"和"现实逻辑"转化的自身,也就是"哲学学"本身。

总而言之,并不是三种逻辑对应着三种不同的内容,而是从三个不同层面进行了总体建构,它们共同指向《哲学简论》这一哲学教材本身。由此,哲学与哲学教育的关系便在《哲学简论》所蕴含的三重逻辑中得到了完整显现。对于哲学"是什么""为什么"以及"是什么"的

---

① 曹典顺等:《哲学简论》,北京:人民出版社 2020 年版,第 22 页。

问题回答不仅是在探寻这些问题的所有者（哲学本身），更是一种哲学教育。在一定程度上，《哲学简论》作为哲学教材就承担了这一实践过程。这就是《哲学简论》带给我们的"教育逻辑"，它从两个方面带来了对哲学本性研究的新可能：其一，更加突出哲学自身的"整体性"；其二，更加重视哲学教育的"现实性"。《哲学简论》通过哲学的"教育逻辑"综合了这两个方面，使得其自身既符合哲学教育的要求，又具有对哲学自身的整体把握。

（作者李惠斌系原中央编译局当代马克思主义研究所副所长；研究方向为马克思主义、经济理论及经济思想史、中国政治与国际政治）

哲学教育的时代担当

——《哲学简论》读后琐谈

姜海波

[摘 要] 写好哲学著作,是哲学工作者具有以技术化努力促进"新文科"建设的时代担当。《哲学简论》以"哲学学"的视界对此做出了诠释。针对不同层次哲学读者遇到的问题,该著作从哲学在文化传承与发展、高扬爱智精神、面向学习实际以及彰显哲学思维基础性和工具性等方面,做出了值得嘉许的探索,必将为我国哲学专业人才的培养和哲学知识的普及做出贡献。

[关键词] 哲学思维 文化 认知 哲学学

哲学经典给人以智慧,"哲学的目的在于求知而非实用"①。尽管哲学家不断重申这一点,但是学习哲学的经典思想和思考方式,总是能够给人类的生活实践带来启迪或助益。在不同的历史时期,哲学著作承载的思想总是能够引起读者的共鸣,哲学研究也因此得以不断地丰富和走向深入。在当代,以哲学思维指导工作、生活和学习,提升个人对于时代的判断力、领悟力,切实以思维素质的提升引领高质量的选择显得尤

---

① 北京大学哲学系:《西方哲学原著选读》(上卷),北京:商务印书馆1982年版,第153—154页。

为重要。然而，我国高校文科的学科专业划分越来越细，这种专业化趋向虽然有利于学科的精深发展，但是容易导致学生只集中于自己的专业（如中国哲学、科学技术哲学或伦理学等），而对其他专业领域涉猎不足，难以把握所学专业的全貌、有选择地深入下去。深入思考这里的问题，以富有特色的创作再现哲学的经典思想与前沿动向，帮助读者把握基础理论与现实期许之间的张力，不仅有助于消除不同专业及认知能力学习者对于哲学的误解乃至恐惧，也是新时代哲学工作者以技术化的努力贯彻"新文科"建设理念的应有之义。

哲学工作者具有相对较多的哲学专业学术性资本，对于如何从专业的角度分辨和把握经典哲学思想，他们有着较为深入的研究，也具有与他人分享哲学经典思想和研究所得的学术责任，因此他们总是希望以再创作的方式综合、概括或深化哲学经典思想，让智慧的光芒传递得更远、更广。实现这一梦想，不仅需要艰辛的付出，以具有较高智慧的理论视界把握哲学经典，也需要面向读者的实际，考虑哲学专业不同年级的理论需要、非哲学专业学习者及普通哲学爱好者的阅读背景及能力，以原创性的努力，在经典思想与其应用之间架设一个连接智慧与阅读的桥梁。笔者欣喜地看到，曹典顺教授完成的《哲学简论》就是一本着力于体现如此创作理念的优秀著作。

笔者从事哲学专业教学科研工作多年，就指导学生（包括非哲学专业的文科生）而言的一个深刻体会是，在进入哲学研究大门之际，不少学生常常纠结于综合性文本与入门级文本之间，尤其是非哲学专业的学生难以把握那些相对严苛的著作，他们对于哲学产生误解，而这往往是造成哲学社会文化功能削弱的一个重要原因。阅读《哲学简论》，笔者深深地感觉到该书的目标定位是温和的，但又不乏追踪学术前沿的"雄心"，因而可以较好地解决在教学中所遇到的上述问题。该著作的理论呈现涉及哲学经典的基本论题，如哲学的性质、道德、知识、心—身问题、个体同一性、自由意志与决定论、伦理学、政治哲学、生命的意义等。从整体上看，作者注重引领读者养成问题意识，希望以专题的形式呈现古今中外不同时期的哲学经典思想,具有如下几个方面的突出特征。

一、注重阐释哲学的文化功能

　　向往文化,是读书人的一个基本共性。每当走进书店,面对琳琅满目、装帧考究的新书,总让人产生一种挫折感和压迫感。作为一名作者,谁都会担心自己的书终将默默无闻地躺在某个角落,担心购买者不会认真地阅读它,因此总是很难有什么骄傲可言;作为一名读者,面对浩如烟海的出版物,都可能会感慨——既是一辈子都用来读,也读不了多少书。有过这种读与写的体验,一般会产生一种"弱水三千,我只取一瓢饮"的念头,也会随之产生一种对于著作文化功能的自觉思考。对于哲学著作的写作和阅读也应该如此。考虑如何面向哲学经典与大师,引导读者一起感受和思考,以此为基本认知背景,应该是《哲学简论》注重选择和阐发经典和大师哲学思想的初衷。

　　在笔者看来,从写作体例到写作内容的编选与进一步阐发,《哲学简论》都看似简单,但其实有着极其深刻的文化寓意。作者开篇就要求读者关注"哲学的基本问题",引领他们关注恢复性重释哲学经典论题的基本方向,从认识论、本体论、伦理与道德、政治、生态环境以及人类的认知偏好等方面系统地展现哲学的问题域。通过概括哲学研究的基本问题,作者把哲学想象成一个由相互依赖的各个部分组成的有机整体,启示读者认识到哲学思考的特殊性,自觉地将自己和作者一样视为置身高质量思考者当中的普通一员。在对于哲学基本问题的阐释中,作者着力于思维方式习惯之维人类命运支撑系统所发生的世界性改变,通过高扬以马克思主义为主导的思想体系,启示读者,每一个人都能够从事经典哲学问题的反思与回答,能够对于哲学大厦的建构及发挥作用起到举足轻重的作用。如此看去,该书以"简论"的方式总结、梳理和回答哲学的基本问题,力图在把握哲学基本问题的基础上强化读者对思维的了解,以激发读者对哲学思维的热爱和尊敬,使之产生一种从事哲学思考的道德责任感,产生维护或恢复哲学思维共同体健全功能的渴望和自觉。

从文化传承与发展的角度述介和探讨哲学的功能定位,是该书的一个亮点。专业理论的深度发掘,容易导致一种对于他领域问题的不解或无视;全面、系统性哲学视界的缺失,必然压抑哲学社会文化功能的发现与发挥。打通"中西马"的想法和规划不乏值得赞扬之处,但毋庸讳言,迄今为止相关探讨仍然处于基础技术和实践场域的初创阶段。在这种学科研究和发展的背景下,认识和重树哲学的精神文化制高点地位,发挥其对于物质文化、制度文化、信息文化等文化部类的指导作用,显得尤为重要。我国已经率先进入新媒体信息传播时代,信息文化的变迁,导致一种"浅阅读"的习惯[1],其实质是读者禁不住海量信息的诱惑,而放弃高质量的思维。信息通过语言来表达,语言是思维的外化,"浅阅读"意味着经典的失语,也意味着思维创新的盲目与低效,因而,与信息文化变迁相应,当今社会前所未有地需要哲学经典提供的思想营养。作者显然认识到这一问题,因此着力关注信息文化现象背后的思维问题,从学术研究的角度引领读者从时代生活实际回到经典,帮助他们自觉地加入到树立文化自信和创新文化发展的行列中来。

笔者和学界部分同仁在多年前形成一个共识,那就是,即便一个人在国内某个领域有学界翘楚的地位,他也可能在国际学界中什么也不是;中国学术界不能"闭门造车",而是要走出去,知道国外学术界在做什么,也让国外知道我们在做什么。实现这一想法的途径多种多样,如出国进修、邀请国外学者来华讲学或工作,参加学术会议,及时翻译、出版国外有影响的学术著作等。其总的目的在于,与国际学术界发生关联,为人类命运共同体的梦想增加智慧的营养。就此而言,《哲学简论》各章分别体现中外哲学的比较,其文本撰写注重面向中外文化冲

---

[1] 参见陆波:《大学生阅读现状与图书馆干预》,载《图书馆杂志》,2012年第3期。

突与交融的时代语境,具有值得肯定的文化哲学思考和体现,是一项值得称赞的优秀成果。

二、高扬哲学研究的爱智精神

文化传统中历史意识的浓厚,以及国内外哲学史家令人敬仰的编年史或专题史研究,往往使得部分哲学著作的写作秉承一个基本理念,即"做哲学即做哲学史"。这一理念指导下的创作有助于系统地呈现哲学思想,也是保留和传承其经典和精华部分的必要选择。然而,以哲学史的方式写作只是哲学研究的方式之一,不是其全部,也不能排除其他正确的书写方式。对于哲学理论的发展与创新而言,以区分专题的方式完成哲学著作,从中展示哲学思想在不同历史阶段的存在及作用,以逻辑与历史相统一的辩证态度和方法给之以评价,不仅是作者独有哲学思考的展示,也有助于读者感悟哲学研究的爱智精神。就此而言,《哲学简论》的各章内容的选择与撰写各有其特色,也为我们做出了榜样。

如何以马克思主义哲学指导中国哲学和西方哲学的研究,在新的历史起点上彰显哲学的爱智精神,是一个十分有挑战性的重大课题。以恰当的方式比较和融合三者,需要关注其理论的本质性特征,警惕理论体系之间相互弱化的问题。例如,在西方哲学研究中长期存在英美哲学和欧洲大陆哲学互不对话的局面,二者的融合主要是以弱化自身理论原则性要求为前提,在此基础上吸收对方的部分观点。[①] 实际上,通过泛化分析原则,英美分析哲学吸收了诠释学传统中的语境主义与历史因果理论;通过强调语言分析在解释中的重要性,欧洲大陆哲学吸取了分析哲学中的言语行为理论。

[①] 参见洪汉鼎:《当代西方哲学两大思潮》(上),北京:商务印书馆2010年版,第1—10页。

《哲学简论》的撰写针对性地处理了上述问题。理性主义是哲学爱智精神的重要体现，源于西方文化的理性主义坚持理性使得人高于动物，具有研究抽象推理、悦纳客观规则与计算行动结果的偏好。本书在研究理性主义的同时关注其不足，着重解析其理想道德主体和知道者的预设，不仅以辩证的态度对待主体—客体、绝对—相对、身体—心灵等二分法，提出以科学、技术与社会的视界把握人、动物与自然的本体论区分，对存在普世伦理规则和认识规则的想法做出批判的反思，而且注重中国哲学和马克思主义哲学对于真理问题立场的深度发掘，引导读者关注中华传统文化中的认识论取向及其问题，通过哲学流派之间的实质性比较，展示其各自求真思想的文化哲学魅力。例如，对于真与之理论，《哲学简论》不仅从认识论的角度给之以全面、系统的述介，对分析哲学运动、逻辑实证主义对于认识论的影响，以及由此凸显出来的知识论研究及其问题等，都给出了针对性的分析和解答，以此对西方哲学理性主义传统做出了批判的反思。

"叶茂源于根深，流畅因为源远。"哲学自古以来始终是人类认识、改造世界的重要工具，哲学研究具有注重反思前提的自组织理论特征，使得不同历史时期的哲学家总是对深入的思考充满敬畏。《哲学简论》各章的撰写体现了哲学的这一基本精神，作者不希望给出对于哲学现象或问题的终极性回答，而是给出多维的评价要素，以此引领读者批判地反思，其"爱智之忧"跃然纸上。

哲学学习者不乏从事深度学习哲学的热情，从根本上讲，这种热情源于对于人类智慧的热爱。除了哲学专业之外，在政治学、经济学、法学以及语言学等领域，都不乏冠以哲学名号的研究领域，其中的学习者迫切需要了解哲学是什么，但是对于浩如烟海的哲学书籍，它们往往感到无所适从。毋庸讳言，当今市场上冠以"哲学"之名的著作有三类，一类是非常专业的专著，晦涩难懂，令人望而生畏，一类是不自觉地将哲学庸俗化的快餐式读本，还有一类是空洞无物、夸夸其谈的"伪哲学"或"鸡汤文"。因此，以"哲学简论"为题成书，着力系统地呈现不同领域和层次哲学爱好者所关注的哲学思想或问题，是一个非常有理论实践意义的、值得关注的工作方向。

当然，一如其他综合性的哲学著作，在《哲学简论》中也会发现一些完全陌生的内容，但这不是作者刻意实现某种术语"原创"意义上的突破，而是其在多个维度渗透新的对于整体的敏感性的体现。对于知识和正义的追求、对美好生活的向往、对意义的追问等，是人类爱智的永恒主题。对于这些主题的探讨在不同文化中可以有不同的哲学进路，答案也各不相同，以全新的方式展现这些差异，彰显人类共有的东西，是非常必要的，也是值得嘉许的。纵观全书，作者在各个章节的书写中注意到经典思想的本土文化还原，以高扬马克思主义哲学的指导为前提，不拘泥于固守西方哲学或中国哲学的立场。这一设计的优势在于，对于爱智精神的诠释不局限于某个哪怕是相对成熟的单一视界，而是要面向多元文化阐释孔子、老子、柏拉图、亚里士多德等伟大思想家的思想，增进阅读者对哲学话题的了解。

三、面向读者自主学习的实际

在当今时代，能够坐下来耐心地阅读哲学著作的人一般都相信"君子不器"，他们或者不甘沦为工具性的存在，或者希望打开狭小的专业"囚笼"，感悟时代真理，成为行走于天地之间"大写"的人。然而，对于多数学习者而言，如果一本著作不能兼顾专业性与自主学习的需要，他们很难从中返回孔子、返回柏拉图、返回马克思……很难从几千年文化经典中找到安身立命的精神支点，也很难以哲学思想引导经世济民、兴业安邦的思考与实践。思考的基本单位是个体，一个人的思考不可能由他人的思考替代，其思考质量如何，以及是否形成与从事相关工作相称的思维方式习惯等，都在很大程度上取决于个人的努力。因此，哲学著作的编写不仅要重视以问题为引领，还要认识和契合读者自主学习的实际。

哲学工作者一般关注理性主义与反理性主义的对立，将它作为引导学习者自主学习的突破口，不能准确地把握这种对立也往往是初学者的一个基本实际。众所周知，"知识是得到确证的真信念"，在理性主义传统下的哲学一度被视为人类知识的全部，但是对于解释道德、义务、法律和责任等社会性范畴而言，理性主义是有局限的。许多知识来自训练或熟知，不需要甚至不可能给以理性主义的确证。因此，关于如何获得具有确定性的知识，始终存在着理性方法和非理性方法的选择问题。从知识教育的历史来看，经历文艺复兴和启蒙运动，理性主义传统与实验精神结合，使得科学从哲学中脱离，经过脱离的哲学构成人文社会科学，科学文化知识与经典文化知识冲突的问题随之凸显出来。[①] 一方面，科学知识（尤其是自然科学知识）注重经验和实验，需要来自数学、物理和逻辑等理论的理性方法的确证；另一方面，对于音乐、美术、诗歌等经典文化知识的学习，需要运用直觉、感悟乃至顿悟等非理性方法。对于哲学工作者和学习者而言，把握和践行哲学作为时代精华的价值，必须能够辩证地理解和运用两种方法。

笔者认为，《哲学简论》以"思维"为重要主题词，反复强调和展示哲学反思的应用，较好地切中了读者自主学习的实际需要。对于我国的哲学学习者而言，学习过程中的关于知识冲突的关键在于思维方式习惯，他们普遍需要一种元哲学的自我反思与提高。信念人皆有之，判断知识之可靠性的关键在于信念之真的确证抑或知识确证。从知识确证的角度看，我国的传统文化是一种政治伦理文化[②]，具有"唯书""唯上"的特点，人们习惯于以往圣、先贤或者权威为榜样，以求同思维的方式获得关于世界的知识，这不仅导致中国古代相对缺乏系统的科学，也是非理性方法大行其道的主要原因。不过，求同思维大行其道，也使得我

---

① 参见孟建伟：《从知识教育到文化教育——论教育观的转变》，载《教育研究》，2007年第1期。

② 参见李泽厚：《中国古代思想史论》，北京：生活·读书·新知三联出版社2009年版，第322—323页。

国传统文化中充盈着丰富的实践智慧。实践智慧之维的知识虽然难以给予确证，但是它们往往具有无可辩驳的现实价值。例如，以"会意"的方式理解和表达思想，显然不属于理性方法，尽管如此，运用这种方式不仅是中国人礼貌的表现，也常常是人际交往中实现自我保护的一个策略。如此看去，当代中国的哲学学习者始终需要面对一个思维方式习惯的自我认识和完善问题，他们既需要以理性的方法把握自然科学知识，又需要运用非理性方法的来把握经典文化知识，如果没有方法论的自觉，其对于知识的判断就容易陷入理性主义或非理性主义的窠臼。

《哲学简论》着重考虑了读者的上述知识理论诉求，在应对知识学习过程中科学文化知识与经典文化知识冲突方面，在兼顾学术严肃性和自主学习需要方面，做出了值得肯定的探索。这一点突出表现在内容编选方面。作者显然谙熟学界对于中国哲学合法性的讨论，能够认真考虑中西文化异同，在"西学东渐"至今的背景下述介和反思"据西释中""比附"以及概念主义等研究方法，体现出对于多元文化积极因素的包容与汲取，因而有利于读者养成一种辩证理解知识确证方案的态度。

应当看到，《哲学简论》面向读者的学习实际编选内容，不是对于哲学严肃性的削弱，而是一种"通识"意义上哲学教育的探索。高等教育阶段的学科林立，各个学科教学内容的问题域是开放性的，学生不可以停留于"记问之学"，也不可局限于本专业领域的某个方面。20世纪50年代，"斯诺演讲"开启了高校通识教育，之后，如何通过高等教育维系文化的整体性，确保不同专业的大学生明晰和适应高等教育阶段的知识增长要求，成为各个学科专业都应该给以共同关注的问题。哲学当然不应该是通识教育改革的旁观者，作为哲学工作者，应该反思哲学学科专业的基础性和工具性，积极投身到通识意义上的学科理论研究和应用实践中来。

四、突出哲学思维的基础性和工具性

哲学显然是一个相对小众化的学科，其相对优势在于系统化的思维方面。如同一个人虽不懂得大腿的解剖学道理但并不妨碍他走路一样，没有哲学思维，可能不会对他的日常生活带来多少重大的影响，然而，纵观古今中外，思想的解放总是人类文明进步的前奏，其他学科领域的思想家和理论家无不重视哲学思维；将本学科的知识建构及拓展以哲学思维的方式呈现出来，不仅是一门学科创见得到其他学科关注、促进学科交叉的重要切入点和工具，也是该学科获得新的理论突破的认识论基础。

恩格斯指出，哲学就是一种建立在通晓思维历史及其成就的基础上的理论思维形式。① 哲学思维可以是一阶的，直接以客观事物为思考对象，既可以是哲学思想的现实应用，也可以是对于客观事物认知规律的概括。但是在多数情况下，哲学思维是二阶的，表现为在"扶手椅"上就可以完成的工作。二阶的思维以客观事物的已有判断为对象，既是对于认知的进一步澄清与淬炼，也是系统化、理论化已有认知判断以及做出进一步发掘或拓展的关键。哲学思维在深化人类认知过程中的基础性是不言而喻的，这种基础性对于指导人类认知客观世界的基础性也是不言而喻的，于提供普通人的日常生活认知质量而言，也不是可有可无。

《哲学简论》对于哲学理论的呈现显然有着对于哲学思维之基础性的深入思考。这突出表现在，除第一章"哲学的问题意识"之外，每章都彼此独立又有机关联，读者可以根据自己的需要，以"按图索骥"的方式直接进入各章。举例来说，读者一般都关心哲学作为"智慧之学"的智慧何在，就此而言，可以直奔第五章"哲学的理论智慧"，从东方

---

① 参见《马克思恩格斯选集》第 3 卷，北京：人民出版社 2012 年版，第 899 页。

哲学、西方哲学、马克思主义哲学等方面系统地理解哲学的理论智慧，对于阅读过程中遇到的问题，如专业术语"本体"，既可以进入第三章关于本体问题的研究，明晰关于本体的研究领域及轮廓，也可以进入第六章，参阅中国哲学和西方哲学对于本体概念在哲学概念架构中的地位级功能。笔者认为，这种内容编排较好地处理了内容专业性与系统性要求的冲突问题，有利于非哲学专业的读者以相对经济的方式找到最需要的东西；对于哲学专业的研究生和本科生而言，这种内容编排的优势在于，有助于他们通过全文阅读形成对哲学各领域基本理论及动向的系统性把握。

哲学思维的工具性与其基础性相映成趣，对于哲学专业和非哲学专业的读者而言，认识和把握这种工具性关乎良好哲学素养的形成。哲学素养的形成，以形成一种自觉应用哲学思维的工作意识为标志。换言之，在工具性之维，掌握哲学思维的人能够在工作和学习中自觉地应用所掌握的哲学知识。跨越从知识到能力的"鸿沟"，往往需要付出艰辛的训练和深入的思考。针对读者于此的困惑，《哲学简论》第八章以"哲学的素养形成"为题，从哲学知识与哲学素养的关系入手，从情感、价值取向、致思取向和思维方式及能力方面做出了系统的阐释。而且，在内容编排方面，作者对各章的习题做出了值得赞许的设计，既考虑考察学生对于哲学经典思想的整体、系统呈现，帮助学生运用哲学思维来把握哲学思想，又注重抽象思维与具体思维的结合，通过设置部分以"你认为……"为题的题目，引领学生打破"死记硬背"式的学习，进入一个开放的问题域。这种设计是发挥哲学思维工具性价值的有益探索，有助于学生夯实基础理论，也有助于他们历练从事前沿学术研究的勇气。

有了以上四个方面的特色，《哲学简论》之于读者的真实感、亲切感和实用感是毋庸置疑的。该书的作者从事哲学教学和科研工作多年，学术成就斐然出众，其研究领域兼综哲学和高等教育管理，其驾驭理论语言的能力远非普通哲学工作者所能比及。这些都使得《哲学简论》一书读来让人常有"手起刀落"般的快意。我们相信,《哲学简论》必将受到更多读者的欢迎,为我国哲学专业人才的培养和哲学知识的普及做出贡献,并为"哲学学"的研究积累经验和素材。

(作者姜海波系黑龙江大学哲学学院教授,博士生导师;主要研究方向为马克思主义哲学史)

也论马克思的东方社会理论问题

——从《论唯物史观东方逻辑出场的思维方法》谈起

贾丽民

[摘 要] 马克思的东方社会理论是马克思站在世界历史的高度，探讨东方社会如何走向共产主义道路的社会哲学和历史哲学理论，是马克思唯物史观理论的重要内容。张丽霞等的《论唯物史观东方逻辑出场的思维方法》将其概括为"唯物史观东方逻辑"，论文认为晚年马克思从人类学研究为主的方法发现唯物史观东方逻辑，目的在于继续演绎理性具体的唯物史观，即唯物史观东方逻辑是基于一般规律唯物史观，而概括总结东方社会发展经验和规律的理性具体。这种理性具体构成马克思唯物史观整体性中不可或缺的内容，既丰富了马克思唯物史观理论，也对当代中国马克思主义哲学的建构和中国特色哲学社会科学的发展具有重要价值。

[关键词] 马克思 唯物史观东方逻辑 东方社会发展道路 东方社会发展逻辑

马克思的东方社会理论主要是指马克思晚年研究转向后的"成果"，散见于读书笔记和书信中，因而也是马克思诸多理论中相对不完善的理论。但由于马克思对东方社会问题的种种新颖独到的见解和判断，一直被学界广泛研究和探讨，有其重要的理论意义和现实价值。马克思晚年接触了许多的俄国学者和政治人物，留下了大量关于俄国农学、土地关系的阅读笔记，还对刚兴起的人类学产生浓厚兴趣，阅读了科瓦列夫斯基、摩尔根、梅恩、拉伯克、菲儿等的著作，并在与友人的通信中探讨相关问题，为我们研究马克思的东方社会理论问题提供了充足的文献资料。"改造世界"是马克思终身的哲学使命，当改造资本主义社会遭遇困境时，他把晚年有限的时光投向了研究非资本主义社会。东方社会何以走向共产主义是马克思晚年研究东方社会问题的现实追求。非资本逻辑主导的东方社会是否适用唯物史观出场逻辑是马克思晚年研究东方社会问题的理论主旨。张丽霞等在2020年第6期《世界哲学》发表的《论唯物史观东方逻辑出场的思维方法》一文中，基于对马克思的唯物史观整体性的认知，探讨唯物史观东方逻辑的思维方法，认为唯物史观东方逻辑是马克思在一般规律唯物史观和唯物史观西欧逻辑的基础上对唯物史观的又一种全新范式理解。这一研究弥补了学界对晚年马克思理论关注相对不足的缺憾，极大地丰富和发展了马克思唯物史观理论，对当代中国马克思主义哲学的建构和中国特色哲学社会科学的发展具有重要的理论价值和现实意义。

一、马克思的东方社会问题关注与其认识论转向

在马克思关注东方社会问题之前，一直认为东方社会必然会走西方社会走过的道路，"工业较发达的国家向工业较不发达的国家所显示的，只是后者未来的景象"①，并且坚信这是"既不能跳过也不能用法令取消自然的发展阶段"②。随着国际共产主义运动开展中碰到的东方社会问题增多，东方社会如何实现共产主义问题的深入探讨及唯物史观是否也必然能指导东方社会的理论思考，马克思开始投入大量的时间和精力关注

---

① 《马克思恩格斯文集》第5卷，北京：人民出版社2009年版，第8页。
② 《马克思恩格斯文集》第5卷，北京：人民出版社2009年版，第10页。

东方社会问题，从资本社会转向非资本社会研究。

国际共产主义运动需要关注东方社会问题。马克思认为实现无产阶级解放和全人类的解放需要把全世界无产者组织起来活动，因而马克思总是参与和指导国际共产主义运动，正如恩格斯所言，"马克思首先是一个革命家"①。一方面，作为第一国际"真正领袖"的马克思，需要时刻关注和支持各国工人对本民族的反压迫反剥削运动以及各国社会发展状况。比如，马克思在研究俄国农业关系、农村公社发展状况、工人阶级状况等后，不仅得出"波澜壮阔的社会革命在俄国是不可避免的，并且在日益临近"②，还指出横跨欧亚大陆、与欧洲具有不同经济基础的俄国，是与英国相当的现代欧洲体系的两大支柱，地位高于法国和德国。另一方面，共产国际内部反对巴枯宁主义、维护工人协会团结，需要关注东方社会问题。俄国革命者巴枯宁集结克鲁泡特金等一批俄国流亡者宣扬无政府主义，在俄国、意大利、西班牙、瑞士等国产生了巨大影响，获得了大量的支持者。由于马克思之前把更多的目光集中在了英法德等工人运动较发达的国家，对于工人运动薄弱的民族国家关注和研究较少。随着巴枯宁等无政府主义者队伍的发展壮大，马克思恩格斯逐渐重视研究东方社会问题。马克思驳斥巴枯宁理论愚蠢可笑，比如马克思斥责巴枯宁的废除继承权理论的"全部货色来源于一种陈旧的唯心主义"③，根本弄不清经济状况是法学的根源的原则性问题。为了避免国际共产主义的领导权落入巴枯宁之流，马克思及其拥护者在1871年秋与他们进行了公开的权力斗争，次年海牙大会上将巴枯宁驱除出协会，并把协会总部迁往纽约。

共产主义深入探讨需要关注东方社会问题。马克思在创立新世界观时就明确共产主义是现实的运动，不是遥远的彼岸世界，需要通过实践不断生成。马克思通过对资本主义经济运动规律的深入研究和工人运动

---

① 《马克思恩格斯文集》第3卷，北京：人民出版社2009年版，第602页。
② 《马克思恩格斯文集》第10卷，北京：人民出版社2009年版，第325页。
③ 《马克思恩格斯文集》第10卷，北京：人民出版社2009年版，第333页。

的深度参与,逐渐意识到西方社会和东方社会的社会状况存在巨大差异,并对两者是否必须以同种模式实现共产主义产生了怀疑。就解决疑问最好的方式而言,马克思认为是"诚实研究"①问题。马克思曾在不同的文献中多次强调,他的结论都是认真调查研究后分析得出的,接受任何科学批评,但决不为舆论偏见让步,而且想要理解他的理论,必须按照他的方法。因而马克思只有深入研究东方社会的发展状况,才能对东方社会的共产主义道路作出科学指导。就共产主义的实现方式而言,马克思认为东方社会与西方社会的革命对象不同。巴黎公社失败后,马克思开始反思自己的理论,无产阶级取得巴黎公社的政权,但在巴黎之外——即使是与巴黎拥有相似阶级基础英德——并没有发生相应的革命运动,也就是说无产阶级同盟军尚未形成。那么在资本主义发展很不充分的东方社会,资产阶级是否依然要先战胜封建统治阶级、无产阶级队伍何时才能发展壮大成为掘墓人、东方社会的共产主义实现是否存在另外的道路等一系列问题成了马克思必须回应解决的理论难题。就实现共产主义的经济基础而言,马克思关注到东方村社的土地制度存在公有的形式。中国、印度、俄国的村社制度是东方专制制度的牢固基础,其"亚细亚传统的土地制度是用公有的形式掩盖了私有的实质"②,因而如何利用、转化东方村社中的公有形式来达到共产主义社会的实质,也促使马克思不断关注和研究东方社会的土地制度和地租理论。

唯物史观的彻底性需要关注东方社会问题。唯物史观既是世界观又是方法论,但唯物史观不是一经生成就保持不变的,而是在不断出场中实现其彻底性的。就学术研究风格而言,马克思注重研究的整体性。1865年,马克思在恩格斯的信中强调"我不能下决心在一个完整的东西还没有摆在我面前时,就送出任何一部分"③,也可以说是这种追求艺

---

① 《马克思恩格斯选集》第2卷,北京:人民出版社2012年版,第5页。
② 袁雷、张云飞:《马克思恩格斯"论东方村社"研究读本》,北京:中央编译出版社2013年版,第4页。
③ 《马克思恩格斯文集》第10卷,北京:人民出版社2009年版,第231页。

整体性的态度导致马克思在世时《资本论》二、三卷没来得及出版。就唯物史观理论发展而言，在布鲁塞尔时期，马克思和恩格斯以哲学批判为主的方法创立了一般规律意义上的唯物史观，达到了理性抽象的把握。对于唯物史观是否能够指导社会实践，马克思通过系统研究西欧资本主义世界的经济运行规律，以政治经济学批判为主的方法验证了唯物史观的实践性和科学性。但对于唯物史观是否能够指导非资本主义世界的社会实践这个问题，马克思曾经认为，对现存世界之前的人类生活形式可以通过从后思索的方法认识和把握到，对于生产力相对低下非西方世界的未来状况可以通过西方的现实景象来认识和把握。就东方社会理论研究和社会革命的需要而言，晚年马克思发现东西方社会状况存在巨大差异。马克思为了进一步写作《资本论》，通过多种方式（甚至自学俄语）研读非资本主义社会的土地制度的资料，尤其是俄国的，完善土地制度和地租理论的相关内容，另外马克思为了解答俄国女革命家查苏利奇等政治人物在革命实践中出现的困惑，促使马克思重新思考一般规律的唯物史观和西欧逻辑的唯物史观是否能直接指导东方社会革命的问题，也就是说彻底的马克思唯物史观必须说明基于哲学概括和西欧经验的唯物史观是否适用东方社会发展状况。

二、东方社会发展道路与唯物史观东方逻辑生成

晚年马克思认识到，虽然人类社会的形态一般是原始社会、奴隶社会、封建社会、资本主义社会和共产主义社会依次更替，但对于特定的民族和国家而言，社会发展水平和文化传统存在差异，何时实现更替，如何更替，取决于该民族或国家社会发展状况和人民的选择。生产力落后的东方社会可以跨越"卡夫丁峡谷"，探索不同于西欧模式的东方社会发展道路，发展适用于东方道路的唯物史观理论。

跨越"卡夫丁峡谷"的东方道路能否存在。东方社会发展道路出场前提是西方社会发展道路不具有普适性，即要证明西方社会发展道路不

是所有国家和民族的必由之路。虽然马克思对于东方社会的所有论述都是探索性和尝试性的，不像西欧社会那样有专著详细论证，但我们仍然可从有限的论述中看到马克思对东方道路存在的确认。就生产力状况而言，东方社会与西方社会存在巨大差异。从18世纪60年代开始，工业革命席卷欧洲，英法德相继建立现代资本主义经济制度，生产力水平较高，综合国力增强并逐步走向对外扩张；反观老牌强国沙俄，克里米亚战争失败，农奴经济体制弊端凸显，逐渐走向衰弱。马克思指出："如果俄国继续走它在1861年所开始走的道路，那它将会失去当时历史所能提供给一个民族的最好的机会，而遭受资本主义制度所带来的一切灾难性的波折。"① 就生产关系而言，东方社会与西方社会的阶级基础存在巨大差异。西欧社会伴随先进的资本主义生产方式，资产阶级建立了相应的资产阶级政权，也培养了庞大的"掘墓人"队伍——无产阶级；西方大工业及其开创的世界历史把东方社会拖入了世界市场中，但东方社会资产阶级和无产阶级发展受到传统生产关系的高度束缚，未曾迎来西方社会轰轰烈烈的资产阶级革命，即东方社会传统生产关系遭到了挑战，但还在苟延残喘阻碍新生产力的发展。马克思指出，英国人在印度通过政治权力和经济权力破坏了公社，"在中国，那就更缓慢了，因为在这里没有直接政治权力的帮助……在这里对大工业产品进行了最顽强的抵抗……俄国的商业则没有触动亚洲生产的经济基础"②。西方资本主义的坚船利炮炸开了东方社会封建主义的城门，但城堡新主人的实力尚不具备与旧主人抗衡，或者说城堡的真正主人尚未出现，历史的发展也证明跨越"卡夫丁峡谷"的东方道路的存在。

不同于西欧模式的东方社会发展道路。人类现代文明在西方开启，但回顾西欧资本主义的发展模式，我们可以发现其血债累累，首先通过暴力手段圈地剥夺农民土地、掠夺教会地产，并利用国家政权殖民掠夺

---

① 《马克思恩格斯文集》第3卷，北京：人民出版社2009年版，第464页。
② 《马克思恩格斯文集》第7卷，北京：人民出版社2009年版，第372页。

其他民族的资产,完成资本原始积累。马克思认为,"资本来到世间,从头到脚,每个毛孔都滴着血和肮脏的东西"①。其后,资本家又通过不断压榨无产阶级的剩余劳动攫取剩余价值,最终产生了资本主义世界生产资料私人占有和社会化大生产不可调和的固有矛盾。马克思认为,这种固有矛盾的解决,唯有无产阶级联合起来推翻资产阶级统治,消灭私有制,建立公有制才能实现。就所有制结构而言,马克思晚年通过研究东方社会的古代史和现代史,发现了东方村社的大量存在。马克思认为,东方村社存在摆脱原始特征并可直接作为集体生产发展的公有因素,还明确了"关于原始积累的那一章只不过想描述西欧的资本主义经济制度从封建主义制度内部产生出来的途径"②,西欧经验不是超历史的一般历史哲学,如果俄国要走西欧模式,必然要遭受资本主义经济运行规律的无情支配。就东方社会的发展方式而言,马克思认为东方社会和西方社会共存于区域民族历史转向世界历史的同一时代,"它能够不经受资本主义生产的可怕的波折而占有它的一切积极的成果"③,即马克思从理论上提出了存在不同于西欧模式的实现共产主义的东方道路。至于东方社会的公社制度如何转变为俄国社会发展的积极因素,甚至是比资本主义制度还要有优势的制度,马克思认为仍旧要在适当的时候完成社会革命。

适用于东方道路的唯物史观东方逻辑。马克思晚年意识到《资本论》揭示的经济运行规律的"必然性"只限于西欧各国,东方社会尤其是俄国有其自身的经济发展规律,也就说马克思否定了直接运用唯物史观西欧逻辑指导东方社会实现共产主义的方案,必须要寻找适合东方社会自身发展逻辑的东方方案。就人类社会历史发展规律而言,马克思唯物史观坚持社会基本矛盾运动是社会历史发展的根本动力,而生产力是决定性因素。蒸汽磨推动的工业化大生产的资本主义社会具有先进的生

---

① 《马克思恩格斯文集》第5卷,北京:人民出版社2009年版,第871页。
② 《马克思恩格斯文集》第3卷,北京:人民出版社2009年版,第465页。
③ 《马克思恩格斯文集》第3卷,北京:人民出版社2009年版,第571页。

产力发展水平,这是手推磨所处的落后的、封建的东方社会不可比拟的。从这个意义上来说,它们同处一个时代,又不属于同一个时代。这就意味着,寻找东方道路的前提就是首先承认这样落后的社会存在。就人类的社会实践活动而言,马克思唯物史观超越唯心史观,提出社会存在决定社会意识,并且强调社会意识对社会存在具有反作用,人类并不是听天由命、坐以待毙的,而是在社会实践中发挥主体能动性实现对自然、对社会、对自身的改造。东方社会的人民群众生活在发展缓慢的传统农耕社会中,没有条件也没有动力产生无产阶级的阶级意识,与之相匹配的只能是反对封建主和农场主的农民阶级的小农意识。卢卡奇认为无产阶级阶级意识的成熟对于无产阶级革命的成功至关重要,"革命的命运(以及人类的命运)将取决于无产阶级意识形态的成熟,即取决于无产阶级的阶级意识"①。基于此,东方社会实现共产主义的道路应寻找适合东方社会发展的唯物史观东方逻辑,即遵从东方社会历史发展的客观规律,发挥人的主观能动性,借鉴西方经验,融合东方有利元素,培育无产阶级的阶级意识,适时跨越"卡夫丁峡谷",走出一条不同于西方的、通向共产主义的道路。

三、马克思的唯物史观检验与东方社会发展逻辑

马克思唯物史观是一个科学的整体。唯物史观从社会历史发展的一般规律的层面,为人们把握社会发展提供具有指导性的原则;唯物史观西欧逻辑是在唯物史观一般原理的基础上,立足于西欧社会的历史发展状况而总结出的西欧社会历史发展的一般规律;唯物史观东方逻辑则是在唯物史观一般原理的原则指导下,借鉴西欧社会发展经验,总结东方社会发展状况而概括和提炼出的东方社会如何实现共产主义的一般社会

---

① 卢卡奇:《历史与阶级意识》,王伟光、张峰译,北京:华夏出版社1989年版,第70页。

发展规律。① 如果说，马克思唯物史观理论的科学性需要西欧社会发展逻辑的证明，那么马克思唯物史观理论的科学性同样也离不开东方社会发展逻辑的检验。也就是说，唯物史观一般原理应该能够指导东方社会发展逻辑，东方社会发展逻辑也应该与唯物史观西欧逻辑相适应，同时东方社会发展逻辑也不能与唯物史观东方逻辑相违背。

东方社会发展逻辑应受唯物史观一般原理指导。东方社会发展逻辑是对不同于西欧资本主义社会发展模式的、以俄国为代表的东方非资本主义社会的社会历史发展规律的概括和总结。虽然在马克思生前特别是早期并没有对东方社会发展逻辑给予充分的关注和重视，但它也应该受唯物史观一般原理的指导。就社会实践而言，东方社会发展逻辑应该坚持唯物史观的社会实践论的观点。马克思明确指出，"全部社会生活在本质上是实践的。凡是把理论引向神秘主义的神秘东西，都能在人的实践中以及对这种实践的理解中得到合理的解决"②。实践的观点是唯物史观的首要观点。东方社会发展逻辑应该认识到东方社会的发展问题不是一个经院哲学的问题，不是一个认识问题，不是一个理论问题，而是具体的现实的实践问题，需要我们坚持一切从实践出发，从这种东方社会的现实的实践中以及对这种实践的理解中找寻并得到解答。换句话说，对东方社会发展规律的把握，需要我们坚持实践的观点，在东方社会的历史实践中总结东方社会发展逻辑。事实上，不论是苏联还是中国，都是坚持从本国实际出发，在实践中探索民族独立和国家富强的发展道路。就社会革命而言，东方社会发展逻辑应该坚持唯物史观的社会革命论的观点。马克思和恩格斯在《德意志意识形态》中指出："革命之所以必需，不仅是因为没有任何其他的办法能够推翻统治阶级，而且还因为推翻统治阶级的那个阶级，只有在革命中才

---

① 参见张丽霞、任平：《论唯物史观东方逻辑出场的思维方法》，载《世界哲学》，2020年第6期。

② 《马克思恩格斯文集》第1卷，北京：人民出版社2009年版，第501页。

能抛掉自己身上的一切陈旧的肮脏东西，才能胜任重建社会的工作。"① 东方社会实现共产主义也应该坚持社会革命的观点，即东方社会共产主义事业的发展，必须依靠无产阶级及其革命才能实现。对于无产阶级来说，只有打破旧的国家机器，"使现存世界革命化"，才能使包括资产阶级在内的一切阶级和阶级压迫作为过往而烟消云散。事实上，以苏联和中国为代表的东方社会发展逻辑，确实坚持了唯物史观的社会革命论，即通过无产阶级革命，使马克思的社会主义理想从理论变为现实，创造了世界历史的新纪元。

东方社会发展逻辑应与唯物史观西欧逻辑相适应。唯物史观西欧逻辑是马克思根据西欧社会历史状况而总结的发展规律。虽然唯物史观西欧逻辑是对唯物史观一般原理的具体运用，是仅针对西欧社会发展道路而概括的理论，但东方社会发展逻辑也应该与唯物史观西欧逻辑相适应。就对资本逻辑的态度而言，东方社会发展逻辑应该坚持唯物史观西欧逻辑的资本逻辑批判的原则。马克思通过对政治经济学的研究，发现资本剥削的秘密，创立剩余价值学说。他对资本逻辑的批判，在其《1844年经济学哲学手稿》和《资本论》中可见一斑。如他在《资本论》中指出，"德国社会特殊的历史发展，排除了'资产阶级'经济学在德国取得任何独创的成就的可能性，但是没有排除对它进行批判的可能性"②。马克思对阐释和论证资本逻辑合理性的资产阶级经济学的批判表明，资本逻辑批判是马克思对西欧社会发展逻辑的重要阐释原则。东方社会发展逻辑同样应该坚持马克思资本逻辑批判的原则，因为随着垄断资本主义的发展，东方社会中一度出现修正主义的思潮，为了反对修正主义对马克思唯物史观理论的歪曲，东方社会应该坚持资本逻辑批判的原则，东方社会发展逻辑也应该与唯物史观西欧逻辑相适应——坚持对资本逻辑的批判态度。就对社会形态更替的理解而言，东方社会发展

---

① 《马克思恩格斯文集》第1卷，北京：人民出版社2009年版，第543页。
② 《马克思恩格斯文集》第5卷，北京：人民出版社2009年版，第18页。

逻辑应该坚持唯物史观西欧逻辑的社会形态更替演进的原则。马克思在《〈政治经济学批判〉序言》中指出,"大体说来,亚细亚的、古希腊罗马的、封建的和现代资产阶级的生产方式可以看做是经济的社会形态演进的几个时代"①,随着资本主义的生产方式的发展,共产主义最终能够取代资本主义,人类真正脱离史前社会,步入真正的人类历史。东方社会应该坚持唯物史观西欧逻辑的社会形态更替的原则,不论东方社会是否能够完全按照西欧社会的发展进度,经历西欧社会所经历的那些社会形态,至少东方社会的历史发展不会逆序而行,而是大致按照这种历史顺序而发展。

东方社会发展逻辑应与唯物史观东方逻辑相一致。唯物史观东方逻辑是依据东方社会发展实践,将唯物史观一般原理具体运用到东方社会如何走向共产主义道路之上的发展规律。东方社会发展逻辑应该与唯物史观东方逻辑相一致。就社会形态发展问题而言,东方社会发展逻辑应该遵循唯物史观东方逻辑的社会形态发展差异性的原则。马克思在给查苏利奇的复信中明确指出,"在《资本论》中所作的分析,既没有提供肯定俄国农村公社有生命力的论据,也没有提供否定农村公社有生命力的论据",但"农村公社是俄国社会新生的支点"②。这就是说,俄国有可能凭借农村公社跨越资本主义"卡夫丁峡谷",走不同于西欧资本主义的社会发展道路。事实上,不论是当时的俄国,还是后来的中国,都按照本国国情走向不同于西欧资本主义的社会发展道路,即东方社会发展逻辑坚持了唯物史观东方逻辑的社会形态发展差异性的原则。就社会发展目标而言,东方社会发展逻辑应该坚持唯物史观东方逻辑的共产主义发展目标原则。马克思晚年从人类学方法,基于世界历史的视野研究东方社会发展道路问题,探索东方社会如何走向共产主义。他的社会形态更替论本质就是主张不论是西欧国家还是东方社会,其社会形态的更

---

① 《马克思恩格斯文集》第 2 卷,北京:人民出版社 2009 年版,第 592 页。
② 《马克思恩格斯文集》第 3 卷,北京:人民出版社 2009 年版,第 590 页。

替最终都是为了实现共产主义。关于无产阶革命,他认为,"假如俄国革命将成为西方无产阶级革命的信号而双方互相补充的话,那么现今的俄国土地公有制便能成为共产主义发展的起点"。① 他强调社会革命尤其是无产阶级革命,并不仅仅要消灭资产阶级的国家机器,而是通过无产阶级革命实现共产主义。事实上,列宁领导的俄国十月革命确实建立了世界上第一个以实现共产主义为目标的无产阶级政权。毛泽东领导中国共产党建立的新中国也是一个无产阶级政权,而且至今仍然焕发着无穷的生命力。这就是说,以俄国和中国为代表的东方社会发展逻辑都坚持了唯物史观东方逻辑的共产主义原则。

(作者贾丽民系天津师范大学马克思主义学院副院长,教授,博士生导师;研究方向为马克思主义基本原理)

---

① 《马克思恩格斯文集》第 2 卷,北京:人民出版社 2009 年版,第 8 页。

三
学术视点

"巴黎公社原则永存" 的革命意义*

张丽霞

[摘　要] 巴黎公社是无产阶级领导的首个政府组织，尽管存在时间不长，但是它对无产阶级革命形式、政权形式、组织方式和理论使命等做出了影响深远的探索和把握。马克思将巴黎公社探索的成果概括为"巴黎公社原则"，认为巴黎公社原则具有永存的革命意义。从资本批判理论、发展逻辑理论、人类解放理论和唯物史观理论的角度看，巴黎公社原则永存的革命意义分别表现为走向无产阶级革命实践、确立社会主义发展方向、涌现自由王国探索先驱和开启国际共运历史序幕四个方面。巴黎公社属于无产阶级革命探索，不是社会历史事件偶然；属于社会主义发展方向的探索，不是社会主义发展道路固化；属于走向新社会的先驱，不是无政府主义的运动；属于共产主义运动的序幕，不是无产阶级革命的高潮。

[关键词] 巴黎公社　巴黎公社革命　巴黎公社原则永存　巴黎公社原则意义

---

* 基金项目：教育部人文社会科学研究项目 "哲学形态演变视阈中的唯物史观研究"（19YJC710104）的阶段性成果。

"巴黎公社""巴黎公社起义"和"巴黎公社革命"这些字眼一旦出现在人们的脑海或映入人们的眼帘,150年前发生在法国的那一场声势浩大的工人运动就会激发起我们的感动,因为世界历史从此开始了新的篇章。150年来,人们不会忘记这段波澜壮阔的史诗般无产阶级革命运动。之所以不会忘记,是因为巴黎"公社的原则是永存的,是消灭不了的;这些原则将一再凸显出来,直到工人阶级获得解放"①。巴黎公社开启了工人阶级获得彻底解放的序幕,在国际共产主义运动发展的今天,巴黎公社确立的原则依然具有革命意义。所谓巴黎公社原则,就是指"工人阶级不能简单地掌握现成的国家机器,并运用它来达到自己的目的"②,意即巴黎公社最为根本的原则就是通过革命来实现无产阶级专政。与此相适应,巴黎公社原则对于无产阶级革命和社会主义建设依然具有不可磨灭的辉煌意义,就应该是其显现出的革命意义。对于这一革命意义的深入研究和准确把握,就是对"巴黎公社原则"永存最好的理解和纪念。从哲学建构逻辑方面理解,准确地把握巴黎公社原则的永存革命意义,至少不应该忽视四个哲学理论视阈下的认知,即资本批判理论、发展逻辑理论、人类解放理论和唯物史观理论。

一、走向无产阶级革命实践:资本批判理论意义上的巴黎公社原则永存意义

巴黎公社是法国现代历史上最为重大的事件之一,许多思想家给予了足够大的关注。然而,思想家们对于巴黎公社的本质特征有着不尽相同的认知,既有马克思、恩格斯、列宁等给予巴黎公社革命属于无产阶级革命性质的革命运动评价,也有巴枯宁、托洛茨基等认为巴黎公社革命属于偶发性质的历史事件判断。因此,澄清巴黎公社革命的无产阶级

---

① 《马克思恩格斯文集》第3卷,北京:人民出版社2009年版,第607页。
② 《马克思恩格斯选集》第1卷,北京:人民出版社2012年版,第377页。

专政本性，就成为研究和把握巴黎公社原则的重要问题。社会存在决定社会意识，既是唯物史观的基本原理，也是承认社会历史规律在社会历史中起着"必然性"作用的体现，但是，唯物史观从来没有否认偶然性在社会历史发展过程中展现出来的作用（甚至巨大作用）。如马克思所言，"历史事件似乎总的说来同样是由偶然性支配着的"①。按此逻辑，马克思也对巴黎公社革命做出了偶然性意义上的分析。马克思指出，"如果'偶然性'不起任何作用的话，那末世界历史就会带有非常神秘的性质"②，在他看来，"巴黎公社的爆发，很大程度上是普鲁士人兵临巴黎城下这种'偶然性'的结果"③。需要指出的是，马克思从不否定偶然性的作用，也从未夸大"偶然性"的作用，因为"偶然是一种只具有可能性价值的现实性"④。据此逻辑，马克思也明确指出，"工人阶级反对资本家阶级及其国家的斗争，由于巴黎人的斗争而进入了一个新阶段。不管这件事情的直接结果怎样，具有世界历史意义的新起点毕竟是已经取得了"⑤。马克思从必然性和偶然性的唯物辩证法逻辑对巴黎公社的这一分析表明，巴黎公社革命有偶然性因素起着作用，它本质上属于无产阶级革命新篇章的开启，不具有偶发性质。

巴黎公社革命的原因虽是多方面的，但就无产阶级的参与感而言，巴黎公社革命属于无产阶级的自觉行为。在政治哲学之维，所谓参与感，是指人们通过自主参与所属政治组织的活动而体现出来的归属感、认同感和忠诚感。巴黎公社革命的事实告诉人们，无论是在导致巴黎公社革命的普法战争中，还是在巴黎公社革命的战斗中，无产阶级代表的

---

① 《马克思恩格斯文集》第 4 卷，北京：人民出版社 2009 年版，第 302 页。

② 戴维·麦克莱伦：《马克思传》（插图本），王珍译，北京：中国人民大学出版社 2006 年版，第 404 页。

③ 戴维·麦克莱伦：《马克思传》（插图本），王珍译，北京：中国人民大学出版社 2006 年版，第 404 页。

④ 《马克思恩格斯全集》第 1 卷，北京：人民出版社 1995 年版，第 27 页。

⑤ 戴维·麦克莱伦：《马克思传》（插图本），王珍译，北京：中国人民大学出版社 2006 年版，第 404 页。

工人阶级都一直处在战争和战斗的队伍之中。从普法战争参与感的角度看，普鲁士王国和法兰西第二帝国这两个战争主体都不是无产阶级利益的代表，在民族义务和阶级利益发生矛盾的时候，巴黎工人很是愤慨自己的"国防政府"，认为它"没有片刻的犹豫便把自己变成了卖国政府"①。他们积极地参与到反抗普鲁士军队的战争之中，因为他们认识到，卖国政府不仅伤害法国人的感情，也损害包括无产阶级利益的法国人的利益。就巴黎公社革命的参与感视角理解，国民政府为了镇压巴黎公社革命，不断向巴黎公社反扑，直至解除巴黎工人们的武装，巴黎工人们则为了使无产者的命运掌握在自己手中而不是把控在作为统治阶级的资产阶级的手中，进行了持续战斗。对于巴黎无产阶级的这种英勇行为，巴黎公社的《宣言》中有着明确的表述。在《宣言》中，中央委员会明确地指出了巴黎公社革命爆发的原因，即"巴黎的无产者，目睹统治阶级的无能和叛卖，已经懂得：由他们自己亲手掌握公共事务的领导以挽救时局的时刻已经到来"②。如果说法国工人参与普法战争的参与感具有间接的意蕴，那么，他们参与到巴黎公社中所具有和所获得的参与感表征了工人们的自觉行为，因为巴黎公社是为无产阶级争取自身利益的行动。

巴黎公社革命是无产阶级的自觉行动，应该有支持其行动的理论根据。就此而言，巴黎公社应该属于马克思主义理论指导下的无产阶级革命。之所以巴黎公社是无产阶级的自觉行动，原因在于，在相关思想家和领袖的影响下，无产阶级意识到随后成立的巴黎公社能够给无产阶级找到当家作主的权利。换言之，无产阶级意识到自己能够在巴黎公社中获得自由自在的存在。马克思和恩格斯在《共产党宣言》中曾明确地提出这一思想："工人革命的第一步就是使无产阶级上升为统治阶级，争得民主"③，"无产阶级，现今社会的最下层，如果不炸毁构成官方社会

---

① 《马克思恩格斯文集》第3卷，北京：人民出版社2009年版，第132页。
② 《马克思恩格斯文集》第3卷，北京：人民出版社2009年版，第151页。
③ 《马克思恩格斯选集》第1卷，北京：人民出版社2012年版，第421页。

的整个上层就不能抬起头来,挺起胸来"①。就巴黎公社革命的历史进程理解,正是因为巴黎无产阶级怀有这样的信念,在巴黎的行政大楼被工人们占领后,他们迅速成立了临时政府——巴黎公社。尽管国际工人协会的代表没有占有巴黎公社议会中的多数,巴黎公社的领导权和主导权都掌握在无产阶级手中。也正是因为这一事实,恩格斯不仅将巴黎公社称为"无产阶级专政"②,还将巴黎公社称为"国际思想的孩子"③。当然,之所以说巴黎公社是无产阶级的自觉行为。还因为马克思明确指出,无产阶级获得政权的方式是暴力革命理论,该理论在巴黎公社中获得了实践和证实。马克思指出无产阶级欢迎暴力革命,因为"暴力是每一个孕育着新社会的旧社会的助产婆"④。无产阶级要想建立一个属于自己领导的政权,就必须诉诸于暴力革命,原因在于,资产阶级向历史上的任何统治阶级一样,不可能主动交出自己的领导权和统治权,而无产阶级的历史使命之一就是实现人类解放。

当然,按照马克思的资本批判理论理解,无产阶级革命还应该是资本批判理论意义上的无产阶级的自觉行为,也就是说,巴黎公社的目的中是否包含对资本逻辑的批判,应该属于衡量巴黎公社革命是否属于无产阶级革命的依据的问题。马克思的资本批判理论认为,导致无产阶级自觉进行政治革命的直接因素不少于两点,一是资本逻辑导致了无产阶级队伍的形成,二是资本逻辑令无产阶级认清了资本家剥削的秘密。所谓资本逻辑导致了无产阶级队伍的形成,是指由于"生产资本越增加……结果危机的发生也就越猛烈而且越频繁。另一方面,每一次危机又加速了资本的集中,扩大了无产阶级的队伍"⑤。一旦无产阶级队伍已

---

① 《马克思恩格斯选集》第1卷,北京:人民出版社2012年版,第411—412页。
② 戴维·麦克莱伦:《马克思传》(插图本),王珍译,北京:中国人民大学出版社2006年版,第404页。
③ 戴维·麦克莱伦:《马克思传》(插图本),王珍译,北京:中国人民大学出版社2006年版,第404页。
④ 《马克思恩格斯文集》第5卷,北京:人民出版社2009年版,第861页。
⑤ 《马克思恩格斯文集》第1卷,北京:人民出版社2009年版,第752页。

经形成,无产阶级就迫切需要领导自己的理论。无产阶级必须搞清楚为什么会存在无产阶级,只有搞清楚这一逻辑,无产阶级才能够彻底改变自己的命运。马克思在《资本论》中明确指出,"资本的直接生产过程,就是资本的劳动过程和价值增殖过程。这个过程的结果是商品产品,它的决定性动机是生产剩余价值"①。这一论断既很好地回答了无产阶级何以要求改变自己命运,也深刻诠释了资本家剥削工人的秘密——榨取剩余价值。巴黎公社的革命与建设实践表明,巴黎公社充分认识到了这些导致无产阶级革命的必然性因素的意义。其一,巴黎公社认识到马克思的资本批判理论表征了无产阶级必须革命的原因。巴黎公社的思想家们认识到,"生产者的政治统治不能与他们的社会奴隶地位的永久不变状态同时并存。因此,公社应当成为根除阶级的存在所赖以维持、从而阶级统治的存在所赖以维持的那些经济基础的工具"②。其二,巴黎公社建设法案已经认识到改变资本家榨取剩余价值的生产劳动方式。换言之,巴黎公社建设法案认识到了一个基本原理,那就是,"劳动一被解放,大家都会变成工人,于是生产劳动就不再是某一个阶级的属性了"③。巴黎公社的革命和建设都意识到资本批判理论的目的,这意味着巴黎公社革命的性质是马克思资本批判理论意义上的无产阶级革命。

从巴黎公社公布的法令中也可以清晰地管窥到,巴黎公社的社会法令是对资本逻辑进行批判的结果,即巴黎公社的资本逻辑批判本质上表征了巴黎公社原则永存的意义在于巴黎公社革命属于无产阶级革命意义上的政治革命。这就是说,正是因为巴黎公社的社会法令实现了对资本逻辑的批判,马克思才明确指出,"公社的真正秘密就在于:它实质上是工人阶级的政府"④。马克思之所以将巴黎公社政府视为无产阶级的政府,可以从经济类法令和政治类法令两个视角进行理解。就社会法令的

---

① 《马克思恩格斯文集》第 6 卷,北京:人民出版社 2009 年版,第 389 页。
② 《马克思恩格斯全集》第 17 卷,北京:人民出版社 1963 年版,第 361—362 页。
③ 《马克思恩格斯全集》第 17 卷,北京:人民出版社 1963 年版,第 362 页。
④ 《马克思恩格斯文集》第 3 卷,北京:人民出版社 2009 年版,第 158 页。

经济类法令理解，巴黎公社的社会法令体现了对资本逻辑的批判，这主要表现在三个方面：其一，对国家机关的公职人员实行了新的工资制度，即巴黎公社取消了高级官员享受的高额工作机制，瓦解了资本逻辑主导的资本主义工资制度；其二，在改善工人生存状况方面，巴黎公社实行了禁止面包坊工人加夜班，提出了八个小时工作制的劳动原则，瓦解了资本逻辑主导的资本追逐剩余价值的逻辑；其三，在经济利益方面，巴黎公社提出要照顾城市贫民和其他城乡劳动者的经济利益，宣布把土地交给农民，瓦解了资本逻辑主导的资本运行逻辑。就社会法令的政治类法令理解，巴黎公社的社会法令对资本逻辑的批判体现在对教会专属利益剥夺的政府服务本质的确立之上。进而言之，在对宗教的管理方面，巴黎公社实现了政教分离政策，如剥夺了教会的所有财产，删除了学校的宗教教育，瓦解了资本逻辑主导的资本主义体制合理性逻辑，等等；在政府体制方面，巴黎公社废除了常备军和警察等，"社会公职已不再是中央政府走卒们的私有物"①，瓦解了资本逻辑主导的资本主义保障制度。总之，"公社体制会把靠社会供养而又阻碍社会自由发展的国家这个寄生赘瘤迄今所夺去的一切力量，归还给社会机体"②。

二、确立社会主义发展方向：发展逻辑理论意义上的巴黎公社原则永存意义

巴黎公社之所以被称为"公社"，是因为公社在法国是一种传统话语意义上的社会组织形式，作为社会组织形式的巴黎公社必然有其特有的发展逻辑，因为社会组织就是指"人们为了有效地达到特定目标，按照一定的宗旨、制度、系统建立起来的共同活动集体"③。与之相应，作为社会组织的巴黎公社，也应该拥有属于自己的发展目标、行动原则和

---

① 《马克思恩格斯文集》第3卷，北京：人民出版社2009年版，第155页。
② 《马克思恩格斯文集》第3卷，北京：人民出版社2009年版，第157页。
③ 李道平等：《公共关系学》，北京：经济科学出版社2000年版，第10页。

与之相互促进的公社机制。就巴黎公社的发展目标理解,巴黎公社委员会发布了《告法国人民书》,从中清楚表述了公社的建立原则和行动目标,"巴黎公社的自治应只限于以条约与它联合的其他一切公社的同等的自治;各公社的联合应可保证法国的统一"①。按照这一目标,公社是绝对自治意义上的独立的社会组织形式,但它"不是"国家意义上的社会组织,国家意蕴上的法国是依靠全国各地的"公社"凭借条约联合起来的社会组织形式。就巴黎公社的发展道路理解,在《告法国人民书》中,委员会对巴黎公社做出了一系列的发展规划和发展要求,如包括巴黎要建立怎样的政体,巴黎公社有哪些不可剥夺的权利,公民享有哪些权利,以及关于如何维护城市的秩序的规定,等等。由此可见,巴黎公社委员会对公社统治管理巴黎有着独特和成熟的发展逻辑和发展思路,它试图通过一系列社会改革措施彻底改变巴黎工人遭受资产阶级压迫和剥削的现状。就巴黎公社的运行状况理解,巴黎公社的社会风貌确实有了很大改善,"尸体认领处里不再有尸体了,夜间破门入盗事件不发生了,抢劫也几乎绝迹了。事实上自从1848年2月的日子以来,巴黎街道第一次变得平安无事,而且不再有任何类型的警察"②。总之,巴黎公社是一个与以往一切社会组织形式不同的社会组织,它试图打碎资产阶级国家机器,建立一个人民民主的、社会主义性质的联合体,正如恩格斯所说,"巴黎公社已经不是原来意义上的国家了"③。当然,巴黎公社依然属于国家意义上的社会组织,它毕竟不是共产主义社会下的社会组织。

就巴黎公社发展逻辑的本质特征而言,巴黎公社的发展逻辑可以被认定为社会主义性质的发展逻辑。社会主义发展逻辑和资本主义发展逻辑的根本区别就在于,生产资料是掌握在大多数人手中还是掌握在少数

---

① 蒋相泽主编:《世界通史资料选辑 近代部分》下,北京:商务印书馆1964年版,第165页。

② 《马克思恩格斯文集》第3卷,北京:人民出版社2009年版,第165页。

③ 《马克思恩格斯全集》第19卷,北京:人民出版社1963年版,第7页。

人手中，国家所服务的对象是少数资产占有者还是广大的人民群众。正是因为认识到社会主义社会的这种本质特征，马克思明确指出，无产阶级专政就是"达到消灭一切阶级差别，达到消灭这些阶级差别所由产生的一切生产关系，达到消灭和这些生产关系相适应的一切社会关系，达到改变由这些社会关系产生出来的一切观念的必然的过渡阶段"[1]。在资本主义社会，生产资料的私人占有和生产活动的社会化之间存在着巨大的矛盾，生产资料把控在极少数人手中，广大劳动者的劳动成果不是为己所用，而是被社会中的少数人所霸占，国家和法律所维护的对象是资本家的利益和私有制，"资产阶级日甚一日地消灭生产资料、财产和人口的分散状态。它使人口密集起来，使生产资料集中起来，使财产聚集在少数人手里"[2]。与之不同，在社会主义社会，生产资料掌握在人民手中，人民占有自己的劳动成果，人民的地位至高无上，国家将人民的利益放在首要位置，"共产主义并不剥夺任何人占有社会产品的权利，它只剥夺利用这种占有去奴役他人劳动的权利"[3]。作为巴黎公社宣言的《告法国人民书》明确指出了巴黎公社的社会主义性质，"巴黎所希望的政治统一是为了一个共同的目标——全体人民的幸福、自由和安全——各地倡议的自愿联合，是各个个体的自由自愿的合作"[4]。也就是说，巴黎公社始终围绕着人民的权益和人民自由全面发展的目标和宗旨来确立发展逻辑。我们可以据此认为巴黎公社属于社会主义性质的政权组织形式。

就巴黎公社发展逻辑的理论内容而言，巴黎公社只是确立了发展逻辑意义上的社会主义发展方向。换言之，巴黎公社时期的社会主义发展逻辑不仅不是唯物史观意义上的，也不是实践逻辑意义上的，它只是属

---

[1] 《马克思恩格斯文集》第2卷，北京：人民出版社2009年版，第166页。
[2] 《马克思恩格斯选集》第1卷，北京：人民出版社2012年版，第405页。
[3] 《马克思恩格斯选集》第1卷，北京：人民出版社2012年版，第416页。
[4] 蒋相泽主编：《世界通史资料选辑 近代部分》下，北京：商务印书馆1964年版，第166—167页。

于社会主义发展逻辑的探索阶段。之所以称为"探索阶段",是因为巴黎公社的经验还不够成熟,用马克思的话语理解就是,"承认公社的具体措施'只不过预示了一种趋势'"①。从巴黎公社委员会制定一系列发展规划看,巴黎公社没有能够真正地、实际地对资产阶级进行斗争,他们所施行的社会措施,只是出台了雇主严禁降低工资、面包店不能再有夜班等改善无产阶级生存状况的具体措施。巴黎公社虽然做了将其引向社会主义发展方向上的努力,但它并没有将其发展逻辑建立在对资本主义和私有制的彻底批判上。对于导致这一现象的原因,马克思也有所揭示。马克思认为,"无论哪一个社会形态,在它所能容纳的全部生产力发挥出来以前,是决不会灭亡的;而新的更高的生产关系,在它的物质存在条件在旧社会的胎胞里成熟以前,是决不会出现的"②。在当时的巴黎,新的生产关系还未成熟,不具备取缔私有制的客观条件。因此,巴黎公社只能通过颁布社会措施的方式来改善工人们的生存状况,这些社会措施开始有了将巴黎公社发展为社会主义国家的意识和倾向,但它还没有真正将私有制消灭,仅仅是在私有制的基础上进行改善,即"它所采取的某些措施,只能表明通过人民自己实现的人民管理制的发展方向"③。公社只是确立了发展方向意义上的社会主义发展逻辑,真正意义上的社会主义发展逻辑的确立,还"必须经过长期的斗争,必须经过一系列将把环境和人都加以改造的历史过程"④。

依据唯物辩证法的辩证逻辑,所谓的巴黎公社确立了社会主义性质的发展方向,是指不要对巴黎公社道路做固化为社会主义发展道路的僵化性质理解。于此的原因可见于三个方面:其一,巴黎公社的发展道路教训大于经验表明,人们没有固化巴黎公社发展道路的实践根据。巴黎

---

① 戴维·麦克莱伦:《马克思传》(插图本),王珍译,北京:中国人民大学出版社2006年版,第413页。
② 《马克思恩格斯选集》第2卷,北京:人民出版社2012年版,第3页。
③ 《马克思恩格斯全集》第17卷,北京:人民出版社1963年版,第366页。
④ 《马克思恩格斯文集》第3卷,北京:人民出版社2009年版,第159页。

公社只是取得了巴黎地区的政权,这一政权只是存在了短短两个多月时间,而且尽管有着第一国际的密切关注,但它没有促成一个正式领导巴黎公社的无产阶级政党的产生。无产阶级政党的领导,尤其是正确的领导,在建设社会主义新社会的伟大事业中至关重要,而"巴黎公社没有这样的政党领导,其失败是难以避免的"①。其二,社会主义国家在建设和发展过程中必将遭到很多挑战,固化巴黎公社的社会主义道路,不符合历史唯物主义的基本原理。按照历史唯物主义,社会存在决定社会意识,社会主义国家的无产阶级政党必须有能力带领人民群众正确面对建设和发展过程中不断涌现的新情况和新问题。历史事实证明,从巴黎公社起的150年社会主义运动的历史,"证明新生的社会主义制度的成长和发展不可能不是经历过失败、成功、再失败、再成功的反复过程"②,而在面对资产阶级攻击和污蔑时,巴黎公社始终采取温和的态度,这与无产阶级政党领导的社会主义发展道路明显不相符合。其三,巴黎公社时期的无产阶级革命条件并不充分,巴黎公社的社会主义运动时机还不具有普遍性。在马克思撰写的《法兰西内战》的草稿中,"马克思对革命历史条件的论述直接表明,'以自由的联合的劳动条件去代替劳动受奴役的经济条件',需要漫长的时间,而这是巴黎公社无法获得的条件。"③ 总之,巴黎公社只是一个国家内部的实验田,它没有形成一个能够带领整个国家进行无产阶级革命、在取得革命胜利后继续带领人民群众建设社会主义的国家政权体制。

巴黎公社没有确立社会主义发展方向,这既是事实,也是马克思主义经典作家给出的明确论断。作为国际共产主义运动的第一次尝试,巴黎公社受到了作为世界无产阶级革命的伟大领袖们的密切关注和深刻分析。其一,马克思明确指出巴黎公社只是具有了社会主义的"性质"但

---

① 胡绳:《继承和发展巴黎公社的理想和实践》,载《科学社会主义》,1991年第2期。
② 胡绳:《纪念巴黎公社学术讨论会开幕词》,载《世界历史》,1991年第3期。
③ 杨新天:《城市起义还是无产阶级专政:马恩对巴黎公社的评价探析》,载《理论月刊》,2020年第3期。

还不属于社会主义的。在马克思看来,巴黎公社只能是社会主义"性质"的,它试图建立社会主义政权。马克思在总结巴黎公社革命经验时明确指出,公社"不是社会主义的,也不可能是"①。马克思之所以得出这个结论,是因为巴黎公社革命爆发的直接原因在于,临时政府一方面出卖国家和民族(即法国军队向普鲁士军队投降),一方面疯狂地镇压巴黎的武装工人,"巴黎的无产者,目睹统治阶级的失职和叛卖行为,已经了解到:由他们自己亲手掌握公共事务的领导以挽救时局的时刻已经到来"②。理论上讲,巴黎公社革命的爆发是必然性和"偶然性"共同作用的结果,其直接原因不是生产力与生产关系、经济基础与上层建筑的矛盾已经不可调和。其二,巴黎公社对俄国十月革命有着十分重大的启示意义。巴黎公社虽然不是社会主义的,但谁也无法否定公社具有"人民的、工人的政府的性质"③。列宁为了领导俄国的无产阶级革命,对巴黎公社进行了深刻而全面的分析,认为巴黎公社是"'终于发现的'向社会主义过渡的政治形式"④。在列宁看来,巴黎公社有着社会主义的发展逻辑,但是它终究还没有真正达到社会主义。当然,需要指出的是,从列宁认为公社只是一个"过渡"来看,公社也是属于无产阶级专政形式的组织形式,即公社颁布的法令等总归具有社会主义的本质属性。

三、涌现共产主义实践先驱:人类解放理论意义上的巴黎公社原则永存意义

马克思提出人类解放理论,不仅解释了人们"为什么要从必然王国走向自由王国",而且回答了人们"如何才能从必然王国走向自由王国

---

① 戴维·麦克莱伦:《马克思传》(插图本),王珍译,北京:中国人民大学出版社2006年版,第416页。
② 《马克思恩格斯全集》第17卷,北京:人民出版社1963年版,第355页。
③ 《列宁全集》第20卷,北京:人民出版社1989年版,第223页。
④ 《列宁全集》第31卷,北京:人民出版社1985年版,第238页。

（共产主义社会）的现实道路"。人类解放就是由必然王国走向自由王国的社会实践，"是人类不断地消灭现存状况、实现人的自由而全面发展的现实运动"①。必然王国是指"以获得谋生手段为主要内容的物质生产领域"②，自由王国是指"以主体的自我发展为主要内容的自由活动领域"③。就必然王国的本质特征理解，在必然王国中人类本身不是被作为社会发展的目的存在，而是被作为社会发展的手段存在。与之相应，人类的劳动活动只能是为了实现谋生的需要而被迫才进行着的不自由、不自主的异化活动，不能是为了实现自我价值需要而存在着的活动。从必然王国的这一本质特征来看，资本主义国家属于必然王国性质的存在，因为在资本主义国家中人们为了维持生存不得不进行形式多样的劳动。然而，尽管必然王国的存在"是人类历史无法摆脱的必然的客观前提"④，但是人类从来没有放弃如何才能摆脱必然王国支配的努力。正是着眼于这一点，马克思主义认为，"社会的进步就是不断由必然王国走向自由王国的历程"⑤。从马克思的唯物史观看来，必然王国虽然具有必然性，但这种必然性"不过是从一定的历史出发点或基础出发的生产力发展的必然性，但决不是生产的某种绝对必然性，倒是一种暂时的必然性"⑥。这意味着，走向自由王国其实是经历一个翻转颠倒状态的过程，即只有当物质资料极大丰富的时候，才能实现自由王国性质的社会存在。换言之，自由王国的实现不是凭空产生的，它必须建立在必然王国

---

① 刘同舫：《自由全面发展：人类解放的最高境界与必然归宿》，载《江汉论坛》，2012年第7期。

② 李秀林主编：《辩证唯物主义与历史唯物主义》，北京：中国人民大学出版社2004年版，第337页。

③ 李秀林主编：《辩证唯物主义与历史唯物主义》，北京：中国人民大学出版社2004年版，第337页。

④ 李秀林主编：《辩证唯物主义与历史唯物主义》，北京：中国人民大学出版社2004年版，第337页。

⑤ 李秀林主编：《辩证唯物主义与历史唯物主义》，北京：中国人民大学出版社2004年版，第336页。

⑥ 《马克思恩格斯全集》第46卷（下），北京：人民出版社1980年版，第361页。

强大的物质资料积累基础之上,"在这个必然王国的彼岸,作为目的本身的人类能力的发挥,真正的自由王国,就开始了。但是,这个自由王国只有建立在必然王国的基础上,才能繁荣起来"①。

按照人类解放是能够给人们带来真正自由的人类解放理论,作为行动中的共产主义实践性纲领,巴黎公社革命原则具有将自由王国从思想行为转向社会实践先驱性探索的意蕴。马克思指出,"法国革命的下一次尝试不应该再像以前那样把官僚军事机器从一些人的手里转到另一些人的手里,而应该把它打碎"②。马克思的这一观点十分明确,巴黎公社革命原则不是纯粹思想性的存在,而是实践性的行动。按照马克思人类解放的理论逻辑,要想实现无产阶级以及全人类的解放,即要想把巴黎公社革命原则实践化,就必须对资本逻辑进行彻底性地批判,必须全面消灭资本主义私有制以及资产阶级私有制国家,用马克思和恩格斯的话说就是,"共产党人可以把自己的理论概括为一句话:消灭私有制"③。针对这一实践性的形式是什么,马克思也有着明确的暴力革命理论解释。马克思指出,消灭私有制的手段只能是暴力革命。与没有唯物史观以外的理论公开支持暴力革命不同,唯物史观坚定地认为,"共产党人不屑于隐瞒自己的观点和意图。他们公开宣布:他们的目的只有用暴力推翻全部现存的社会制度才能达到"④。之所以会产生这一革命逻辑,与巴黎公社运动的经验教训不无关系。巴黎公社革命是巴黎工人第一次使用暴力方式反抗资产阶级的伟大尝试,经验不足导致革命的不坚决性和不彻底性,使得巴黎公社只存在了不到三个月的时间。在马克思看来,巴黎公社因这一革命不彻底性而遭受失败的原因在于,"工人阶级不能简单地掌握现成的国家机器,并运用它来达到自己的目的"⑤。正是从这

---

① 《马克思恩格斯文集》第7卷,北京:人民出版社2009年版,第929页。
② 《马克思恩格斯文集》第2卷,北京:人民出版社2009年版,第759页。
③ 《马克思恩格斯文集》第2卷,北京:人民出版社2009年版,第695页。
④ 《马克思恩格斯文集》第2卷,北京:人民出版社2009年版,第66页。
⑤ 《马克思恩格斯文集》第3卷,北京:人民出版社2009年版,第218页。

种经验教训的视角理解,巴黎公社革命具有探索革命道路的道路探索先驱意义。正如马克思所言,"工人的巴黎及其公社将永远作为新社会的光辉先驱而为人所称颂"①。先驱的意义就是永恒的存在,马克思由此指出,"公社即使被打败,斗争也只是推迟而已。公社的原则是永存的,是消灭不了的;这些原则将一再凸显出来,直到工人阶级获得解放"②。

不仅是巴黎公社革命的直接组织者,就是国际工人协会的无产阶级的政治家们,一开始就关注着巴黎公社革命,积极参与到了巴黎公社的革命和建设之中。在国际共产主义运动史上,巴黎公社革命具有培养无产阶级政治领袖意义上的先驱意义。从巴黎公社爆发的时刻开始,马克思和恩格斯就是关注巴黎公社革命的代表,他们高度关注巴黎公社革命的发展,并在革命失败后积极梳理革命过程,总结失败经验。《法兰西内战》就是马克思出于这一目的而完成的著作。这些事实表明,马克思和恩格斯的马克思主义理论影响了巴黎公社革命,巴黎公社革命这样轰轰烈烈的革命运动也锻炼和培养了马克思和恩格斯。就国际工人协会参与巴黎公社革命的实际状况而言,国民自卫军是参加巴黎公社革命的主力队伍,在这个队伍中有无数的国际工人协会成员,因此可以说,大批无产阶级的革命者在这次革命中获得了宝贵的革命经验,成为无产阶级革命的先驱人物。"国民自卫军中央委员会委员和大部分公社委员,都是国际工人协会的最积极、最有见识、最刚毅的人物……这些人都百分之百地正直、真挚、聪明、忠诚、纯洁、狂热——正面意义上的狂热。"③ 从本质上讲,巴黎公社革命之所以是一次培养领袖意义上的实践性尝试,是因为巴黎公社革命奠定了一个基本准则,那就是,"无论在何处,在何种形式或何种条件下,只要进行着阶级斗争,自然总是我们

---

① 《马克思恩格斯文集》第 3 卷,北京:人民出版社 2009 年版,第 181 页。
② 《马克思恩格斯文集》第 3 卷,北京:人民出版社 2009 年版,第 607 页。
③ 《马克思恩格斯文集》第 3 卷,北京:人民出版社 2009 年版,第 180 页。

协会的会员站在最前列"①。无产阶级革命的领袖们始终站在革命的前沿,可以说,巴黎公社革命与国际共产主义运动息息相关,它是在国际共产主义精神影响下进行的革命。正是因为此,恩格斯明确地指出"公社无疑是国际的精神产儿"②。

从巴黎公社的社会政策理解,马克思将共产主义理论从空想变成了科学,这不仅是一项学术性意义上的理论创新,更是思想性意义上的实践胜利,也就是说,巴黎公社革命具有检验人类解放理论科学性意义上的先进思想先驱意义。对于任何社会科学的理论而言,要想获得人们的认同,不仅要在理论推演上具有逻辑性和合理性,还要具有从理论上转化为实践的可能性。如此看去,科学的社会科学理论之所以成为"科学",在于它具有彻底性和真理性,马克思的人类解放理论是关于人类如何才能进入共产主义社会的理论。在资本主义社会,在资本逻辑社会下的劳动不是人的自发性活动,而是一种压迫人的被迫活动,人类不可能在这样的劳动中获得真正的解放。巴黎公社时期的思想家和政治家已经认识到这一理论,所以巴黎公社革命"已经清楚地、有意识地宣告他们的目的是解放劳动和改造社会"③。实际上,巴黎公社对劳动的解放和对社会的改造应该是在马克思人类解放理论指导下进行的一种自觉行动,它颁布了一系列的社会措施,如"禁止面包工人做夜工"④等,以此尝试在实践中进行解放工人劳动的运动。尽管这些"措施"具有不彻底性,但马克思依然认为"这就是公社——社会解放的政治形式,把劳动从垄断着劳动者自己所创造的或是自然所赐予的劳动资料的那批人僭取的权力(奴役)下解放出来的政治形式"⑤。从国际共产主义运动史的事实出发理解,对整个共产主义运动来说,巴黎公社对解放劳动和改

---

① 《马克思恩格斯文集》第 3 卷,北京:人民出版社 2009 年版,第 180—181 页。
② 《马克思恩格斯选集》第 4 卷,北京:人民出版社 2012 年版,第 515 页。
③ 《马克思恩格斯选集》第 3 卷,北京:人民出版社 2012 年版,第 152—153 页。
④ 《马克思恩格斯全集》第 17 卷,北京:人民出版社 1963 年版,第 366 页。
⑤ 《马克思恩格斯选集》第 3 卷,北京:人民出版社 2012 年版,第 143 页。

造社会的尝试具有深刻的意义，尤其是它具有检验共产主义理论科学性意义上的先进思想先驱意义。

  针对资产阶级思想家的政治解放逻辑，马克思的人类解放理论认为，政治解放不是能够真正给人们带来自由的解放，与人类解放逻辑相适应的共产主义社会属于自由王国性质的社会组织形式，人们可以从中获得真正的自由。与此逻辑相应，巴黎公社革命绝对不属于无政府主义者的社会试验场。马克思之所以能够远远超越包括费尔巴哈在内的青年黑格尔学派而树立唯物史观，是因为他清醒地认识到，政治解放"不是彻头彻尾、没有矛盾的人的解放方式"[1]。政治解放所完成的任务，不过就是将市民社会从政治中解放出来而已，政治解放批判宗教和神，同时也导致了新的异化出现，如人们在国家政治生活中的异化。本质上看，在政治解放所导致的异化世界里，"即在人是类存在物的地方，……充满了非实在的普遍性"[2]。政治解放让人们摆脱了宗教的束缚，实现了政治共同体的独立，但是这一政治共同体没有代表无产阶级的根本利益。为消解这一实践困难，马克思的人类解放逻辑主张，只有在自由王国的共产主义社会中，人们才能获得真正的自由；要实现真正的人类解放，就必须要诉诸于经济解放和劳动解放，实现对生产力异化和劳动异化的批判和消解。这种批判和消解是共产主义理论逻辑的本质性特征。巴黎公社对于现成国家机器的批判逻辑也告诉我们，资产阶级的政治解放成果不能使无产阶级感受到被解放，相反，无产阶级仍然感觉自己处于被压迫和被剥削之中，甚至感觉到这种压迫和剥削比以往更加严重。

---

[1] 《马克思恩格斯文集》第1卷，北京：人民出版社2009年版，第28页。
[2] 《马克思恩格斯全集》第1卷，北京：人民出版社1995年版，第428页。

四、开启国际共运历史序幕：唯物史观理论意义上的巴黎公社原则永存意义

唯物史观认为，人民群众是历史的创造者，共产主义理想是人们的精神追求，只有坚持共产主义理想的革命才是马克思主义理论意义上的无产阶级政治运动。巴黎公社原则体现出了共产主义的理想，它属于共产主义性质的运动。按照唯物史观，所谓共产主义理想就是指人们认为未来一定存在着一个消灭了阶级和阶级对立的社会形式，在这一社会中每一个人都获得自由、全面的发展。如马克思和恩格斯所指出的那样，"代替那存在着阶级和阶级对立的资产阶级旧社会的，将是这样一个联合体，在那里每个人的自由发展是一切人的自由发展的条件"①。与这种共产主义理想的理论相适应，所谓巴黎公社试图去建立一个具有共产主义理想性质的国家政体的观点，并不是指巴黎公社的政体是共产主义性质的政体，而是指巴黎公社"不过是表示希望建立一种不仅应该消灭阶级统治的君主制形式，而且应该消灭阶级统治本身的共和国的模糊意向"②。巴黎公社已经不仅是要消灭阶级对立，而且要消灭阶级本身。当然，巴黎公社体制建立的目的是创造使每个人都能摆脱异己力量桎梏的共产主义社会，但许多措施和表述还不够完善。例如，它曾"想把现在主要用做奴役和剥削劳动的手段的生产资料，即土地和资本变成自由的和联合的劳动的工具，从而使个人所有制成为现实"③。这设想虽然没有在现实中得以实践，但公社的这些关于消灭现有生产关系、进而实现自由劳动的设想，仍然体现出建立共产主义理想的意蕴。正如马克思所评价的那样，"这不就是共产主义，'可能的'共产主义吗？"④ 马克思的

---
① 《马克思恩格斯文集》第 2 卷，北京：人民出版社 2009 年版，第 53 页。
② 《马克思恩格斯文集》第 3 卷，北京：人民出版社 2009 年版，第 154 页。
③ 《马克思恩格斯文集》第 3 卷，北京：人民出版社 2009 年版，第 158 页。
④ 《马克思恩格斯文集》第 3 卷，北京：人民出版社 2009 年版，第 159 页。

观点很明确，那就是，巴黎公社原则中蕴含着共产主义理想，巴黎公社革命就是为了实现共产主义理想而进行的革命运动。

就巴黎公社原则的历史逻辑理解，巴黎公社原则的确立体现出了唯物史观的世界历史意义，或者说，巴黎公社原则体现出了马克思在《共产党宣言》中提出的"工人没有祖国"①的国际主义理念。所谓祖国，一般指祖先们开辟出来供其和子孙后代生存的土地、河流和山川等。工人为什么会没有祖国呢？工人没有祖国中的"祖国"显然不是这种地理文化意义上的存在，它是指世界历史意义上的人类社会的存在形式。众所周知，"面对无产阶级，各民族政府乃是一体"②，即工人阶级所受到的压迫和反对是不分国界的。换言之，不管身处哪个国家，无产阶级都是被剥削和被压迫的存在。既然如此，工人又怎么会有祖国呢？既然工人没有祖国，无产阶级的革命斗争就不应当被所谓的祖国割裂开。从工人没有祖国的这一逻辑意义来看，无产阶级的革命斗争应该以不分国界的相互联合和相互帮助的形式而存在。这种无产阶级革命的国际性存在具有世界历史意义，它促使国别史意义上的存在走向了世界历史意义上的存在。纵观巴黎公社原则，巴黎公社的纲领以平等而尊重的态度对待其他地区和国家的工人阶级，将其他国家的工人和巴黎的工人一视同仁，如"公社则使一切外国人都能享有为不朽事业而牺牲的荣誉"③，甚至"公社则委任了一个德国工人担任自己的劳动部长"④。这种巴黎公社原则充分体现出巴黎公社的国际主义本质，显然属于世界历史意义上的存在。正如马克思所说，"公社是法国社会的一切健全成分的真正代表，也就是真正的国民政府……同时又具有十足国际性的……公社使全世界的工人都归属于法国"⑤。

---

① 《马克思恩格斯文集》第 2 卷，北京：人民出版社 2009 年版，第 50 页。
② 《马克思恩格斯文集》第 3 卷，北京：人民出版社 2009 年版，第 180 页。
③ 《马克思恩格斯文集》第 3 卷，北京：人民出版社 2009 年版，第 162 页。
④ 《马克思恩格斯文集》第 3 卷，北京：人民出版社 2009 年版，第 162 页。
⑤ 《马克思恩格斯文集》第 3 卷，北京：人民出版社 2009 年版，第 162 页。

巴黎公社革命推翻了资产阶级政权，建立了世界上第一个无产阶级领导的政府，在此意义上的巴黎公社革命开启了国际共产主义运动的"序幕"。所谓国际共产主义运动，指在世界各国展开的社会主义性质的无产阶级革命运动；国际共产主义的目的在于建立起人人自由平等的社会主义社会，进而逐步走向共产主义社会。国际共产主义运动是一个漫长、逐步发展的过程，其起点可以追溯到巴黎公社革命以前的世界上第一个共产主义政党——共产主义者同盟的建立。马克思和恩格斯为该同盟撰写了《共产党宣言》，宣告了无产阶级的历史使命在于推翻当权的资产阶级，"共产党人到处都支持一切反对现存的社会制度和政治制度的革命运动"①。需要指出的是，《共产党宣言》只是从理论上提出了无产阶级对资产阶级的批判，直到法国人民掀起的保卫法兰西和推翻资产阶级政权的巴黎公社革命开始，人类才第一次在现实生活世界中实现真正的无产阶级革命，建立起无产阶级领导的第一个无产阶级政权。正因为巴黎公社革命促使了世界意义上的第一个无产阶级政权的建立，巴黎公社实现了真正将推翻资产阶级变成现实的第一个跨越，我们才有理由认为巴黎公社革命开启了国际共产主义的"序幕"。巴黎公社革命开启国际共产主义运动的"序幕"，这里的序幕不仅是时间历史意义上的序幕，也是无产阶级革命性质的序幕。无产阶级革命性质的序幕指巴黎公社革命的所有理论逻辑、实践逻辑和历史逻辑，它们都能够为后人提供可资借鉴的思想资源。列宁就做出过一个科学的总结："我们知道巴黎公社的例子，我们知道马克思主义创始人关于巴黎公社以及谈到巴黎公社时的一切论断。"②

巴黎公社革命不仅影响到俄国的无产阶级革命，而且直接或间接地影响到世界其他国家的无产阶级革命，也可以据此认为巴黎公社革命开启了国际意义上的共产主义运动。俄国的十月革命是俄国的工人阶级在

---

① 《马克思恩格斯文集》第2卷，北京：人民出版社2009年版，第66页。
② 《列宁选集》第3卷，北京：人民出版社2012年版，第614页。

俄国布尔什维克党（共产党）的领导下完成的社会主义性质的革命。列宁始终将俄国革命与巴黎公社革命紧密联系起来，列宁指导俄国革命的思想离不开其对巴黎公社失败原因的总结。例如，列宁认为，巴黎公社失败的最重要原因之一是"它不善于分清并且当时也不能分清民主革命成分和社会主义革命成分，把争取共和制的任务和争取社会主义的任务混淆起来，未能解决向凡尔赛实行坚决的军事进攻的任务，犯了不占领法兰西银行的错误"[①]。俄国的革命及建设深受巴黎公社革命的影响，"巴黎的隆隆炮声惊醒了无产阶级中还在酣睡的最落后的阶层，到处推动了革命的社会主义宣传的开展"[②]。俄国的无产阶级就是在这样的炮声中苏醒过来，开始了无产阶级革命；如果说巴黎公社是世界无产阶级革命的初步尝试，俄国的十月革命就是在巴黎公社经验基础上开展的一场成功的无产阶级革命。十月革命的成功，给全世界无产者带来了强大的信心，巴黎公社的影响也通过十月革命不断间接地影响全世界的无产阶级革命运动。中国在进行无产阶级革命时直接受到来自十月革命的影响，但也受到巴黎公社革命的间接影响。例如，毛泽东同志提出枪杆子里面出政权这一著名论断，应该与巴黎公社革命不无关系。恩格斯早已指出，法国每次革命以后工人总是拥有武装，"因此，掌握国家大权的资产者的第一个信条就是解除工人的武装"[③]。一言蔽之，巴黎公社革命助推了国际意义上的共产主义运动。

根据社会存在决定社会意识的唯物史观基本原理理解，巴黎公社时期的社会存在还没有与表征资产阶级意识形态的社会意识完全破裂，巴黎公社革命只能成为国际共产主义运动的序幕，苏维埃社会主义共和国联盟（亦称苏联）成立，才是国际共产主义运动的高潮。马克思主义的唯物史观告诉我们，社会存在决定社会意识，但社会意识也具有对社会存在的能动的反作用。据此逻辑，巴黎公社革命时期法国资产阶级的意

---

① 《列宁全集》第11卷，北京：人民出版社1987年版，第64页。
② 《列宁全集》第20卷，北京：人民出版社1989年版，第224页。
③ 《马克思恩格斯文集》第3卷，北京：人民出版社2009年版，第101页。

识形态还没有与其社会存在彻底地不相适应。或者说，巴黎公社时期的社会存在还没有发展到足以颠覆表征资产阶级意识形态的社会意识的阶段，巴黎公社因此没有成功地推翻资产阶级领导的社会。否则，巴黎公社革命的形式就会更加乐观，巴黎公社的存续也不可能仅有不足三个月的时间。巴黎公社的工人们也意识到了这一点，在他们看来，"为了谋求自己的解放，并同时创造出现代社会由在本身经济因素作用下不可遏制地向其趋归的那种更高形式，他们必须经过长期的斗争，必须经过一系列将把环境和人都加以改造的历史过程"[1]。苏维埃社会主义共和国联盟成立，意味着在俄国这片土地上社会存在与共产主义的社会意识达成了适应。或者说，俄国物质生产条件与占统治地位的社会意识之间的矛盾已经发展到不可调和的阶段。列宁为此指出，"巴黎公社在这条道路上迈出了具有全世界历史意义的第一步，苏维埃政权走了第二步"[2]。

（作者张丽霞系江苏师范大学哲学范式研究院副教授，哲学博士，硕士生导师；主要研究方向为马克思主义哲学基本原理）

---

[1] 《马克思恩格斯文集》第3卷，北京：人民出版社2009年版，第159页。
[2] 《列宁全集》第35卷，北京：人民出版社1985年版，第494页。

劳动范式的转移与马克思的价值理论*

——以认知资本主义理论与知识经济理论的论争为视角

马丽娟

[摘　要] 今天，西方学者们对马克思价值理论的讨论是围绕着直接劳动范式的边缘化与知识劳动范式的霸权性趋势展开的。认知资本主义理论认为由于知识劳动在今天资本主义发展中的关键性地位，马克思的关于直接劳动范式的价值理论已经过时了；针对认知资本主义理论的批判，知识经济理论指出认知资本主义理论对马克思的价值理论有诸多误解，马克思的价值理论在今天并未过时；通过分析认知资本主义理论与知识经济理论的论争可以发现，针对当代资本主义的新变化与认知劳动范式的霸权性趋势，马克思的价值理论依然是有效的且正确的。

[关键词] 直接劳动范式　知识劳动范式　认知资本主义理论　知识经济理论

自《资本论》诞生之日起，学者们就围绕着马克思的价值理论提出诸多质疑。例如，质疑劳动价值论的有效性、质疑价值的来源问题、质疑商品价值与生产价格之间的关系问题以及关于生产性劳动与非生

---

* 基金项目：国家社科基金青年项目"《资本论》的历史科学视阈研究"（18CKS001）阶段性成果。

产性劳动的论争、简单劳动与复杂劳动之间关系的论争、劳动价值论的有效性范围论争，等等。然而，无论是支持还是反对马克思的价值理论，这些争论的声音越多越大，就越是表明马克思价值理论的在场性与生命力。

马克思创作《资本论》的时期是第一次工业革命后资本主义蓬勃发展的初期，当时的劳动方式以物质劳动为主。今天资本主义的发展呈现出诸多不同于工业资本主义初期的新特征，其中最核心的特征是劳动范式从物质劳动范式向非物质劳动范式的转移（由于非物质劳动的知识性特征，其又被称为认知劳动或知识劳动）。这种转移引起了当今资本主义发展中知识劳动范式的霸权性趋势与直接劳动范式的边缘化趋势。正是由于劳动范式的转移，引起了当今新一波讨论马克思价值理论有效性的热潮。认知资本主义理论（简称"认知主义"）与知识经济理论的论争就是以讨论马克思价值理论的有效性为焦点的。这些讨论关乎认知资本主义理论、知识经济理论的核心问题，关乎马克思的价值理论在今天的有效性问题，更为关键的是它关乎能否准确把握当今资本主义现实的问题，于是呈现认知资本主义理论与知识经济理论的论争，并且在此基础上探讨马克思价值理论在今天的有效性是一项有意义且必要的工作。

一、认知主义批判逻辑的双重背景

认知主义对马克思价值理论的批判实际上有其双重背景，只有明晰了其双重背景，才能厘清认知主义对马克思价值理论的批判逻辑。认知主义批判马克思价值理论的背景之一是认知主义将马克思的价值理论解读为关于物质劳动范式的价值理论，并且认为物质劳动范式的价值理论为工业资本主义尤其是以泰勒制为代表的大工业资本主义提供了理论基础与经济合理性。认知主义认为马克思的价值理论包含双重维度：第一重维度坚持与价值大小相关的定量分析，第二重维度坚持对劳资之间的社会关系进行定性分析。① 在第一重维度上劳动时间被视为衡量商品价值的标准。劳动时间指的是抽象劳动时间，所谓抽象劳动则指将一种劳动与另一种劳动区分开的所有特征抽象掉，抽象劳动是人类所有生产活动的共性。认知主义认为马克思的抽象劳动范畴与价值规律只是剥夺了所有劳动特征的心理抽象，是非历史的度量准则。② 在第二重维度上价值理论被视为宏观的剥削理论。这种宏观的剥削理论将劳动转化为劳动力商品，在此基础上将价值理论转化为剩余价值理论。剩余价值规律是表明劳资之间对抗与剥削的规律。

认知主义认为随着第一次工业革命的发展，马克思的价值理论取得了霸权性的地位，价值理论的霸权既表现在劳动组织与管理领域，又表现在满足物质需求的领域。在此背景下资本主义生产的管理实践是将具体劳动转化为抽象劳动，物理时间作为标准化的衡量尺度，更有效地促使劳动的经济价值最大化，从而使资本的利润最大化。③ 泰勒主义正是基于马克思的价值理论产生的，是工业资本主义管理实践的产物。泰勒称自己的管理模式为"科学管理理论"，他将生产组织内部分为管理者与被管理者两个部分。管理者剥夺工人的隐性知识，通过对时间与动机的研究将工人的隐性知识转化为管理层所获得的编纂知识，并用以对付和管理工人。泰勒制将工人的劳动分解为不同的作业，又将不同的作业分解为不同的动作，对工人劳动的每一个动作花费的时间进行研究，并将工人的工作时间分为生产时间与非生产时间，泰勒制将尽可能减少工人工作中的非生产时间作为劳动优化的目的，而被管理者只需要执行最

---

① 参见 Andrea Fumagalli, Alfonso Giuliani, Stefano Lucarelli and Carlo Vercellone, *Cognitive Capitalism*, *Welfare and Labour*, Oxon and New York: Routledge, 2019, pp.34-36.

② 参见 Andrea Fumagalli, Alfonso Giuliani, Stefano Lucarelli and Carlo Vercellone, *Cognitive Capitalism*, *Welfare and Labour*, Oxon and New York: Routledge, 2019, p.35.

③ 参见 Andrea Fumagalli, Alfonso Giuliani, Stefano Lucarelli and Carlo Vercellone, *Cognitive Capitalism*, *Welfare and Labour*, Oxon and New York: Routledge, 2019, p.35.

简单的直接劳动。① 在这种管理模式下，资本能够剥夺劳动者所有的自主与认知元素。因此，劳动是纯粹机械的、重复的和非个人的活动，完全服从纳入固定资本中的科学（机械系统）。泰勒制的管理模式为福特制的产生奠定了基础。与泰勒制相似，福特制也坚持体力劳动与脑力劳动的分工，设计人员负责设计，管理人员负责管理，工人则只需要提供直接劳动。

认知主义认为抽象劳动范畴的产生是直接的体力劳动（工业劳动）与知识劳动（认知劳动）分工的结果。在这种分工的前提下资本负责知识生产，工人则被迫从事简单的体力劳动，因此直接的体力劳动与知识劳动是泾渭分明并且是相互对立的。二者的相互对立表现为：直接的体力劳动是重复的，纯粹消耗人的体力，而认知劳动是创造性的，是智力相互合作的产物；直接的体力劳动用时间来衡量，认知劳动不可用时间来衡量；直接的体力劳动由资本支配并在生产过程中消耗，认知劳动则自行组织与协调；直接的体力劳动根据在固定资本或机器中物化的知识生产商品，认知劳动生产知识本身。② 以此为基础而理解的价值理论是直接体力劳动的价值理论。这种价值理论自然是缺失知识劳动维度的。

认知主义批判马克思价值理论的第二个背景是：当今资本主义发展中出现的劳动范式的转移，即"直接劳动"③（direct labour，西方学者也称其为执行劳动、工业劳动，其含义皆是简单的体力劳动或者物质劳动）范式与直接劳动时间范式的边缘化以及知识劳动范式的霸权性趋势。为了进一步分析当今资本主义发展中出现的劳动范式转移的主要内容及其所引发的思考，这里列举两个例子。

---

① 参见亨利·霍本：《资本主义劳动优化的历史：泰勒制、福特制和丰田主义》，程恩富、顾海良主编：《海派经济学》（2007卷第20辑），上海：上海财经大学出版社2007年版。
② 参见 Heesang Jeon, "Cognitive Capitalism or Cognition in Capitalism? A Critique of Cognitive Capitalism Theory", *Spectrum*: *Journal of Global Studies*, Vol.2, No.1, 2010.
③ 参见 Heesang Jeon, "Cognitive Capitalism or Cognition in Capitalism? A Critique of Cognitive Capitalism Theory", *Spectrum*: *Journal of Global Studies*, Vol.2, No.1, 2010.

第一，以近年来戴森电器的异军突起为例。戴森电器作为可供消费的商品，物化在其中的劳动实际上包含两部分：一部分是戴森公司设计、创新的劳动，例如发明无叶风扇、旋风分离式吸尘器等小家电的知识劳动；另外一部分是制造厂工人制造戴森电器时的物质劳动。戴森电器的价格虽然远超其他同种类电器的价格，但依然受到消费者追捧，显然并非由于制造工艺之繁琐，亦非包含更多的物质劳动，而是由于其中的科技含量较高，即包含了较多知识劳动的创新成果。今天科技与创新即知识劳动的力量在小家电的生产与消费中越来越具有举足轻重的作用。除此之外，如今大量的数码产品企业，例如华为、苹果等公司的成败越来越取决于知识创新，数码产品的科技含量与创新性成果的数量成为其是否受消费者喜爱的最主要指标，而生产这类商品的物质劳动也越来越被机器取代，基于此今天的企业类型也越来越由劳动密集型与技术密集型向知识密集型转移。

第二，以知识产品的生产为例。如果说家用电器与数码产品的生产中还包含着可见可感的物质劳动的印记，这些产品依然以物质化产品的形态出现，那么知识产品与信息产品的生产则几乎消除了物质劳动与物质化产品的印记。例如，微软公司的软件工程师、华为公司或者苹果公司的编程人员的知识型劳动，知识劳动的对象化产品也是非物质性的，如电脑软件、手机软件等。

之所以在举例子时依次提到家用电器、数码产品与知识产品（手机与电脑软件）是由于这三类产品可以依次反映今天资本主义生产中直接劳动范式（体力劳动）逐渐的边缘化与知识劳动的霸权性趋势。基于这种趋势许多西方学者对马克思的价值理论提出质疑。例如，新古典经济学理论就提出：在知识密集型部门中，生产商品需要花费的体力劳动时间极少，按照马克思的价值理论，知识产品的价值与价格应该接近于零。然而现实情况却是知识产品的价格远远高于它们的边际成本，因此价值理论在认知资本主义时期遭受危机,价值规律对于知识产品是无效的。① 奈格里也说过:"如今,正如马克思在《大纲》中所描述的那样,财富的来源越来越不依赖于工人的劳动时间及其数量,而是越来越取决于参与劳动过程的各种力量,例如,劳动者在劳动过程中直接参与的劳动,已经被科学和技术的具体应用和运作状态所取代。因此,以工人的直接劳动为生产核心要素的时代已经完结,以劳动时间来衡量剩余价值规律的时代也已经完结了。"②

二、认知主义的批判逻辑与知识经济理论的回应

基于上述两个背景,认知主义认为继商业资本主义、工业资本主义以后,资本主义发展进入新阶段——认知资本主义阶段。认知主义认为马克思的劳动价值论是关于直接劳动范式的价值理论,只适用于工业资本主义阶段。马克思的价值理论在认知资本主义阶段则遭受了全面的危机。认知主义对马克思价值理论的批判逻辑是用当今资本主义的新变化来攻击马克思的价值理论,而当今资本主义的新变化主要包括:劳动方式的转变、资本牟利方式的转变、资本剥削方式的转变等。

认知主义提出在工业资本主义时期,由于物质劳动者的活劳动必须同固定的厂房、机器相结合,因此工作时间表现为工作日的长度,而今天知识劳动者的认知劳动则突破了空间界限,一部电脑,甚至一部智能手机就可以满足认知劳动的需求,于是认知劳动突破了时间的界限,即工作日的界限,甚至是延续一生的。由于认知劳动突破了物质劳动的时空界限,因此马克思的抽象劳动时间作为衡量商品价值的尺度便遭遇了

---

① 参见 Heesang Jeon, "Cognitive Capitalism or Cognition in Capitalism? A Critique of Cognitive Capitalism Theory", *Spectrum: Journal of Global Studies*, Vol.2, No.1, 2010.

② 大卫·哈维、安东尼奥·奈格里、张一兵等:《马克思的〈大纲〉与当代资本主义——纪念马克思〈1857—1858 年经济学手稿〉160 周年》,载《南京大学学报》(哲学·人文科学·社会科学版),2018 年第 7 期。

危机。此外，认知主义提出在工业资本主义时期，在以泰勒制和福特制为典型的管理模式中，劳动者完全服从于资本家，劳动被纳入机器体系中。而在认知资本主义时期，则出现了认知劳动者的自治。所谓劳动者的自治指的是在认知资本主义的框架中，劳动者具有达成公司设立的目标的任务，企业通过激起知识劳动者的动机而达到目标，并使知识劳动者由于没有完成目标而感到羞耻。整个工作目标的实现都有一整套衡量的工具，用于衡量劳动者的价值，以及是否与公司的价值观相一致。[①] 知识劳动者的自治、劳动者之间的合作以及知识的共享则会产生一般智力。如此以来资本就退出了知识的生产与创新过程。资本对劳动失去控制并转而依赖知识工作者。

认知主义认为由于劳动方式的转移，引起了认知资本主义牟利方式的转移。在工业资本主义时期，物质商品主要由直接的体力劳动者生产，因此资本家的利润来源于物质劳动者的活劳动。到了认知资本主义时期，知识商品中包含的直接体力劳动越来越少，甚至接近于零，但是知识商品却很贵，那么它的价值是由什么决定的呢？认知资本主义理论认为该阶段价值的创造建立在将一般智力（general intellect）转化为私人积累的秘密过程。一般智力的产生是知识劳动者社会合作的结果，该过程是将个人的潜在的知识编码为社会知识的过程。社会知识本来是公开的和免费的，却被资本捕获，进而被转变为资本家的私有财产，这就是一般智力被转变为私有财产的过程。不仅如此，知识商品的价值还包含着它们的符号意义。[②] 因此，认知主义提出当今资本主义利润的源泉包括认知劳动者的知识劳动、知识劳动过程中产生的一般智力，以及通过广告与资本联姻，给予商品的符号价值。基于此认知主义指出马克思的价值决定论遭遇了全面的危机。

---

① 参见 Andrea Fumagalli, Alfonso Giuliani, Stefano Lucarelli and Carlo Vercellone, *Cognitive Capitalism, Welfare and Labour*, Oxon and New York: Routledge, 2019, p.48.

② 参见 Andrea Fumagalli, Alfonso Giuliani, Stefano Lucarelli and Carlo Vercellone, *Cognitive Capitalism, Welfare and Labour*, Oxon and New York: Routledge, 2019, pp.69-70.

由于上述两方面原因，即劳动方式的转移与资本牟利方式的转移，认知主义指出，资本剥削的方式也发生了转移。马克思的剩余价值理论揭示了工业资本主义剥削的秘密，即资本家无偿的占有了雇佣劳动者在生产过程中创造出的大于劳动力商品价值的价值，资本家无偿占有了雇佣劳动者创造的剩余价值。但是，当今资本主义的发展，资本剥削的方式不再是对生产过程内部产生的剩余价值的无偿占有，而是将认知劳动者集体创造的公开与免费的知识私有化与商品化，人为的制造知识商品的稀缺性。有学者称当今资本主义的剥削方式为认知资本主义的"圈地运动或原始积累"。认知主义的代表人物布当就曾指出自由合作的认知劳动会产生"积极的外部性"①，而资本通过捕获这些"积极的外部性"，并将其私有化与商品化，从而谋取高额利润，因此布当称认知资本主义社会为"花粉社会"。基于此，认知主义认为马克思的剩余价值（剥削理论）遭遇了全面的危机，甚至完全失效了。

综上所述，认知主义认为当今资本主义的发展进入了新阶段，即认知资本主义阶段。该阶段由于劳动方式的转变，即认知劳动突破了传统劳动方式的时空界限，于是马克思的抽象劳动时间作为价值衡量尺度遭遇了危机；由于知识商品的价格决定因素的转变，资本利润的源泉不再是物质劳动者的活劳动，而是认知劳动者在自治与合作过程中创造出的一般智力与积极的外部性；与之相应的，资本的剥削秘密也不再是无偿占有生产过程中雇佣劳动者创造的剩余价值，而是将本是公开与免费的一般智力与"积极的外部性"私有化与商品化，从而牟取高额利润。基于上述几方面原因认知主义判定马克思的价值理论已经完成过时，今天已不再需要马克思的价值理论。

---

① 参见 Yann Moulier Boutang, *Cognitive Capitalism*, translated by Ed Emery, Malden: Polity Press, 2011, p.21. 在布当的语境中，所谓"积极的外部性（positive externalities）"是指认知资本主义时期，由于数码化技术的运用与大脑间的超时空联合，产生了许多积极的外部性，例如信息的公开化以及软件的免费使用。这种积极的外部性促进普遍智力的发展与创新，这又反过来成为认知资本主义利润的主要来源。

知识经济理论十分恰当地将认知主义对马克思价值理论的批判总结为：由于劳动范式的转移，资本被视为越来越寄生，在生产过程中没有任何作用，而是通过私有化与商品化的方式侵占认知劳动创造的部分剩余产品（一般智力、"积极的外部性"），认知主义认为马克思的价值理论对于当代资本主义的认知劳动范式是理论真空，而认知主义为填补这种真空做出了巨大贡献。简言之，在当今资本主义发展中，直接劳动时间的边缘化被认知主义视为马克思价值理论死亡之标志。知识经济理论对认知主义的回应集中在认知主义误解了马克思的价值理论，知识经济理论主要从两个方面回应认知主义对马克思价值理论的批判：一方面，知识经济理论指出认知主义误读了马克思的"抽象劳动"范畴；另一方面，知识经济理论指出认知主义误解了"直接劳动"与"认知劳动"之间的关系。

知识经济理论指出认知主义将抽象劳动范畴理解为人的体能的耗费，理解为空无一物的心理学抽象。换句话说，非历史的抽象劳动被看作是特定的劳动分工前提下的一种价值实体，认知的作用被有意的从工人的劳动（体力劳动）中排除出去了。例如，哈特和奈格里就认为，所有性质不同的具体的工业劳动都是相等的或者是可公约的，因为它们都包含着一种共同的要素，即抽象劳动——劳动一般，而不考虑其具体形式的劳动。① 这种对抽象劳动的定义本身并没有错，但他们忽略了抽象劳动的社会与历史方面。知识经济理论认为对于马克思来说抽象劳动是一个社会的与历史的范畴。在《资本论》第一卷中，马克思称抽象劳动为"社会实体"（social substance），在第一章"资本"中马克思解释了抽象劳动作为社会实体是商品生产与交换的基础。因此，对于马克思来说商品并不是被同质化的人类体力劳动所生产的，而是将商品的生产与交换表达为特定历史阶段的人与人之间的社会关系。资本主义时期人与

---

① 参见 Michael Hardt, Antonio Negri, *Empire*, Cambridge, Ma: Harvard University Press, 2000, p.144.

人之间的关系表现为物与物的关系，并且是建立在人类劳动基础之上的。总之，抽象劳动范畴是社会的历史的产物，抽象劳动时间也一样。

基于上述分析，知识经济理论指出，在马克思的语境中直接劳动与知识劳动之间也不是泾渭分明、截然对立的，实际上马克思关于商品生产与价值生产的论述是建立在直接劳动与认知劳动的辩证统一的基础上的。知识经济理论指出，认知资本主义理论的主要错误是忽略从个别劳动时间向社会抽象劳动时间转化是一个社会过程，该过程是生产劳动的强化过程。生产劳动的强化包含两种方式：一种是在相同的时间内，增加劳动力的耗费，也就是增加劳动强度；另一种方式是由于在一个部门或者跨部门使用创造性的知识、技术等，从而使得在劳动时间不变，劳动强度亦不变的情况下生产更多的价值。前一种方式使得劳动变得更具生产力，而后一种方式则使得劳动变为复杂劳动。正如马克思所指出的那样，复杂劳动只能算作强化劳动，或者成倍的简单劳动。

知识经济理论进而指出即使是机器统治工人，但当工人将机器作为集体层面的生产工具而使用时，也会产生出无价值的知识。在此过程中工人即使只从事简单的劳动，这种工人集体劳动产生的知识也会以虚拟的方式强化劳动。因此，简单的物质劳动与知识劳动即使在物质商品的生产中也是密不可分的。知识劳动不仅被认为是生产使用价值所必需的，而且是价值生产的贡献者。在这里知识劳动与体力劳动之间的关系是辩证统一的，尽管它们的作用不同。虽然生产商品的劳动（生产过程中的体力劳动）直接创造价值，知识劳动不直接创造价值，但是知识劳动决定商品生产劳动生产价值的能力和效率。因此，对商品生产来说二者缺一不可，如果缺乏任意一方，价值生产都是不可能的。因此，以这种方式理解知识劳动的作用，即对生产过程中的体力劳动起虚拟强化作用，知识劳动可以被纳入到价值理论中，就不需要改变马克思价值理论的命题了。因此，认知主义关于马克思的价值理论由于直接劳动范式的边缘化而陷入危机的说法也是站不住脚的。

总之，知识经济理论对认知主义的批判是以反驳认知主义对马克思价值理论的批判为焦点的。知识经济理论揭示了认知主义对"抽象劳动"范畴的误解,并且表明马克思的"抽象劳动"范畴不是非历史的心理学抽象,而是社会的与历史的产物,知识经济理论的这一批判性分析对于澄清价值理论的含义是极为重要的。知识经济理论批判认知主义将直接的体力劳动与认知劳动对立起来,将马克思的价值理论降格为直接体力劳动的价值理论,在此基础上指出直接的体力劳动与认知劳动的辩证关系,并且指出认知劳动对于体力劳动的作用表现为用虚拟的方式强化体力劳动,因此直接的体力劳动与认知劳动在价值生产中缺一不可。这种批判是深刻的,对于回应当今批判马克思价值理论的种种声音也是有效的,但是也应该看出知识经济理论对认知主义的批判并不足以驳斥认知主义对马克思价值理论的批判逻辑。

三、马克思价值理论视阈中的认知劳动范式

只有回到马克思的经典原著《资本论》及其手稿中,才能运用马克思的价值理论去分析认知劳动范式并且摧毁认知主义的批判逻辑。马克思在《资本论》中提出:"商品中包含的劳动的这种二重性,是由我批判地证明的。这一点是理解政治经济学的枢纽。"① 马克思不仅证明了劳动的二重性,并且指出具体劳动创造商品的使用价值,抽象劳动创造商品的价值。具体劳动之间存在质的差别,而抽象劳动则只具有纯粹的量的差别,正是因为如此,抽象劳动量才能成为衡量商品价值量的尺度。那么问题是具体劳动是如何实现向抽象劳动的转化的呢?认知主义认为抽象劳动是非历史的、空无一物的心理学抽象,但正如知识经济理论所指出的那样这是一种误读,马克思的抽象劳动范畴实际上是社会—历史—经济发展的产物。

在《资本论》第一卷里,马克思说:"商品形式和它借以得到表现

---

① 《马克思恩格斯全集》第44卷,北京:人民出版社2001年版,第55页。

的劳动产品的价值关系，只是人们自己的一定的社会关系……"① 可见，马克思着重强调的是价值或抽象劳动中所体现的具体的社会关系，抽象劳动借以实现的社会历史过程。马克思进一步提出："劳动产品分裂为有用物和价值物，实际上只是发生在交换已经十分广泛和十分重要的时候，那时有用物是为了交换而生产的，因而物的价值性质还在物本身的生产中就被注意到了。从那时起，生产者的私人劳动真正取得了二重的社会性质。一方面，生产者的私人劳动必须作为一定的有用劳动来满足一定的社会需要，从而证明它是总劳动的一部分。另一方面，只有在每一种特殊的有用的私人劳动可以同任何另一种有用的私人劳动相交换而相等时，生产者的私人劳动才能满足生产者本人的多种需要。"② 从这段话中可以得出的结论是，抽象劳动只有在商品交换关系中，也就是我们现在所说的市场经济的交换关系中才能实现。抽象劳动的实现就是商品价值的确立，它只有在市场的交换过程中才能完成。不进入市场，劳动产品永远只有具体的使用价值。只有经过市场交换，这个具体的质、具体的使用价值，才会被转化为抽象的量，纯粹的量，或交换价值。也就是说，只有经过市场，具体劳动向抽象劳动的转化，抽象劳动向价值的转化才能实现。

只有明白了这一点才能摧毁认知主义批判马克思价值理论逻辑的重要一环。上文已经指出认知主义认为由于认知劳动范式突破了物质劳动范式的时空界限，因而认知劳动范式的劳动时间与劳动强度是无法被衡量的。由于认知劳动无法被衡量，所以马克思的抽象劳动时间作为衡量价值的尺度过时了。这里犯了双重的逻辑错误。首先，在劳动价值论中，无论物质劳动的对象化还是非物质劳动的对象化，商品价值量的衡量与确定都是由社会必要抽象劳动的量，而不是由单个具体劳动的量决定的。因此，认知劳动范式产生的生产时间与生活时间的混合，以及任

---

① 《马克思恩格斯全集》第 44 卷，北京：人民出版社 2001 年版，第 89—90 页。
② 《马克思恩格斯全集》第 44 卷，北京：人民出版社 2001 年版，第 90—91 页。

何具体的认知劳动的不可测量性（如认知劳动的脑力消耗、强度和时间等），在理论上都与马克思价值理论的正误毫无关系。其次，前面已经提到，从单个具体的认知劳动到抽象劳动的过渡，或对其中所包含的抽象劳动的量的确定，在市场条件下通过商品交换可以而且必定能完成。认知劳动和物质劳动一样，在当前的市场经济的历史条件下，其产品必然进入市场，因此包含在其产品（非物质商品）中的具体的非物质劳动的抽象劳动量，完全可以被测量。因此，在理解认知劳动时，马克思的价值理论依然是有效且正确的。

认知主义批判马克思价值理论逻辑的另外一环是由于劳动范式的转换，当代资本主义的源泉不再来源于物质劳动者的活劳动，而是来源于认知劳动者以网络为基础进行合作时产生的"一般智力"与"积极外部性"，这表明了马克思价值理论的失效。"一般智力"范畴出自马克思的《1857—1858年经济学手稿》，在马克思的语境中"一般智力"具有双重含义：首先，"一般智力"不是单个人智力的简单相加，它是社会发展与积累起来的总体智慧，这一过程实际上是将许多人的个人智力编码为社会总体智慧的过程；其次，"一般智力"体现在固定资本即机器上，它是活劳动的前提。同时，需要特别强调的是，就如知识经济理论所指出的那样马克思所说的活劳动不仅是单个人的物质劳动与知识劳动，它还包括工人之间合作劳动的发挥。基于此，我们可以发现"一般智力"本身并不能创造价值，它只作为活劳动创造价值的前提而存在，如果没有活劳动操作机器，那么固化在机器中的一般智力将不起任何作用。认知主义所谓的"积极的外部性"也不是真的处于生产过程之外，它作为劳动者合作的产物，本身就在马克思"活劳动"概念的视野之中。对此，认知主义也许会反驳，他们所说的"一般智力"不是固化在机器中的集体智慧，而是认知劳动者在合作过程中或者在使用网络时产生的源源不断的集体智慧，正是这种动态生成的积极智慧生产新的价值。然而，只要在商品价值的形成过程有活劳动的参与，活劳动就仍然是创造价值的唯一源泉。

认知主义批判马克思价值理论的最后一个环节是当代资本主义剥削的秘密不再是对生产过程中的活劳动创造的剩余价值的剥削，而是对认知劳动者产生的"一般智力"与"积极外部性"剥削。剥削的方式是将免费的、公开的知识私有化与商品化，并因此称认知资本主义的剥削方式为"新的圈地运动"。"圈地运动"一词出自《资本论》第一卷，在马克思的语境中，圈地运动是资本的原始积累，而所谓原始积累就是为资本主义的生产以及在生产中的剥削积累第一桶金，资本剥削的秘密依然是无偿占有了劳动者在生产过程中创造的剩余价值。上文的分析已经表明，无论是物质劳动还是非物质劳动，劳动者的活劳动依然是价值的唯一源泉。同理，剩余价值理论依然是揭示当今资本主义剥削秘密的唯一正确的理论。

（作者马丽娟系复旦大学哲学博士，江苏师范大学马克思主义学院讲师；研究方向为马克思主义政治经济学与历史唯物主义）

四

发展理论

论全面建成小康社会的发展逻辑*

曹典顺　邵逸非

[摘　要] 全面建成小康社会是社会主义现代化的重要环节，是建设社会主义必须完成的历史任务。坚持人民主体地位是马克思主义历史观的根本内容，也是习近平新时代中国特色社会主义思想始终贯彻的重要基本准则。全面建成小康社会就是要实现人民幸福，与坚持中国道路的目标具有一致性，也就是说，全面建成小康社会对走好中国道路具有必然性。全面建成小康社会是实现中华民族伟大复兴中国梦的第一个百年发展战略，集中体现了中国人民和中华民族的价值体认和价值追求。中国价值是中国人民在新的历史方位下所秉承的价值理念，根植于党和国家的伟大实践之中，即全面建成小康社会是践行中国价值的必由之路。

[关键词] 全面建成小康社会　发展逻辑　中国价值

满足人民对美好生活的向往是党和国家的奋斗目标①，全面建成小康社会是第一个"百年目标"，对中国特色社会主义事业发展具有必要

---

* 基金项目：国家社会科学基金重大项目"改革开放以来中国特色社会主义的发展逻辑研究"（17ZDA003）的阶段性成果。

① 《习近平谈治国理政》第一卷，北京：外文出版社2018年版，第3页。

意义。全面建成小康社会的发展逻辑应该体现其必要性，或者说，全面建成小康社会的发展逻辑构建应该立足和彰显其必要性。小康社会是社会主义社会，始终把握社会主义的本质、原则，彰显社会主义的优越性，即全面建成小康社会是建设社会主义的必由之路。小康社会是全体人民群众的社会，经济建设、政治建设、文化建设以及社会和生态文明建设无一不以人民为中心，即全面建成小康社会是贯彻人民主体地位的必由之路。全面建成小康社会与中国道路具有目标一致性，这种目标一致性就决定了全面建成小康社会是中国道路的必然选择、旨趣体现、道路逻辑和重要节点，即全面建成小康社会是坚持中国道路的必由之路。中国之"治"必然要彰显中国价值，全面建成小康社会具有中国价值的气质，即全面建成小康社会是践行中国价值的必由之路。

一、全面建成小康社会是建设社会主义的必由之路

全面建成小康社会是社会主义现代化的重要环节，是建设社会主义必须完成的历史任务。马克思认为，"在资本主义社会与共产主义社会之间，有一个从前者变为后者的转变时期"[1]，即社会主义时期。相较于共产主义社会，社会主义社会的生产力还不够发达，人的全面发展也尚未完全实现，而建设社会主义的最终目的在于实现共产主义，所以需要加强社会主义现代化建设。习近平立足于中国社会主义建设的实践经验，指出，"从全面建成小康社会到基本实现现代化，再到全面建成社会主义现代化强国，是新时代中国特色社会主义发展的战略安排"[2]。由此可见，全面建成小康社会与社会主义现代化建设具有时间上的顺承关系，即全面建成小康社会既是社会主义现代化建设的重要战略任务，也是社会主义现代化建设的关键一步。第一，全面建成小康社会作为社

---

[1]《马克思恩格斯全集》第25卷，北京：人民出版社2001年版，第28页。
[2]《习近平谈治国理政》第三卷，北京：外文出版社2020年版，第23页。

主义现代化建设的阶段性目标，蕴含着对社会主义现代化建设进程的充分认识与准确把握。第二，全面建成小康社会以推动经济发展，保障民生作为主要内容，蕴含着对社会主义现代化的合理定位，即社会主义现代化是与资本主义现代化相区别的。第三，全面建成小康社会为社会主义现代化建设奠定了坚实的基础，使全社会能够集中力量投身于社会主义现代化建设事业中。

全面建成小康社会体现了对社会主义本质的深刻把握，是建设社会主义的科学方案。"社会主义是一个很好的名词，但是如果搞不好，不能正确理解，不能采取正确的政策，那么就体现不出社会主义的本质"①，即要想建设好社会主义，应该采取能够真正体现出社会主义本质的政策。就社会主义的本质而言，贫穷不是社会主义，社会主义以实现共同富裕为最终目的。马克思认为，"在极端贫困的情况下，必须重新开始争取必需品的斗争，全部陈腐污浊的东西又要死灰复燃"②。因此，建设好社会主义指的是建设"发达的、生产力发展的、使国家富强的社会主义"，而非"贫穷的社会主义"③。从主体维度看，全面建成小康社会涵盖主体全面，既包含城市居民，也包含农村居民；既包含发达地区的人民，也包含欠发达地区的人民，即全面建成小康社会能够深入社会主义建设的每一个角落。从目标维度来看，全面建成小康社会以不断提高人民的生活水平与生活质量作为根本目标，与社会主义实现人民共同富裕的目标相一致。从价值维度来看，全面建成小康社会以人民群众作为出发点和立足点，以人民过上幸福美好富足的生活作为价值追求，与社会主义的本质具有一致性。

全面建成小康社会始终坚持科学社会主义基本原则，体现了建设社会主义的根本要求。科学社会主义基本原则是社会主义的根基所在，即一切社会主义建设事业必须以遵循科学社会主义基本原则作为首要前

---

① 《邓小平文选》第二卷，北京：人民出版社1994年版，第313页。
② 《马克思恩格斯选集》第2卷，北京：人民出版社2012年版，第166页。
③ 《邓小平文选》第二卷，北京：人民出版社1994年版，第231页。

提。如果脱离了科学社会主义基本原则，社会主义建设就容易走向歧路，从而背离社会主义的本质。对此，习近平在纪念马克思诞辰200周年大会讲话中明确指出，"科学社会主义基本原则不能丢，丢了就不是社会主义"①。全面建成小康社会的第一原则就是科学社会主义原则，或者说，全面建成小康社会的提出就是坚持科学社会主义原则的结果。其一，全面建成小康社会坚持科学性与实践性相统一的方法论原则，体现了科学社会主义的基本特征。其二，全面建成小康社会以实现人的全面发展作为主要内容贯彻始终，体现了社会主义的本质属性。其三，全面建成小康社会以构建社会主义和谐社会作为社会理想，体现了科学社会主义的价值诉求。全面建成小康社会对科学社会主义原则的坚持表明，全面建成小康社会不仅关系到建设社会主义的初心与使命，更关系到社会主义存在的合理性。可以说，只有以全面建成小康社会作为建设社会主义的奋斗目标，才能保证社会主义不丢失，才能真正建设好社会主义。

全面建成小康社会彰显社会主义的优越性，能够增强人民对社会主义的自信心与自豪感。人民是社会历史的创造者，更是社会建设的主体。社会主义制度要想一直实现下去，就必须获得人民的认可，得到人民的支持。邓小平指出，"我们社会主义国家，社会主义制度优越性的根本表现，就是能够允许社会生产力以旧社会所没有的速度发展，使人民不断增长的物质文化需求能够逐步得到满足"②。全面建成小康社会以人民的利益为根本，充分体现了发展为了人民，发展依靠人民，发展成果与人民共享的发展原则，是人民幸福感的重要来源。第一，全面建成小康社会转变经济发展方式，以实现经济又好又快发展作为经济建设目标，能够带动经济增长，加快社会生产力的发展速度。第二，全面建成小康社会扩大社会主义民主，以实现社会公平作为政治建设目标，能够

---

① 《习近平谈治国理政》第三卷，北京：人民出版社2020年版，第76页。
② 《邓小平文选》第二卷，北京：人民出版社1994年版，第128页。

最大程度地保障民生，维护人民的合法权益。第三，全面建成小康社会以发展社会主义文化，提高全民素质作为文化建设目标，能够满足人民的精神文化需求，提升全社会的思想道德水平。第四，全面建成小康社会以发展社会事业，改善人民生活水平作为社会建设目标，有利于构建社会主义和谐社会，为人民营造良好生活环境。第五，全面建成小康社会以建设生态文明，实现可持续发展作为生态文明建设目标，能够改善生态环境质量，提高人民的幸福感。

二、全面建成小康社会是贯彻人民主体地位的必由之路

坚持人民主体地位既是马克思主义历史观的根本内容，也是习近平新时代中国特色社会主义思想始终贯彻的重要基本准则。党的十八大以来，以习近平同志为核心的党中央坚持以人民为中心，提出了全面建成小康社会。全面建成小康社会是中国现代化进程当中重要的阶段性目标，同时，新时代的小康社会是改革发展结果真正惠及人民，经济、政治、文化、生态文明全面发展的小康社会。全面建成小康社会也是贯彻人民主体地位的必由之路。在经济建设方面，全面建成小康社会大力发展先进生产力，推动经济持续健康发展，为实现人民群众自由发展提供坚实的物质基础。经济建设既是全面建成小康社会的重要环节，也是坚持人民主体地位的根本保证。实现共同富裕是建成小康社会的目标与内在属性。共同富裕是消灭贫困落后，使全体人民都过上富裕的生活，这也充分体现了坚持以人民为中心的人民主体思想，一切发展为了人民，发展的成果由人民共享，一个都不掉队地摆脱贫困。

在政治建设方面，全面建成小康社会突出社会主义民主政治制度建设，落实依法治国的基本方略并进行制度创新，为人的全面发展营造良好的政治环境与自由和谐的社会氛围。改革开放四十多年来，伴随政治体制改革不断推进，社会主义法治制度与人民民主制度逐步完善，人民

的核心地位也不断突出。全面建成小康社会要求在民主制度方面实现新发展，健全人民民主制度，建成法治政府，提升司法的公信力，保障人民的权利。全面建成小康社会作为"中国式现代化"的重要阶段性目标，在政治上建设社会主义民主制度是必然要求，同时也是实现人民当家作主的重要途径，比起西方现代化，全面建成小康社会所要求的民主制度建设更加健全，真正实现了贯彻人民主体的基本要求。

在文化建设方面，全面建成小康社会要求建设社会主义核心价值体系，践行社会主义核心价值观，弘扬和培育民族精神，培养共同理想，为人民群众的自由全面发展提供精神支撑与文化保证。社会的发展不仅需要物质，也需要文化。全面建成小康社会需要有社会主义核心价值观作为精神支撑。社会主义核心价值观既是对社会主义制度基本价值追求的反映，也是对中华传统优秀文化的继承与弘扬，更是人民群众对美好生活向往的载体。社会主义核心价值观既是将各民族紧紧联系在一起的思想纽带，也是国家的思想道德基础。"如果没有共同的核心价值观，一个民族、一个国家就会魂无定所、行无依归"①。在促进文化发展、社会繁荣的过程中，社会主义核心价值观发挥着巨大的作用，同时也潜移默化地影响着人民的思想与行为。此外，弘扬中华传统优秀文化也是文化建设的重要环节。在新时代背景下，通过对优秀传统文化进行吸收与借鉴，根据其具有深厚的历史性与鲜明的时代性的特点，进行创造性发展，适应现代社会的发展要求，巩固全面建成小康社会的文化根基，满足人民群众对美好生活的需要与发展要求。

在社会与生态文明建设方面，全面建成小康社会提出大力发展社会事业与生态文明建设，改善人民的生活水平，为人民的发展提供更加广阔的空间，创造更加良好的条件。社会建设旨在通过发展社会生产力提高人民的物质与精神生活水平，真正实现人民对美好生活的向往。社会

---

① 中央宣传部：《习近平总书记在文艺工作座谈会上的重要讲话学习读本》，北京：学习出版社2015年版，第19页。

建设的重要环节是社会治理，它既是社会建设的主要任务，也是全面建成小康社会的重要一环。新时代面临新问题，解决问题务必坚持中国共产党的领导，将全体人民利益作为出发点和落脚点，创新治理方案，提升治理能力，实现从传统模式到现代化模式的社会化管理飞跃。生态建设是评判小康社会建设是否全面的关键环节，遵循马克思主义的生态观，即"所谓人的肉体生活和精神生活同自然界相联系，不外是说自然界同自身相联系，因为人是自然界的一部分"①。提倡人与自然应休戚与共、和谐相处。过去因为经济迅速发展而造成的环境污染、生态破坏不符合全面建成小康社会的要求。因此，树立生态文明建设的观念、坚定不移地贯彻绿色发展理念同时付诸实践，倡导绿色消费才是全面建成小康社会生态文明建设的重点所在。

三、全面建成小康社会是坚持中国道路的必由之路

中国特色社会主义道路是使国家富强、人民富裕的道路，走好中国道路就必须要满足人民需求，提升人民生活质量。全面建成小康社会就是要实现人民幸福，与坚持中国道路的目标具有一致性，也就是说，全面建成小康社会对走好中国道路具有必然性。所谓必然性，就是指全面建成小康社会是中国道路的必然选择、旨趣体现、道路逻辑和重要节点。中国道路是具有中国特色的发展道路，全面建成小康社会无论是从提出还是战略制定过程看，都始终立足于中国道路的建设经验和中国实际国情。也就是说，全面建成小康社会符合中国国情，是中国道路的必然选择。从提出看，全面建成小康社会的提出是"按照中国的情况来办"②的。党的十八大依据国际国内发展的新形势，在吸收总结中国道路发展经验和把握中国特色社会主义事业总体布局的基础上提出了全面

---

① 《马克思恩格斯文集》第1卷，北京：人民出版社2009年版，第161页。
② 《邓小平文选》第三卷，北京：人民出版社2009年版，第3页。

建成小康社会的目标,这一目标"更具明确政策导向、更加针对发展难题、更好顺应人民意愿的新要求"①,并且与全面建设小康社会的阶段性目标相衔接。从实施过程看,为实现全面建成小康社会战略目标制定的战略举措是以中国发展的实际问题为导向的,即以中国国情为基础。党和国家深入考察社会发展现状,分析发展问题,整体上协调城市与乡村发展关系、各民族发展关系、农业工业发展关系等问题,针对发展突出问题,提出打好防范化解重大风险、精准脱贫、污染防治三大攻坚战,这些战略举措为走好中国道路奠定制度基础。

中国道路的发展以人民幸福为目标旨趣,不断提高人民生活质量和水平是全面建成小康社会的根本目的,这就表明,全面建成小康社会实质上是实现人民共同富裕的道路,是中国道路的旨趣体现。实现"人民共同富裕"的道路有两层内涵:第一,全面建成小康社会为了人民。让人民过上好日子是党和国家一切工作的出发点和落脚点②,全面建成小康社会始终把民生问题放在首位,制定的各项战略举措迎合人民日益增长的美好生活需要,给予人民持久、更高的获得感、幸福感和安全感,这既是全面建成小康社会的目标,也是党和国家对人民群众的承诺。第二,全面建成小康社会是共同富裕的社会,或者说,全面建成小康社会的"全面性"也体现在发展成果惠及的普遍性。"全面建成小康社会,一个也不能少;共同富裕路上,一个也不能掉队"③,这体现了小康社会是全体人民的小康社会,全面建成小康社会要解决的问题是发展不平衡不充分的问题,要维护社会的公平正义,彰显中国道路共同富裕的意蕴。

从中国道路整体发展历程看,全面建成小康社会具有承上启下的历

---

① 参见《习近平在十八届中共中央政治局第一次集体学习时讲话》,中国政府网,http://www.gov.cn/ldhd/2012-11/19/content_2269332.htm。
② 中共中央宣传部:《习近平总书记系列重要讲话读本》,北京:学习出版社2014年版,第109页。
③ 《习近平谈治国理政》第三卷,北京:外文出版社2020年版,第66页。

史意义，或者说，全面建成小康社会是中国道路发展中的重要节点。所谓承上启下的历史意义，就是指全面建成小康社会既是对以往中国道路发展经验的科学性总结，又标志着中国道路新的开端，这就意味着全面建成小康社会不仅对构建中国道路具有必要性，而且对开启中国道路新篇章具有必要性。"全面建成小康社会是我们现阶段战略目标，也是实现中华民族伟大复兴中国梦关键一步"[1]，全面建成小康社会也为社会主义现代化建设提供新的起点。冲刺全面建成小康社会"最后一公里"与乘胜开启全面建设社会主义现代化国家新征程相衔接，全面建成小康社会是"两个一百年"奋斗目标的要求，实现全面建成小康社会，党和国家转而集中精力投入建成富强、民主、文明、和谐、美丽的社会主义现代化强国目标之中。总之，全面建成小康社会对中国道路而言具有里程碑意义，是中国道路的发展成果，这种承上启下的历史意义决定了全面建成小康社会是中国道路的必由之路。

四、全面建成小康社会是践行中国价值的必由之路

全面建成小康社会是实现中华民族伟大复兴中国梦的发展战略，集中体现了"中国人民和中华民族的价值体认和价值追求"[2]。中国价值是中国人民在新的历史方位下所秉承的价值理念，根植于党和国家的伟大实践之中，即全面建成小康社会是践行中国价值的必由之路。小康社会其根本价值理念首先要实现经济和生活的富足，即实现人民共同富裕。小康状态是一个摆脱贫穷落后面貌，使人民生活水平比较富裕的"小康之家"[3]。从"小康之家"的提出，到全面建设小康社会，再到全面建成小康社会，体现出共同富裕价值理念在中国大地上的勃勃生机。不仅如此，社会主义的本质要求决定着全面建成小康社会必须实现人民共同

---

[1] 《习近平谈治国理政》第二卷，北京：外文出版社 2017 年版，第 26 页。
[2] 《习近平谈治国理政》第一卷，北京：外文出版社 2018 年版，第 161 页。
[3] 《邓小平文选》第二卷，北京：人民出版社 1994 年版，第 237—238 页。

富裕。贫穷不是社会主义，一部分人、一部分地区富裕也不是社会主义，全面小康社会必须是共同富裕的社会主义。马克思指出，在共产主义制度下，"生产将以所有的人富裕为目的"①。新时代下，中国共产党庄严承诺坚决打赢脱贫攻坚战，开辟出以中国价值为引领、具有中国特色的扶贫道路，确保中国人民一道迈入全面小康社会。

全面建成小康社会具有鲜明的中国价值特征，即人民、民族、国家利益相统一的价值追求。实现全面建成小康社会，"意味着每一个人都能在为中国梦的奋斗中实现自己的梦想，意味着中华民族团结奋斗的最大公约数，意味着中华民族为人类和平与发展作出更大贡献的真诚意愿"②。小康社会的社会理想根植于中国几千年历史之中，实现全面小康是人民对美好生活的强烈诉求。就中国共产党的根本宗旨理解，人民至上的价值目标和价值取向是中国共产党始终如一的执政理念。新时代下的小康社会是国家富强、民族振兴、人民幸福的繁荣社会。离开民族振兴、人民幸福的国家富强是纸上谈兵，离开国家富强、民族振兴的人民幸福是黄粱美梦，离开国家富强、人民幸福的民族振兴更是天方夜谭。全面建成小康社会紧紧围绕人民、民族、国家利益相统一的价值理念，不断全面深化改革，实现物质文化向更高水平发展。

全面建成小康社会是物质文明与精神文明共同发展、相互促进的结果。就精神文明理解，文化的影响力蕴含着价值观念的影响力，践行中国价值就是培育和弘扬社会主义核心价值观，以中国精神为动力，以中国力量为保障，不断将全面建成小康社会的成果惠及人民。"一个国家的文化软实力，从根本上说，取决于其核心价值观的生命力、凝聚力、感召力"③。社会主义核心价值观的生命力根源于绵延千年的中华文明，中华优秀传统文化深深影响着中国人的价值理念、行为方式。社会主义核心价值观的凝聚力根源于以爱国主义为核心的民族精神和以改革创新

---

① 《马克思恩格斯选集》第2卷，北京：人民出版社2012年版，第787页。
② 《习近平谈治国理政》第一卷，北京：外文出版社2018年版，第161页。
③ 《习近平谈治国理政》第一卷，北京：外文出版社2018年版，第163页。

为核心的时代精神。爱国主义是中华民族最深层、最根本、最永恒的价值观念，是各民族团结统一、共同奋斗的精神基因。改革创新是中华儿女与时俱进的自身素质和根本精神，激励着一代又一代为祖国繁荣不懈奋斗。社会主义核心价值观的感召力根源于中国价值彰显出的责任感与影响力。新的历史阶段下，自觉践行社会主义核心价值观，全体人民共同努力，通过持之以恒的奋斗实现全面建成小康社会的第一个百年目标，将中国价值转变为现实力量。

全面建成小康社会是新时代中国构建人类命运共同体的重要环节，最大限度地实现社会主义的公平与正义，符合世界各国人民的价值取向，是中国价值与全人类共同价值相统一的集中体现。全面小康的世界历史意义就在于谋求本国发展时兼顾世界各国共同发展，秉持中国同世界命运与共的价值理念。只有讲好中国故事，才能进一步践行中国价值。也就是说，只有实现全面建成小康社会，才能进一步把世界各国人民对美好生活的向往变成现实。中国发展离不开世界发展潮流，中国也只有置身于世界历史之中才能实现共产主义的最终目标。正如马克思所指出，"无产阶级只有在世界历史意义上才能存在，就像它的事业——共产主义一般只有作为'世界历史性的'存在才有可能实现一样"[①]。总之，全面建成小康社会过程中彰显出新时代中国特色社会主义思想的中国价值，从根本上巩固全党全国人民共同奋斗的思想基础。

（作者曹典顺系江苏师范大学马克思主义学院院长，江苏师范大学哲学范式研究院院长、教授，哈尔滨师范大学博士生导师；主要研究方向为哲学基础理论、马克思主义文本文献学、社会哲学、文艺哲学。作者邵逸非系江苏师范大学马克思主义学院哲学系研究生，主要研究方向为马克思主义哲学）

---

① 《马克思恩格斯选集》第 1 卷，北京：人民出版社 2012 年版，第 166—167 页。

"以人民为中心"：唯物史观出场逻辑的当代传承与具体化运用

孙 琳

[摘 要] 习近平新时代中国特色社会主义思想以"人民为中心"的发展理念是对马克思"人民"思想的当代传承，这一传承有着科学的逻辑体系即唯物史观的历史辩证法。以出场学视域来看，历史辩证法由出场语境、出场主体和出场动力共同构成具有出场目标的出场逻辑。出场语境通过对社会生产力、社会关系总和和社会主要矛盾三个环节，准确定位人民出场的历史方位。出场主体通过对实践主体、自由主体和总体主体的三个向度论证历史的唯一出场者是人民。出场动力则是置身于出场语境的出场主体的出场实践：以人民"奋斗"提高社会生产力；以生产力发展解决人民日益增长的美好生活"需要"，进而解决社会主要矛盾；以人民的"解放"造就新的社会关系总和，进而实现在现实性上的人的本质。这三个层次环环相扣地体现了由出场语境、出场主体、出场动力构成的具有出场目标的唯物史观出场逻辑。"人民"在古老的中华大地上正焕发出勃勃生机。

[关键词] 以人民为中心 出场语境 出场主体 出场动力 出场逻辑

在《习近平谈治国理政》第三卷中,"坚持以人民为中心"作为单独一章呈现。"始终把人民放在心中最高位置"①,指明"以人民为中心"是我党为之奋斗的目标,是党和国家治国理政的根本立场和宗旨。以"人民为中心"的发展思想是对马克思"人民"思想的当代传承,厘清这一传承的逻辑关系尤为必要。它有助于透视马克思唯物史观的"人民"思想与中国实际相结合的出场语境,有助于把握"当时"与"当代"的人民的出场主体异同,有利于理解新时代"以人民为中心"的出场动力及其科学要义。以出场学为视角,这一传承逻辑在于通过历史的出场语境、出场主体、出场动力来实现历史的伟大出场目标,同时成为马克思唯物史观及其历史性的辩证法在当代具体化运用的科学逻辑。这意味着要辩证地考察"当时"与"当代"的"人民"思想的贯通及变化,论证"以人民为中心"在当代出场的必然性。

一、出场语境:准确定位"人民"的历史方位

马克思的"人民"思想贯穿于其思想始终,他终其一生为全世界人民的幸福生活而奋斗。唯物史观的理论架构首先必须分析人民置身于其中的"社会存在"场域,这是关于人民的出场语境的问题,其中包括三个环节:社会生产力、社会主要矛盾和社会关系总和。据此准确定位"人民"在新时代场域的客观变化和新历史方位。社会生产力是重中之重,社会关系总和决定了人的本质和人类社会的本质,社会主要矛盾是时代问题的表征。社会生产力的发展决定了社会关系的总和,社会关系的总和又决定了社会主要矛盾的变化;社会主要矛盾的变化反作用于社会关系的总和,社会关系的总和又反过来影响社会生产力的发展,三者是辩证统一的关系。以对"社会存在"场域即出场语境的准确把握,准

---

① 《习近平谈治国理政》(第三卷),北京:外文出版社2020年版,第107、111、141页。

确定位历史坐标和历史方位,追寻全世界人民历史发展的目标方向。新时代"以人民为中心"立场依然需要通过出场语境这三个环节的精确解析,才能透视人民的出场主体特征,根据场域特征完成有机的出场实践(出场动力),实现人民的美好梦想。关于"人民"的历史的客观性质,我们一方面要准确分析这三个环节的各自内涵,另一方面要精确把握三个步骤从马克思的"当时"到新时代的"当代"的内涵变化。

(1)内涵。历史如何先行在场,规定主体的出场语境?社会生产力是发展的第一要务,是置身性的历史实践的活动能力的指征,是决定生产关系、社会关系的基础,是社会主要矛盾的具体现实根源,也是人民客观性三部曲中最根本和最重要的方面。

首先,社会生产力是置身性的历史实践的活动能力的指征,决定着人类社会发展的历史阶段和社会发展水平。马克思在《德意志意识形态》中指出:"一定的生产方式或一定的工业阶段始终是与一定的共同活动方式或一定的社会阶段联系着的,而这种共同活动方式本身就是'生产力'。由此可见,人们所达到的生产力的总和决定着社会状况,因而,始终必须把'人类的历史'同工业和交换的历史联系起来研究和探讨。"① 因此,社会生产力是置身性的社会化活动,人类社会从原始社会、奴隶社会,发展到封建社会、资本主义社会,不同的历史阶段由社会化的共同活动方式即社会生产力的总和决定。无疑,在马克思的时代,资本主义社会是人类社会发展的最高阶段,其生产力水平也是最先进和最发达的阶段。

其次,社会生产力是调整生产关系、交往关系、社会关系总和的基础。社会生产力是全体人类社会的共同活动的能力,是置身性的人的活劳动的能力。在生产中,人们形成了生产关系,由生产关系形成各种交

---

① 《马克思恩格斯文集》(第一卷),北京:人民出版社2009年版,第532—533页。

往关系，再由各种交往关系形成社会关系总体。① 在资本主义社会中，活劳动一方面创造财富，一方面创造异化—物化的社会关系。由于人的本质在其现实性上是一切社会关系的总和，因此资本主义社会的社会关系的异化—物化必然带来人的本质的异化—物化。资本的现代化生产越是发达，人的社会关系和人的本质就越是异化。人的本质的异化—物化又决定了上层建筑及社会意识的异化—物化。马克思指出："如果这种理论、神学、哲学、道德等等同现存的关系发生矛盾，那么，这仅仅是因为现存的社会关系同现存的生产力发生了矛盾。"② 这种矛盾的张力催生着社会关系的总和之变革，以适应生产力发展水平。

最后，社会生产力是社会主要矛盾的现实根源。资本主义的社会现实证明，生产力的发展未必能带来人类和平和人民幸福，新的社会关系的构建是历史必然，这种新的社会关系意味着自由而联合起来的个人对生产力的全部占有，以及形成新文明类型。社会生产力的发展反而带来了私有制和社会关系及人的本质的"异化—物化"，这是资本主义社会矛盾无法根除的弊端。人类社会的史前史书写了一部阶级压迫史。生产力落后的公有制的原始社会不是我们需要的人类社会，充满阶级矛盾的生产力的社会化大发展的资本主义社会也同样不是我们需要的人类社会。真正的人类社会应该具有这样的社会生产力及其社会关系："劳动向自主活动的转化，同过去受制约的交往向个人本身的交往的转化，也是相互适应的。随着联合起来的个人对全部生产力的占有，私有制也就终结了。"③

（2）变化。无论是社会生产力，还是社会主要矛盾，抑或是社会关

---

① 生产活动形成生产关系，通过生产关系进一步形成包括生产和生活、经济基础与上层建筑在内的普遍交往关系，普遍交往关系的总和就是社会关系的总和，其现实性构成了人的本质。因此，三个概念之间是层层递进的逻辑展开。关于生产力与交往关系，请参见《马克思恩格斯文集》（第一卷），第574、575页。关于生产力与社会关系，请参见《马克思恩格斯文集》（第一卷），北京：人民出版社2009年版，第532、602、603、608页。
② 《马克思恩格斯文集》（第一卷），北京：人民出版社2009年版，第534—535页。
③ 《马克思恩格斯文集》（第一卷），北京：人民出版社2009年版，第582页。

系的总和，马克思的"当时"与新时代的"当代"都产生了深刻的变化。厘清此变化，方能找到"人民"在新时代的历史坐标。

第一，社会生产力的发展变化。马克思"当时"的社会生产力是工业革命1.0与2.0时代，资本现代性处于自由竞争阶段向私人垄断过渡的阶段。劳动工具是能够支撑社会化大生产的机器，活劳动成为死机器的附庸，通过压榨工人的绝对剩余劳动时间实现更多的剩余价值产出。"当代"已是工业革命4.0时代，经过蒸汽机（1.0）、电气化（2.0）、计算机（3.0）的三次工业革命的生产力积累，当代产业革命以"互联网+"等新技术革命为标志的新时代。生产力革命带来了劳动的形式与性质的一系列骤变：从物质劳动到非物质劳动的骤变，从第一产业、第二产业到第三产业的骤变，从人力劳动到人工智能劳动的骤变等。社会生产力的发展变化要求发展出与其相适应的上层建筑，调整出与其相适应的生产关系，创造出人民日益增长的美好生活的新需要。因此，社会生产力的发展导致了社会主要矛盾的变化。

第二，社会关系总和的确定。新时代的社会关系总和是指由历史社会现实的对象化劳动造就的"人民"内部的社会关系。马克思"当时"的社会关系总和是"物化"的劳资关系总和，构成社会关系总和的一是生产关系即劳资关系，二是交往关系即"一切人反对一切人"的对抗性的阶级斗争关系，深度体现出资本社会的血淋淋的阶级剥削和物化—异化的社会关系。但是，在新时代中国，"当代"的社会关系总和是人民内部的社会关系总和。这不再是阶级斗争关系，而是"以人民为中心"凝聚起来的中华民族的奋斗关系，是具有新时代特色的每一个人自由发展的生产关系、交往关系及由生产关系和交往关系构成的社会关系总和。

第三，社会主要矛盾的变化。无论是马克思的"当时"，还是新时代的"当代"，尽管都向着走共产主义道路前进，但是与马克思"当时"资本主义社会不可调和的阶级矛盾不同的是，"当代"只有"人民"内部的矛盾。新中国的建立，使矛盾发生了根本变化，这是中国特色社主义最根本的客观矛盾,"人民"内部的非对抗性矛盾体现了与资本主义对抗性矛盾的本质不同。但是"人民"内部的矛盾并非一成不变,它随着生产力的发展而变化:从新中国建立初期在党的八大上提出来的"人民对于建立先进的工业国的要求同落后的农业国的现实之间的矛盾",到十一届六中全会提出的"人民日益增长的物质文化需要同落后的社会生产之间的矛盾",再到十九大提出的"人民日益增长的美好生活需要和不平衡不充分的发展之间的矛盾",社会主要矛盾的变化一方面体现了社会生产力的提高对社会主要矛盾的影响,另一方面体现了社会主要矛盾在"人民"内部展开,紧紧围绕不同时代"人民"的不同需要发生发展。无论如何,是社会生产力决定了"人民"的历史方位,决定了"人民"的主体需求。

第四,确定历史坐标的三者的辩证关系。社会生产力、社会关系总和和社会主要矛盾交织出"人民"的历史坐标来判断。作为阅卷人的"人民"幸福不幸福、满意不满意,同样不能离开时代场域和历史坐标。"社会生产力"的发展决定了"社会关系总和"的性质,也决定了人的本质;"社会生产力"的变化决定"社会主要矛盾"的变化;"社会关系总和"能反作用于社会生产力,体现出自由发展的人的本质的社会关系的总和对生产力的发展的积极的推动作用,反之,体现出异化剥削的人的本质的社会关系的总和必然导致社会危机,阻碍生产力发展。"社会主要矛盾"的变化能进一步确定"社会关系总和","社会主要矛盾"的解决则需要依靠"社会生产力"的发展。三者的辩证关系交织出"人民"的出场的历史坐标、社会场位、实践场域和生存境遇,是为人民的出场语境。新时代的"当代"的人民较马克思的"当时"的人民而言,已经解开了束缚于自身的剥削的枷锁,朝着共产主义奋勇前进,并引领世界历史的发展。

二、出场主体:以"人民"打开历史的出场语境

《习近平谈治国理政》第三卷对"人民"的主体地位进行了阐述。

"以人民为中心"意味着人民主体是实践主体、自由主体和总体主体,最终走向人类命运共同体。无论是马克思的"当时",还是新中国的"当代","以人民为中心"的主体地位的建构过程体现为三个相互关联、层层递进的规定与环节。第一是实践主体,意味着随着时代的变化不断自我发展进步,是为现实主体。第二是自由主体,意味着主体突破了资产阶级的物化主体,不再是被虚假意识形态掌控的主体,是为价值主体。第三是总体主体,也就是普遍肯定的、世界历史的、全世界人民的共产主义共同体,是为未来的主体。这三个规定了打开出场语境的历史出场者的根本特质,只有人民才能担负起历史出场主体的重任。

(1) 内涵。马克思唯物史观为我们确立了出场主体的三个层次,论证了出场主体自我扬弃和自我超越的必然性,敞开了出场主体对历史发展的生命力和推动力。

首先,出场主体是实践主体。马克思唯物史观明确了时代对社会实践和历史主体的先行在场作用。不仅是社会存在决定社会意识,更是一种社会性的"Da-sein"决定了社会实践方式以及社会主体的本质,同时社会实践主体又反过来决定了社会性的"Da-sein",三者之间呈现出同态、同构、同质性。马克思"当时"的时代,或者说社会性的"Da-sein"具有怎样的时代特质?总体来说,是以资本现代性为主导的时代,实践主体在此时代场域中是"异化—物化"的。只有通过置身性的历史实践,才能解蔽资产阶级的意识形态,通过解答时代问题从时代内部超越时代,最终通过解决资本主义的固有矛盾,以崭新的社会生产力和社会关系的置身性交往实践走向共产主义。新时代,中国人民的置身性的交往实践超越资本主义市民社会利己主义本质的私人利益的社会关系,它以人类社会的共同利益为核心,是具有极大创造力、自由自觉和互敬互爱互助的利他主义实践。在此实践基础上,出场主体实现世界观、方法论与价值观的统一。

其次,出场主体是自由主体。马克思生活的时代是资本主义发展的黄金时代。14 世纪,在工业革命的推动下,西欧的意识形态也发生了重要变革。法国大革命、宗教改革与启蒙运动掀开了资产阶级在历史舞台上的崭新一页,中世纪的黑暗被启蒙之光明驱散,笼罩在世人头上的无上的新教义神即新教伦理与政治国家逐渐融为一体。表面看来,这套体系较封建国家而言,无论是社会的福利制度、分配制度、选举制度,还是经济的发展,人民的生活水平提升,都有着长足的进步,然而这套体系的前提是生产资料私有制。在绝大多数时间,工人不是为自己劳动,而是为资本家无偿贡献自己的劳动。资本是积累的劳动,活劳动在彻底的自我"异化—物化"中被死劳动统治着。马克思指出资产阶级宣传的人本主义口号是捆绑在人民身上的"镣铐"与"枷锁",为资产阶级的固有目的服务。资本世界的自由仅仅是某个阶级的自由,与此相反,人民必须以劳动的不自由交换生存的必需物品,这是一场全社会的"无形契约",使人民跌落于"自由深渊"。

最后,出场主体是总体主体。马克思对人民的深情充其一生。无论是早期的人道主义情怀,还是晚期对历史发展规律的科学论证,无不是为了全人类的根本利益而奋斗。马克思在《关于费尔巴哈的提纲》中指出:"旧唯物主义的立脚点是市民社会,新唯物主义的立脚点则是人类社会或社会的人类。"[①] 唯物史观的着眼点不再是充斥着"异化—物化"的"市民社会",而是致力于解放整个世界历史的"人类社会",因此实践主体和自由主体最终导向的历史主体必然是一种总体的主体。"世界交往"和"世界市场"是实现总体主体的两个必备的客观条件。世界性的交往和市场是唯物史观的基本立足点,在唯物史观创立后,几乎所有的著述都围绕这一客观场域而展开,最具代表性的可分别详见于《德意志意识形态》以及《资本论》第1—4卷,前者指向广义唯物史观的一般原理,后者指向具体唯物史观的科学论证。

(2)传承。当代中国的实践主体不仅充满着向上的生命力,而且包含着集体的凝聚力;不仅化解了无目的的目的性劳动,而且扬弃了充斥

[①] 《马克思恩格斯文集》(第一卷),北京:人民出版社2009年版,第500页。

阶级矛盾的物化劳动；不仅可以在顺境时继往开来更进一步，而且可以在逆时期及时应变。新时代中国特色社会主义国家正充分发挥制度优势，使实践主体展现出强大的生命力。

首先，实践主体转变的依据。其一，时代转变造就主体转变。"当代"的实践主体是突破资本主义所有制前提的，在中国特色社会主义制度下不断发展进步的置身性主体的实践活动。就实践主题而言，"当代"的实践主题从"战争与革命"转向了"和平与发展"；就实践性质而言，"当代"的实践从"异化—物化"转向"全面发展"；就实践目的而言，"当代"的实践从"以资本增殖为中心"转向"以人民为中心"。实践主体在自由自觉的劳动中实现生命的价值和意义。因此，我们的实践主体与资本主义的实践主体有着本质的区别。其二，实践主体是不断自我反思与进步的主体。实践主体是自由主体的前提，自由主体通过自我反思、自我批判、自我进步的实践主体而实现。共产党员作为面对着新时代的社会主要矛盾的实践主体，在现阶段的自我反思就是要始终围绕人民的共同利益和迫切需要，进行卓有成效的改革。例如，通过建立健全的法律法规体制和完善的民主协商制度，及时处理人民的问题，推动社会主义"以人民为中心"的伟大事业不断奋斗砥砺前行。其三，实践主体意味着生产力的不断发展进步。在马克思"当时"的社会，劳动生产率不断提高的同时带来的是人的本质的覆灭。然而，在当代社会，我们的主要任务依然是不断发展生产力，因为共产主义必然是生产力极大发展的社会，但是我们的生产力发展却是建立在"以人为本""以人民为中心"的基础上："我们要明确，社会主义的根本任务是解放和发展社会生产力，这一点任何时候都不能动摇。"[①] 这是社会主义的根本任务，社会历史的发展进步必须依靠坚实牢固的经济基础和极大发展的生产力水平。只有发展生产力，才能建立"以人民为中心"的社会关系总和，

[①] 习近平：《坚持历史唯物主义不断开辟当代中国马克思主义发展新境界》，载《求是》，2020 年第 2 期。

逐步走向共同富裕,实现社会主义的本质。面对重大历史事件,生产力依然是整个社会的支撑。例如,在本次疫情面前,我国能在最短时间内建设大型传染病医院,追踪密切接触者,分离病毒株研发疫苗,停工不停产展开线上生产协作等,无不以高度发展的生产力和科技水平为基础。

其次,自由主体转变的原因。资产阶级宣传的平等和自由并不是美丽的"花环",而是架在人民身上的"枷锁",为资产阶级的固有目的而服务。资本世界宣言的自由仅仅是某个阶级的自由,与此相反,人民必须以劳动的不自由交换生存的必需物品,这是一场全社会的"无形契约"。马克思文本中涉及的人权与自由正是资本主义自由深渊的体现。新中国成立后,主体才得到了在现实中实现自由的希望与曙光,自由主体才成为现实。其一,自由主体脱离了"异化—物化"社会。无论是政治经济学批判,还是全社会的意识形态,马克思"当时"的"自由"是阶级社会造就的"异化—物化自由"。新中国成立后,经济基础和上层建筑都得到了根本的变化。几千年来的私有制前提被公有制取代,开启了中华文明和世界文明的新篇章,诞生了与资产阶级虚假的意识形态主体有着本质区别的自由主体。因为资产阶级所有制形式决定了人民在向资产阶级让渡一部分权利的同时,也把自身整体性地让渡给了资产阶级的拜物教世界。但是新中国,国家是无产阶级国家,尤其是在新时代,人民的劳动与思想在生产力的提升中和历史的敞开中,在真正的现实中实现着每一个人的全面解放与自由,以"人民为中心"的发展理念保障每一个主体的自由全面发展。其二,自由主体脱离了虚假意识形态。"当时"的自由是统治阶级的自由,资产阶级所谓的自由主体不过是脱离现实而永远无法实现的幻想。"当代"的"自由"是全体人民全面发展的自由,它反对一切虚假意识形态给予的虚幻迷梦,反对那脱离群众、脱离人民而凭空设置可以经由资产阶级意识形态家们任意变换形式的自由诸神,反对那暗中合谋的"一切人反对一切人"的战争。其三,自由主体"在其现实性上"是"以人民为中心"。"当时"的自由围绕的是少数人的阶级利益，以少数团体的利益为中心，他们通过榨取劳动人民的剩余劳动实现暗中的盗窃和稳固的统治。"当代"的自由则表里如一，时刻坚持以人民为中心，牢牢把握人民群众的主体地位，一切为了人民，以符合最广大人民的根本利益为宗旨。这不是少数人的利益，更不是虚假的承诺，而是在现实行动中体现出的一切以人民的根本利益和共同利益为最原则的决心。

再次，总体主体的转变的进程。由于所有制这一先在条件，资产阶级国家就无法为全体人民提供真正平等权，在"一切人反对一切人"的看不见硝烟的社会战争中，无产阶级被周围"支架"世界"摆置"（借海德格尔语），无产阶级内部为了生存而导致的无形竞争难以形成真正的共同体。随着生产力的发展，全世界人民都感到了全体人类即总体主体凝聚起来的伟大力量，激发了全世界人民向着人类更加美好的未来不断努力奋斗的勇气。总体主体是人类命运共同体，使全世界每一个自由主体"同呼吸共命运"，以总体性的完成实现其现实性。其一，总体主体是普遍肯定的。马克思"当时"的总体以普遍否定的主体为基础；"当代"的总体则是以普遍肯定的主体为基础，是一切人与一切人从敌对关系转向和谐共处的关系的质变。其根本原因是所有制的变革，使拜物教世界历史被共产主义世界历史全面扬弃。其二，总体主体是世界历史的。马克思在"当时"已然指出了世界历史的总体性的"异化—物化"状况，即现代经济基础与现代形而上学的上层建筑都被拜物教掌控。在"当代"，中国人民在"五位一体"总布局中扬弃"异化—物化"走上"人类命运共同体"道路，进而实现人民主体的普遍性和总体性，在现实性上以解决社会主要矛盾转变社会关系总和。总体主体不仅面对中国，而且面向整个世界历史，是人类命运共同体中每一个人自由而全面的发展，是全人类的发展进步的号角与目标，是"中国梦"向"世界梦"的升华。其三，总体主体是人类命运共同体。关于总体性，马克思谈了很多，但都是围绕着物化而展开的。在资本主义国家，人与人之间的矛盾是阶级矛盾；在社会主义国家，则是人民内部的矛盾。新时代中国人民形成的是新文明类型的共同体,是有着美好未来和广阔发展前景的共同体。这不仅是中国人民的共同体,也是全世界最广大人民的共同体,全世界人民为了共同梦想和伟大目标而不断奋斗前行。因此,我们必须以总体高度考察整个人类社会的历史的发展,人类命运共同体意味着世界人民是新时代出场语境的出场主体。

最后,三者的辩证关系。首先,"实践主体"是"自由主体"的载体,是路径。只有通过伟大实践,完成伟大斗争,才能实现出场主体的自由。其次,"自由主体"是"总体主体"的前提,是基础。总体主体若不是自由主体,那还是资本的物化主体。因此,只有解放了社会关系的主体才是解放了劳动力的主体和创造历史的总体主体。最后,"总体主体"是"自由主体"的结果,是目标。自由主体必须以总体性的人类社会的解放为目标;反之,全人类的解放与人类命运共同体的建构同步,是自由主体的使命。历史主体随着历史客体的进步而发展,实践、自由和总体构成历史的有机出场主体。

三、出场动力:人民的实践是推动历史发展的源泉

对历史客体的分析着眼于先行在场的出场语境,对历史主体的分析致力于不断置身入场的出场主体,那么历史的主体与客体究竟如何不断出场呢?这需要对历史动力进行分析。历史动力在于由出场主体与出场语境的辩证关系构成,是出场主体的置身性的历史实践。在特定出场语境下的出场主体构成历史的出场动力。出场动力凝聚起置身性场域交往实践中的矛盾张力,激发了有机出场主体解决社会主要矛盾的内生力量。

(1) 内涵。出场动力是置身性的历史实践,是奋斗的实践力量、解放的实践力量和满足需要的实践力量。

首先,以人民的"奋斗"发展社会生产力。马克思超越黑格尔,并不是在哲学内部,而是在社会现实自身中的超越。马克思认为,现实的

人具有自我否定、自我建构、自我超越的能动性。这是一个积极而漫长的扬弃过程。"历史将会带来这种共产主义行动,而我们在思想中已经认识到的那正在进行自我扬弃的运动,在现实中将经历一个极其艰难而漫长的过程。"① 积极扬弃是全体社会成员通过奋斗提高劳动生产力,继而变革社会关系实现自身解放和共产主义。因此,历史和人民之间呈现出同构关系。

其次,以满足人民的美好生活"需要"解决社会主要矛盾。马克思分析了阶级社会必然灭亡的科学规律。在资本主义私有制社会中,生产的社会化和生产资料私人占有造就了无法化解的固有矛盾。这一固有矛盾剖析了生产力发展的必然规律,即生产关系必须适应生产力的发展要求。生产力的发展要求与人民的美好生活"需要"相适切,生产力的发展意味着人民美好生活"需要"的提升。人民美好生活"需要"的满足是社会和谐的基础,否则必然引起社会关系的失衡与内爆,这正是资本主义私有制必然实现自我扬弃走向共产主义的原因。马克思说:"这种关系已经在阻碍生产而不是促进生产了。它变成了束缚生产的桎梏。它必须被炸毁,它已经被炸毁了。"② 因为私有制社会是只满足少数人美好生活"需要"的社会,社会各层面都围绕着少数人的利益展开和运行:经济、政治、文化、社会与生态被资本全面吸纳。出场主体的历史使命就是通过自由自觉的劳动造就平等的社会关系总和,解决社会主要矛盾,实现每一个人的自由全面发展。

最后,以人民的"解放"造就新社会关系总和。社会关系的总和决定了人的本质,马克思"当时"的社会关系总和是资本现代性"异化—物化"的劳资关系及其上层建筑共谋的剥削关系的总和。"在不同的财产形式上,在社会生存条件上,耸立着由各种不同的、表现独特的情感、幻想、思想方式和人生观构成的整个上层建筑。整个阶级在其物质

---

① 《马克思恩格斯文集》(第一卷),北京:人民出版社 2009 年版,第 232 页。
② 《马克思恩格斯文集》(第二卷),北京:人民出版社 2009 年版,第 36 页。

条件和相应的社会关系的基础上创造和构成这一切。"① 人的解放是经济、政治、文化和思想、社会和生态的全面解放，是全体人类通过实践与奋斗得来不易的解放，是社会关系总和的总体性变革，是出场主体在置身性场域内通过自我活动的自我建构和自我超越过程。

（2）创新。出场动力随着出场语境和出场主体的变化而变化，意味着我们不是照搬他国模式，不走老路、避免弯路、远离邪路，这需要巨大的实践智慧和创新勇气，并且通过实践来检验真理。新时代中国的社会主要矛盾的变化反映了现阶段"人民"一系列变化：需要变化、矛盾变化、性质变化、关系变化。人民的需要从马克思当时的"人的解放"需要转变为当代的美好生活的需要，人民的矛盾从当时的敌我矛盾转变为人民内部的矛盾，人民的性质从当时的拜物教中人转变为当代的自由人，人民的关系从当时的一切人反对一切人的战争关系转变为团结一致向前进的关系。与出场动力的三个内涵相对应的新时代的创新表现为以下三个方面。

首先，出场动力通过解放社会生产力实现人民幸福生活。出场动力是具有伟大民族精神的人民的实践，这个人民的实践是具有"伟大创造精神""伟大奋斗精神""伟大团结精神""伟大梦想精神"② 的人民实践。在中国特色的社会主义制度下，人民群众用双手创造历史，通过创新引领经济发展，在经济上实现社会生产力的极大提高，进而以新发展理念即"创新、协调、绿色、开放、共享"③ 完成新的总体性发展，实现两个一百年奋斗目标和人民日益增长的美好生活需要。

其次，出场动力通过转变社会关系的总和实现人的本质。社会主义的本质是"是解放生产力，发展生产力，消灭剥削，消除两极分化，最终达到共同富裕"。实现共同富裕的前提是社会主义制度和生产力发展。社会主义制度是区别于资本主义私有制及其社会关系的制度。社会主

---

① 《马克思恩格斯文集》（第二卷），北京：人民出版社2009年版，第498页。
② 《习近平谈治国理政》（第三卷），北京：外文出版社2020年版，第140—141页。
③ 《习近平谈治国理政》（第三卷），北京：外文出版社2020年版，第134页。

的制度优势体现了对资本主义制度固有矛盾的根本超越,突破"物化—异化"的生产关系和社会关系总和,进而以无剥削无压迫的制度解决社会主要矛盾,实现人类的现实本质与真正自由。

最后,出场动力以人民的劳动实践解决社会主要矛盾。资本主义社会的主要矛盾只能依靠资本不断扩张而暂时表面调和,实质上是危机的深化与矛盾的加剧;社会主义社会主要矛盾的解决依靠的是人民群众的出场动力解放生产力、发展生产力。中国几次主要矛盾的变化都体现了生产力提高与人民需要变化之间的相同步关系。只有提高生产力才能满足人民在不同发展阶段的不同需要,在新发展阶段才能让人民幸福,取得全面建设社会主义现代化的新征程的胜利。回顾过往,中国人通过几代人的勤劳和智慧取得了各方面的长足进步;立足现在,中国有着十几亿的庞大市场和人类命运共同体的宏大胸怀,在新发展格局指引下依靠国内大循环和国际国内双循环促进生产力的发展;展望未来,中国以自身实力抵御一次次全球性经济危机的冲击,中国不走帝国道路,中国以人民的双手和勤劳智慧屹立于世界民族之林。

通过科学把握历史的出场语境、出场主体和出场动力,中国人民必将实现历史的伟大目标,实现全体"人民"自由而全面发展,实现从被迫劳动向自由自觉劳动的转变,也是实现最广大人民群众的根本利益。同时,这不仅是中国人民的"中国梦",也是世界人民的"世界梦"。中国人民与全世界人民同筑梦、共圆梦,在人类命运共同体中走向世界大同。因此,当代"以人民为中心"的出场逻辑,依然是马克思唯物史观创立的历史性的辩证法即历史辩证法。历史辩证法既是融合习近平新时代中国特色社会主义思想与唯物史观的方法论逻辑,也是唯物史观在当代中国具体化为习近平新时代中国特色社会主义思想的逻辑根据。在古老的中华大地上,"人民"这一古老的力量正呈现出勃勃生机。

(作者孙琳系南京农业大学马克思主义学院副教授,硕士生导师;研究方向为马克思主义哲学原理、马克思主义出场学、解释学等)

五

中国道路

马克思资本逻辑批判的三重空间与理论性质*

周露平 吴 岩

[摘 要] 当前,资本逻辑问题是国内外研究的一个重大课题。资本逻辑是资本主义社会的基本规律,体现为资本获取无限增殖,进而维护资本主义社会的不断进步。面对西方对于资本逻辑的暧昧态度,马克思则从哲学批判、经济学批判与社会批判三重进路提出了资本逻辑批判的图景,目的是形成消灭资本逻辑与资本社会、建构新社会的整体表述。

[关键词] 资本逻辑批判 哲学批判 经济学批判 社会批判

当前,资本逻辑问题是国内外研究的一个重大前沿课题。目前经济学界与哲学界对资本逻辑的态度众说纷纭:一是将它引入肯定的通道,认为它是社会发展的永恒规律,形成"资本伟大""资本家伟大"的思潮,如19世纪的"边际革命"与20世纪的"凯恩斯革命",出现了诸如奥地利学派、芝加哥学派、调节学派等,它们大肆宣传资本对于世界

---

* 基金项目:本文为国家社科基金后期资助《马克思思想的整体性论域与理论效应》(项目编号:18FZX024)与江苏省社科基金《〈资本论〉第二手稿的理论地位与哲学思想》(项目编号:18ZXB004)的阶段性成果。

发展的永恒性作用；再比如，资产阶级哲学家们对资本社会发展的新范式①的理解，出现了无限妥协，认为资本逻辑是我们这个时代"绕转不开"的经济话题，显示出"去政治化""去哲学化""去意识形态"的企图，这以弗朗西斯·福山为代表；二是将之引入批判的轨道，从社会精神文化表象上破解资本逻辑带来的"苦难"，仅仅将资本逻辑批判压缩在意识领域，出现了西方马克思主义的文化批判、社会批判与精神批判等潮流。"解铃还须系铃人"，我们还是要回归至马克思思想，要从《莱茵报》《德法年鉴》时期的"物质利益问题"一直到《资本论》时期的"资本逻辑批判"的整体性视域，还原出马克思批判资本逻辑的理论架构。本文以为，马克思主要从哲学批判、经济学批判、社会批判出发，形成了贯通性的资本逻辑批判内容，以防止西方思想界对于资本逻辑"各持一端"的误判。

一、哲学批判：资本逻辑批判的理论实验

列宁曾明确过，"自《资本论》问世以来，唯物主义历史观已经不是假设，而是科学证明了的原理"②，哲学批判涵盖了唯物史观生成的全部，它发源于《莱茵报》时期的"物质利益问题"，萌芽于《1844年经济学哲学手稿》的"异化劳动与私有财产的关系"，草创于《德意志意识形态》，完善于《共产党宣言》，最终成熟于《资本论》等。我们以为，哲学批判与资本逻辑批判其实是一个问题的两个方面：都是对资本（或私有财产）的历史性追问，换言之，提问资本生成何以可能；哲学批判则从人类发展史维度加以澄清，为资本逻辑批判提供了基础性内容与原则性方向。

---

① 如后工业社会、后资本主义、后现代性社会等定义。
② 《列宁选集》第1卷，北京：人民出版社1995年版，第10页。

(一) 哲学批判为资本逻辑批判提供了原始性课题

资本逻辑的哲学内容其实就是异化劳动理论，也是唯物史观理论①，它确立了两大任务：其一，哲学批判提供了资本逻辑批判的内容。首先，马克思清理古典经济学的哲学地基，后者是以私有财产合法性为当然前提，如威廉·配第确立的是经济性维度下的国家财富观、斯密书写出的是个人主义视域下财富的进步史，等等；其次，它为资本逻辑批判提供了原则性高度，就是要超越私有财产，也就是《资本论》时期的"超越资本"的课题；最后，哲学批判为资本逻辑批判提供了未来社会的建构指向，提出了人的自由全面解放的社会指向。其二，哲学批判为资本逻辑批判提供了宏大视域。首先，超越于当代社会经济关系，以一种宏大视域去追问社会历史发生的原因：其实就是剩余劳动的历史进步，资本逻辑只是社会发展史的片段②；其次，马克思思考资本逻辑问题，起源于物质利益困惑。青年黑格尔派的自由精神与现实利益之间的法哲学理解出现了严重偏移，进而马克思在 1843 年底转入经济学思考，目的是澄清物质利益的形成症结是私有财产问题。故当蒲鲁东提出所有权即盗窃时，开启了对私有所有权的合法性的质疑，但是蒲鲁东对黑格尔《法哲学原理》提出了一种表象批判，马克思认为这做的不彻底，所有权不仅仅是一种法学意义上的理解，应该是哲学性质上的判断出现了失误，这样的失误同样发生在古典经济学，因为后者从理性经济人假设出发，直接预设了私有财产的合法性；最后，马克思通过借助费尔巴哈的人本学内容打开了解剖经济运动的哲学通道，"对国民经济学的批判，以及整个实证的批判，全靠费尔巴哈的发现给它打下真正的基础"③，原

---

① 关于马克思早期思想的异化劳动理论与成熟时期的唯物史观理论的延续性，请参见卜祥记：《〈资本论〉的理论空间与哲学性质》，载《中国社会科学》，2013 年第 1 期。

② 鲁品越：《剩余劳动与唯物史观理论构建——走向统一的马克思主义理论体系》，载《哲学研究》，2005 年第 10 期。

③ 《马克思恩格斯文集》第 1 卷，北京：人民出版社 2009 年版，第 112 页。

因在于，经济学是建立在人与人、人与自然的强制分离的基础上的，因此，经济学的本质就是将现实存在的内容用抽象的经济范式予以表现，不再追问私有财产的合法性界限。

哲学批判的重大课题是围绕异化劳动理论而展开的，主要有两大内容：其一，从历史的宏大叙事中，准确地定义了劳动创造价值的可能性，其实就是异化劳动创造出异化的社会关系，马克思表述为四大异化内容：产品的异化、生产过程的异化、人的本质的异化以及社会关系的异化。显然，马克思尽管只是从批判古典经济学的视角提出了资本主义社会的异化劳动内容，但可以理解的是，这种内容存在的历史是对一切有异化劳动的社会的广义说明，故后来的《形态》，通过异化劳动来划分出社会发展各种形态①。当然，在呈现所有制发展形态之前，需要对异化劳动与私有财产之间的关系作出说明，古典经济学由于"把私有财产在现实中所经历的物质过程，放进一般的、抽象的公式，然后把这些公式当做规律"，但它们没有说明这些规律如何从私有财产的本质中产生的，同时也"没有向我们说明劳动和资本分离以及资本和土地分离的原因"②，故经济学家们试图用经济现象来解释，如竞争、恶等来追问私有财产的本质来历——其实这些都是异化劳动导致的，而国民经济学只是客观陈述了私有财产的自我运动，也就是异化劳动形成私有财产；那么，扬弃私有财产，就表现为扬弃异化劳动，但是不是如柯亨那样，仅仅将劳动作为一种满足匮乏的辛苦劳作的表象层面，"我们对匮乏的理解是：即便人有欲望和外在本质属性，他们也无法满足自己的欲望，除非他们花费大量的时间和精力来做自己不愿做的事、从事无休止的劳作"③，显然是误读。

---

① 《马克思恩格斯文集》第1卷，北京：人民出版社2009年版，第521—523页，具体包括部落所有制、古典古代的公社所有制和国家所有制、封建或等级的所有制、资本所有制等。

② 《马克思恩格斯文集》第1卷，北京：人民出版社2009年版，第155页。

③ G.A.Cohen, *Karl Marx's Theory of History: A Defence*, Oxford, Oxford University Press, 1978, p.152.

其二，对狭义的资本主义社会的批判。我们看到，马克思将异化劳动作为一种社会关系，是它不断生成出私有财产，因此"私有财产是外化劳动即工人对自然界和对自身的外在关系的产物、结果和必然后果"①，至于如何扬弃，马克思认为，"私有财产只有发展到最后的、最高的阶段，它的秘密才重新暴露出来"②，表现为两个方面：私有财产是异化劳动的产物，同时它又是劳动得以异化的手段；而这样的私有财产的最后的、最高的阶段就是资本主义社会。马克思对异化劳动的分析，其实展现的是无产阶级的贫困内容，就是无产阶级如何被剥削的哲学陈述，如工资，它只是与私有财产一样，都是异化劳动的必然后果，"因为在工资中，劳动并不表现为目的本身，而表现为工资的奴仆"；所以，当蒲鲁东等试图以工资为抓手去批判资本主义社会，显然"无非是给奴隶以较多的工资，而且既不会使工人也不会使劳动获得人的身份和尊严"③。进而，马克思分析了私有财产关系，其实就是资本主义社会的私有财产现实，在此三大理论得到初步表达，"私有财产的关系潜在地包含着"："作为劳动的私有财产的关系"就是工资理论、"作为资本的私有财产关系"就是资本理论，"以及这两种表现的相互关系"就是阶级斗争理论。这三大理论后来在"资本论"（《资本论》及手稿）中得以详细阐述。

马克思在此提出了资本逻辑批判的哲学指向，就是"劳动和资本的这种对立一达到极端，就必然是整个关系的顶点、最高阶段和灭亡"④。这种关系的灭亡就是现代资本主义下的雇佣劳动制度的灭亡，这是"资本论"（《资本论》及手稿）研究的重大课题。因此，哲学批判提供了资本逻辑批判的样本，在异化劳动与私有财产关系中得以实验。

总之，哲学批判提出了资本逻辑的哲学内容，同时也澄清了"资本

---

① 《马克思恩格斯文集》第1卷，北京：人民出版社2009年版，第166页。
② 《马克思恩格斯文集》第1卷，北京：人民出版社2009年版，第166页。
③ 《马克思恩格斯文集》第1卷，北京：人民出版社2009年版，第167页。
④ 《马克思恩格斯文集》第1卷，北京：人民出版社2009年版，第172页。

论"时期关于资本逻辑的定义,即资本逻辑包含着两大逻辑内容:资本本身的运动逻辑与雇佣劳动的运行机制,两者统一于劳动力商品,换言之,这是哲学批判视域中的异化劳动内容。

二、经济学批判:资本逻辑批判的现实剖析

《1844年经济学哲学手稿》明确提出,古典经济学的理论界限是私有财产的合法性,即私有财产提供了资本剥削的合理性,以科学理论的方式加以论证;若超越这个界限,资产阶级经济学理论就是错误的。因此,马克思必须要对私有财产的运动做出经济学意义上的交代,这样才能证明以上的结论,故在"笔记本Ⅱ"做了两个方面的工作:其一,这个笔记本的主要理论任务就是从经济思想史维度说明封建社会如何走向资本主义社会,这是对私有财产的合法性的理论预设的批判;其二,从经济学思路详细地描述了发达的私有财产(资本制度)如何战胜不发达的私有财产(封建土地制度),从而验证了私有财产本身的进步意识,为扬弃它提供了经济性的说明。因此,马克思从哲学批判视角提出了异化劳动形成私有财产,进而在《德意志意识形态》中探讨了异化劳动的形成根源是自发分工,由此马克思草创了唯物史观理论框架,进而在《哲学的贫困》《共产党宣言》等文本中确立了唯物史观内容。在哲学批判的地基上,马克思才真正意识到,古典经济学通过个人主义的经验视角(私有财产的合法性、永恒性)与经济实证主义(劳动价值论)的方法,绕开了对私有财产的唯物史观追问,直接抵达的是经济学规律的"表象";而马克思的经济学批判以唯物史观为剖析工具,用资本逻辑理论还原出资本主义社会的运动秘密。

(一)资本逻辑形成的现实视域

资本逻辑,简单而言,是私有财产运动的规律表现,但这种规律必须要发展为世界性运动时才能被抽象为一门科学理论,"它必然要在它

的世界发展过程中达到它的抽象的即纯粹的表现"①。马克思的经济学批判其实是资本逻辑统治世界的哲学抽象,其形成则建基于资本主义生产关系的全面展现,将资本的话题变成了世界性的话题,并从社会关系的角度提出了资本社会的经济规律,故简而言之,资本逻辑就是资本增殖逻辑,包括劳动价值论与剩余价值论的高度统一。②首先,劳动价值论其实是资本逻辑推动劳动力商品创造世界的正面反馈。马克思从文本的角度不断地呈现出这样的规律,如《形态》关于资本的简单定义,粗略地回顾了封建行会手工业的"等级资本"、工场手工业的"流动资本"与机器大工业的"工业资本"等历史环节;《宣言》交代了资本主义世界的历程,"资产阶级,由于开拓了世界市场,使一切国家的生产和消费都成为世界性的了"③。由于资本主义生产方式的强大否定性,不断对旧的生产关系和生产力的否定提出要求,造就了"一切等级的和固定的东西都烟消云散了,一切神圣的东西都被亵渎了"④,《资本论》时期确认了资本通过劳动生成出资本主义社会等。这些都是在验证着劳动如何创造价值。其次,剩余价值理论提出了颠覆资本逻辑的现实可能。它全面展现出资本逻辑如何控制劳动力商品,进而控制雇佣劳动过程,并生产出剩余价值(或剩余劳动)的过程。《资本论》尽管从商品出发,其实目的是从剩余价值的来源出发,就是从劳动力商品出发,这是主体商品化的经济学事件,它打破的是封建社会的剩余劳动生产方式,形成了资本逻辑的运动规律,进而提出了颠覆资本逻辑的现实基础就是将剩余劳动回顾至人民。最后,阶级斗争规律其实质是资本逻辑塑造出两大对立阶级的斗争,"整个社会日益分裂为两大敌对的阵营,分裂为两大相

---

① 《马克思恩格斯文集》第1卷,北京:人民出版社2009年版,第177页。
② 马克思在《资本论》第1卷中,将之简约为劳动过程和价值增殖过程的统一,具体参见《资本论》第1卷,北京:人民出版社2004,第207—231页。
③ 《马克思恩格斯文集》第2卷,北京:人民出版社2009年版,第35页。
④ 《马克思恩格斯文集》第2卷,北京:人民出版社2009年版,第34—35页。

互直接对立的阶级：资产阶级和无产阶级"①，《资本论》全面诠释了资产阶级如何通过资本逻辑获取无产阶级的剩余劳动，这是双向确认的过程：资本的绝对积累与工人的相对过剩。

由此我们以为，资本逻辑打通了两大隔阂：其一，社会生产与经济运动的弥合。资本逻辑通过资本的权力机制与运动规律将整个社会生产转变为资本生产的内容，如，马克思在《资本论》中对"资本分工"与"社会分工"的关系的理解，认为资本分工已经入侵并全面占领了社会分工，社会分工的内容仅仅表现为资本对生产的控制，等等。其二，经济运动与社会革命的同化。资本逻辑提供了经济运动推动社会革命的发展，因为《共产党宣言》与《1857—1858年经济学手稿》不断地提示着：资本不是一种个人力量，而是一种社会力量；资本不是一种物，而是一种社会关系。同时，资本的经济运动改造了社会革命的未来指向，"资产阶级除非不断对生产工具，从而对生产关系，从而对全部社会关系不断地进行革命，否则就不能生存下去"②。当资本的生产运动不能再维持自我生存时，资本主义的社会危机就会出现，进而无产阶级能够推翻资本主义社会。《资本论》其实就是通过资本逻辑打开了资本主义社会的秘密，资本逻辑是资本控制劳动力商品不断同化社会，进而加固资本主义大厦。

（二）资本逻辑的经济规律：资本模型的本质把控

马克思的伟大之处就在于，将古典经济学无法触及的社会关系问题整合至一个模型，即资本逻辑模型③。主要包括：其一，模型的驱动系统是资本逻辑。资本逻辑主要包括两大系统：生产积累系统，这为资本社会存在提供了保障；扩大再生产系统，这为资本社会扩张提供了基

---

① 《马克思恩格斯文集》第2卷，北京：人民出版社2009年版，第32页。
② 《马克思恩格斯文集》第2卷，北京：人民出版社2009年版，第34页。
③ 马克思的理论方法就是从具体到抽象，再由抽象到具体，前者是研究方法，后者是叙述方法，故该模型是从资本主义的具体现实出发的。

础。其二，模型的动力之源是劳动力成为商品。受资本逻辑的力量驱动的雇佣劳动机制，劳动力商品是资本主义社会的存在基础，是生产剩余劳动或剩余价值的唯一来源。其三，模型的权力架构是资本逻辑的权力机制。资本逻辑构建起资本主义社会的权力体系，通过资本增殖力量驱动资本主义社会的不断扩张。其四，模型的意识建构是经济拜物教。资本逻辑通过意识同化，形成了高度严密的拜物教系统，主要以商品、货币与资本为内容的三种经济拜物教，它们论证着资本主义社会的合法性。

具体而言，首先，资本逻辑回应了古典经济学的"第一桶金"问题，也就是说明了资本主义社会制度的历史性。西方经济学的经济模型是从理论假设出发，舍弃了对资本逻辑形成历史的追问，认为资本家收益是因为他们拥有"储备金"或"资本准备金"，但并未交代"第一桶金"的来源。马克思以为，一方面，从历时性视角解读了"第一桶金"的起源问题，马克思的模型是对资本主义社会的"复制"与"提炼"，提出了资本逻辑的形成是历史发展的结果，通过"所谓原始积累"与"现代殖民理论"全面呈现了资本的原始积累的秘密：原始积累全面诠释了资本与雇佣劳动的历史形成；殖民理论回应了资本的"准备金"问题；另一方面，从共时性视角回答了资本家的"资本"的来源问题，其实就是雇佣工人生产的剩余劳动（剩余价值）的积累内容，并通过"等价交换"模式，被资本家无偿占有，转入资本再生产过程。

其次，资本逻辑提供了社会发展的经济性内容。马克思对资本逻辑的模型批判其实揭示出资本逻辑的规律，就是通过推动与控制必要劳动生产剩余劳动，因此，资本的经济性主要体现为，资本的趋势是把必要劳动压制到最低限度，同时要尽可能多地创造出剩余劳动。一方面，经济批判的本质把握。经济批判的实质就是研究资本主义社会的具体运行，进而抽象出范畴，是研究资本主义社会的动力学：资本逻辑中的剩余价值的增殖机制，主要表现为资本生产与资本积累，主要的经济规律包括经济规律的客观性质、经济的实现趋势与现实限制、生产、积累与扩大再生产的规律、货币流通规律、供求规律等。那么，这些规律本质上呈现出资本逻辑的运动规律，如生产方式主要包括相对与绝对剩余的生产；生产能力表现为资本有机构成；生产目的展现为资本循环理论；资本积累呈现为剩余价值率的计算等；另一方面，经济批判的主要内容：就是对生产资本的全面考察。商品生产过程其实被雇佣劳动形式所掩盖，资本家提前支付工资，工人生产出商品，但是，商品生产包含两大内容：一个是物质生产过程，就是雇佣劳动的劳动过程，同时更为关键的是，价值形成过程中的价值增殖，"价值增殖过程不外是超过一定点而延长了的价值形成过程"①。这是资本逻辑的经济性质与社会关系的内在统一。资本逻辑不断通过成本价格、生产价格与利润等范畴来掩盖资本剥削，如直接混淆可变资本与不变资本之间的区别，将之作为成本价格，而剩余价值只是作为资本家的总资本的收益，即利润，那么资本家投资、获得收益则合法化了。同样，利润率的采用，固定资本与流动资本等经济范式的使用，这些都是为了掩盖生产领域的剥削关系等。

最后，资本逻辑必然消亡的经济诠释。其一，资本逻辑图绘出剩余价值的分割模式，进而证明了各种资本家其实都是分享剩余价值，是社会的"寄生者"。马克思在《资本论》第3卷里详细讨论了资本主义生产总过程中，各种资本家如何分割工人生产的剩余价值，反驳了资本家创造价值的说法，如企业主的收入、高利贷者的利息与土地的地租等都是对资本逻辑生产出的剩余价值的强制分割，而这种分割有助于维护资本主义社会的有序运动。

其二，对"斯密教条"的批判。斯密认为商品价值可以分解为工资、利润和地租，《1844年经济学哲学手稿》从异化逻辑的视角加以批判，得出这个教条的错误源于预设了私有财产的合法性，是异化劳动形成了这三大内容；而在《资本论》中确定了价值形成的不同部分，主要包括不变资本（购买生产资料的价值）与可变资本（购买劳

---

① 《资本论》第1卷，北京：人民出版社2004年版，第227页。

动力的价值），还有一个就是经过工人生产加工后，附着了工人的剩余劳动的剩余价值，但是在具体的资本分割过程中，被分为地租和利润，由此，斯密教条的错误就是没有看到剩余价值是由谁来生产的（包括社会资本的再生产），从而未能把握住"剩余价值是整个资本主义生产方式的基础"。

其三，资本逻辑的缺陷是无法克服一般利润率下降与无酬劳动的界限。一方面，一般利润率下降是资本主义不可避免的规律，进而导致资本的相对增长率下降，引发经济危机，因为"利润率是资本主义生产的推动力"①，但是由于资本有机构成的提高，可变资本的比例减少，劳动力商品的剩余劳动减少，那么资本无法从生产过程中剥削剩余劳动；另一方面，无酬劳动与有酬劳动之间的比例，当资本利润率下降时，资本无法得以增殖、工人没有工资，那么形成两大问题——资本积累危机与工人生存危机，而两种相互作用，就会形成工人不消费、产品无法变为商品、剩余价值无法实现的状况，那么剩余价值转化为资本就不能实现，进而导致经济危机，引发资本主义社会危机。所以，当剩余价值不再反哺至资本主义社会，那么资本的生产方式就消灭了。

三、社会批判：资本逻辑批判的人类解放指向

哲学批判、经济学批判的完成，才能够真正澄清对资本主义社会的本质批判：唯物史观与剩余价值学说。它们推动了马克思社会批判的现实路向，三大批判构成为"一体两翼"的批判格局，哲学批判与经济学批判是原则上服务于社会批判，为社会批判扫清道路，在《〈黑格尔法哲学批判〉导言》中，马克思就预设了其思想的努力，就是"批判的武器当然不能代替武器的批判，物质力量只能用物质力量来摧毁；但是理

---

① 《马克思恩格斯文集》第 7 卷，北京：人民出版社 2009 年版，第 288 页。

论一经掌握群众,也会变成物质力量"①,批判的武器就是哲学批判,是不能代替武器的批判即社会批判,就是用理论来武装群众,用唯物史观与剩余价值学说来武装无产阶级,为无产阶级走向新社会提供理论基础。在进入社会批判之前,哲学批判与经济学批判主要呈现出:首先,对碎片化的资本社会进行了总体性表述,用资本及其增殖规律把握住了社会的总体,以资本和雇佣劳动的关系呈现出资本主义社会的生产方式;其次,提出了资本社会的总体轴心问题就是资本通过剥削劳动力商品获取自我增殖,形成资本主义社会的阶级矛盾,也是无产阶级消灭资产阶级的社会基础;最后,总结出资本逻辑的自我否定性,资本逻辑不能完成资本增殖,就会分崩离析,并为新的生产逻辑所取代。

马克思以社会运动规律,展示出资本逻辑的内在对立:一个是社会形态内部的斗争逻辑,资本逻辑的全面铺成需要社会形态的革命,形成了以资本发育为内容,以物的依赖为基础的社会形态,这恰恰为新社会的诞生提供了物质基础;一个是社会内容的全面呈现:资产阶级与无产阶级的斗争的改造,这是资产阶级通过物(商品与货币)以资本的关系为抓手控制人与社会的内容。具体而言:

(一) 资本逻辑的高度否定性

主要包括两大内容:资本不断否定旧的社会形态,将一切都纳入资本增殖系统之中,资本逻辑建立在资产阶级与旧阶级斗争的基础之上,故资本主义的社会形态是进步的力量,不断摧毁着旧贵族、旧体系的力量,"资本破坏这一切并使之不断革命化,摧毁一切阻碍发展生产力、扩大需要、使生产多样化、利用和交换自然力量和精神力量的限制"②,资本不断否定自身,因为"资本不是一种个人力量,而是一种社会力量"③,换言之,资本不是物,而是一种社会关系。这种社会关系是对包

---

① 《马克思恩格斯文集》第1卷,北京:人民出版社2009年版,第11页。
② 《马克思恩格斯全集》第30卷,北京:人民出版社1995年版,第390页。
③ 《马克思恩格斯文集》第1卷,北京:人民出版社2009年版,第46页。

括资本自身在内的全部社会关系进行革命，对现实生产提出否定，目的是要从劳动力商品的生产过程获取价值增殖，否则就无法生存，因此，资本面临的是资本有机构成不断提高，进而"利润率下降"，剩余价值的获取空间被无限压缩，资本的自反性进而提供了消灭自我的现实依据。

（二）资本逻辑造就了"物统治人"的社会

其一，"以物依赖的社会形态"① 的确立。在现代资本主义社会中，资本逻辑不断塑造与巩固着社会运行模式，这种模式是以物的方式（商品与货币）统治人，人与人的交往关系让渡给物的交往关系。《1857—1858年经济学手稿》提出了三大社会形态理论，资本主义社会主要表现为，"在生产者面前，他们的私人劳动的社会关系就表现为现在这个样子，就是说，不是表现为人民在劳动中的直接的社会关系，而是表现为物的关系和物之间的社会关系"②，人以物的内容开展社会交往活动，人受制于物。欧文认为，人是环境的产物，"人们只是他们的环境的产物，因而，环境的改变就是问题的全部所在，这对于改变人的行为是必须的"③。显然环境表现为社会关系，人从属于这种环境，但是欧文没有意识到这种社会关系的形成是人类社会实践的结果，体现出人类的社会结构的不断推进与突破。同样资本逻辑也是如此，它是人类社会活动发展到一定历史阶段的产物，从而造就了"物统治人"的"以物为依赖的社会形态"。

其二，"物控制人"社会的具体内容。首先，资本控制劳动力商品，资本逻辑塑造出物化的人。物化的人也就是商品化的主体，整个社会的主体性运动是以物化的人为基础的，而剩余劳动就是剩余时间的对象化

---

① 《马克思恩格斯全集》第30卷，北京：人民出版社1995年版，第107页。
② 《资本论》第1卷，北京：人民出版社2004年版，第90页。
③ 乔纳森·沃尔夫：《当今为什么还要研读马克思》，段忠桥译，高等教育出版社2006年版，第17页。

或物化，资本通过雇佣劳动控制了无产阶级的劳动时间，进而控制了工人的剩余劳动的生产，"资本太太和土地太太，作为社会的人物，同时又直接作为单纯的物，在兴风作浪"①，资本家其实是资本的人格化。其次，产业资本的循环呈现出物如何控制人的过程，从循环过程展示出资本增殖的动机，同时交代了资本主义生产的连续性可以可能，因此，资本循环系统包含着社会阶级的对抗，同时验证了雇佣劳动如何以物的存在方式②进行运动。再次，资本的积累过程，就是资本作为人格化的内容超越人的社会关系之上，形成了特殊的社会力量。复次，围绕资本的生产与积累，形成了高度发达的剩余劳动的积累系统，产生了两大附属物，形成了一个与资产阶级对抗的阶级。一方面，对劳动力商品的"必要劳动"的剥削，使工人不断贫困化，"资本的增加就是无产阶级即工人阶级的增加"③，是社会成员不断被定义为工人的基础之上，也就是工人成为"自由"人；另一方面，形成资本主义特殊的人口现象，由于资本的有机构成与技术进步，资本控制人口的数量随着可变资本部分的变化，形成了相对过剩的工业人口，"过剩的工人人口形成一支可供支配的产业后备军，它绝对地从属于资本"④，这些失业或半失业人口由于资本工业的运动而不断贫困化；而政治经济学却弄反了相对过剩人口的产生原因与资本生产积累的条件之间的关系，故经济学家是从维护资本主义社会制度本身入手，仅仅从信用的膨胀和收缩、工业的周期性生产变动等表象来解释人的贫困问题。最后，对资本主义生产方式的特征的指认，为未来社会的超越提供了具体内容。资本主义生产方式具有两大特征：一个是历史的起点是商品，特别是劳动力成为商品，形成了普遍性的雇佣劳动，资本家和雇佣工人本质上只是资本生产关系负载在个人身上的特征的社会性质，整个社会就是以获取剩余价值及其无限增殖为目

---

① 《马克思恩格斯文集》第 7 卷，北京：人民出版社 2009 年版，第 940 页。
② 资本家通过货币购买劳动力商品，使货币完成向资本的转变。
③ 《马克思恩格斯文集》第 1 卷，北京：人民出版社 2009 年版，第 727 页。
④ 《资本论》第 1 卷，北京：人民出版社 2004 年版，第 728—729 页。

的；一个是资本社会的全部内容是生产剩余价值，生产的全面特性就是通过劳动力商品的生产，进而形成剩余价值的供给，离开工人的剩余劳动，也就是社会必要劳动时间的对象化，那么资本主义生产方式就会消亡。

（三）社会批判的指向是建立人的自由全面发展的社会

资本逻辑的社会批判从社会历史发展视角提出了剩余劳动的社会占有，而非资产阶级私人占有的现实。资本主义社会形态是以资本为社会组织方式，资本表现为两大内容：对劳动力的控制与对劳动产品的控制，进而全面控制社会，是一种不断征服自然、人与社会的权力系统。资本逻辑塑造了两大社会内容：以资本征服自然与人力资源的自然主义、通过剥削方式不断占有剩余劳动控制社会的人道主义。在《资本论》中，一方面，马克思主要详细讨论资本如何对劳动力资源的剥削，提出了剥削的经济实质、剥削的内涵与外延、剥削的程度与广度、剥削的社会要求等；另一方面，揭示了资本如何通过自我增殖形成新的社会内容，提出了资本生产的实质、起点与前提、社会规律、发展归宿等。这两大方面都为消灭资本逻辑、建构新社会提供了现实基础以及预测依据。

其一，资本逻辑的历史限度。资本逻辑是资本主义社会的特殊规律，是资本作为一种社会关系的不断自我增殖的系统，它建立在对劳动力商品的无限剥削基础之上，故资本主义本身有两大秘密：生产方式是雇佣劳动与资本生产、积累方式是剩余价值不断转化为资本。因此，资本逻辑的存在现实就是在雇佣劳动的前提下，资本控制剩余劳动，进而控制工人，生产出剩余价值的内容。那么，由于资本积累与扩大再生产，必然受到了利润率下降与无酬劳动的限制，会形成四大贫困：可变资本的减少与工人阶级的贫困化导致了资本无法再增殖，即"资本贫困"；资本雇佣程度的制约导致了人口过剩，生活资料无法得以保障，即"工人贫困"；由于资本对自然与劳动力资源的无限索取，必然导致生态破坏与人口萎缩，即"生态贫困"；资本通过经济拜物教的方式不断侵占人的内心，导致奢侈主义、享乐主义等盛行，即"精神贫困"。那么这四大贫困是资本逻辑无法超越的历史限度。

其二，资本逻辑的未来指向。《资本论》已经提供了走出资本逻辑的内容。首先，生产本质的还原。任何社会都是为了获取剩余劳动，那么剩余劳动的组织方式，从以人的依赖关系到物的依赖关系的转换过程，其实是剩余劳动生产的高度进步，但是当一个经济的社会形态追求的是产品的使用价值，而不是仅仅通过交换方式占有剩余价值，那么"生产本身的性质就不会造成对剩余劳动的无限制的需求"①，所以必要回归生产本身，就是剩余劳动归全社会所有，而非一个阶级所有。其次，重建个人所有制。所有制的含义是"对他人劳动力的支配"②，更为准确地说，它是对劳动者与劳动产品的控制形式，与资本是"一个问题的两个方面"，"一个问题"就是资本如何增殖的问题，"两个方面"则体现为，一个方面是所有制是从活动的产品而言；另一个方面是资本从活动而言，两者共同构成了资本所有制的全部内容。那么，重建个人所有制，就是消灭资本与所有制的两大内容：一个是消灭资本生产关系，即消灭资本通过雇佣劳动的形式控制剩余劳动的生产关系；一个是消灭所有制的旧内容，即消灭资本家私人占有制度。那么什么是个人所有制呢？是不是那种以自己劳动为基础的旧私有制，显然它是一种高度发育的社会化生产的所有制形式，是以社会劳动为基础的生产资料公有制，其任务是共同生产与公共占有剩余劳动。再次，资本逻辑转化为生产逻辑。资本逻辑是从资产阶级私有制出发，形成了资本的社会关系，而生产逻辑是在资本逻辑的时代基础之上，通过"协作和对土地及靠劳动本身生产的生产资料的共同占有的基础上"生产的，整个社会是以生产逻辑为指导，生产剩余劳动为目标，"重新建立个人所有制"③。最后，资

---

① 《资本论》第1卷，北京：人民出版社2004年版，第272页。
② 《马克思恩格斯文集》第1卷，北京：人民出版社2009年版，第536页。
③ 《资本论》第1卷，北京：人民出版社2004年版，第874页。

本逻辑为未来社会提供了预设基础。我们以《1857—1858年经济学手稿》为例，它提出了未来社会的建制预设：资本逻辑的伟大力量就是通过资本控制劳动力商品创造出剩余劳动，提高了社会需要的多样性与个人发展的多元化，不断驱动生产力的发展与进步，进而为消灭资本逻辑提供了基础：第一，整个社会能够利用高度发达的生产力生产出普遍性财富，形成了物质财富的极大丰富，这是未来社会的存在基础；第二，社会化的再生产过程其实就是人的自我全面化的验证，"人不再从事那种可以让物来替人从事的劳动"[1]；第三，资本和劳动的关系，只有当资本本身成为生产力界限时，资本不再是一种推动世界进步的社会关系，因为，资本逻辑的实质"在于活劳动是替积累起来的劳动充当保存并增加其交换价值的手段"[2]，生产力发展无法满足这种手段，活劳动则开始反抗资本，"生产资料的集中和劳动的社会化，达到了同它们的资本主义外壳不能相容的地步"，"剥夺者就要被剥夺了"[3]，新社会随着劳资关系的瓦解而形成人类解放，实现人的自由全面发展。

（作者周露平系上海交通大学马克思主义学院副教授，南京大学哲学系访问学者，哲学博士，博士生导师，主要研究方向为马克思主义哲学、经济哲学；吴岩系上海财经大学人文学院马克思主义博士研究生）

---

[1]《马克思恩格斯全集》第30卷，北京：人民出版社1995年版，第286页。
[2]《马克思恩格斯文集》第1卷，北京：人民出版社2009年版，第726页。
[3]《资本论》第1卷，北京：人民出版社2004年版，第874页。

立足实践、认识规律：
中国共产党成功之路的哲学反思

冯建华　马瑶昊

[摘　要] 中国共产党百年成功之路的重要原因在于坚持把历史唯物主义哲学作为指导理论，一方面始终坚持社会主义根本方向；另一方面，立足中国实践、探索中国特色的革命和建设道路，同各种教条主义作斗争，揭示出不同阶段中国的革命、建设、发展规律。在新民主主义革命实践过程中，揭示出无产阶级革命规律；在探索社会主义建设道路基础上，初步揭示社会主义建设规律；在改革开放实践过程中，揭示中国特色社会主义建设规律；在开创新时代中国特色社会主义道路过程中，正全面揭示新时代中国特色社会主义建设规律。这些规律对于广大发展中国家的革命和现代化建设具有指导意义，具有一般规律性质，丰富和发展了历史唯物主义、科学社会主义理论。

[关键词] 中国共产党　历史唯物主义　中国实践　中国特色　规律

2021年中国共产党已经走过了百年风雨历程，在新时代中国特色社会主义建设取得伟大成就的今天，中国人民普遍认识到，中国共产党为什么能，社会主义为什么好，归根结底是因为马克思主义行。作为一种科学理论，马克思主义一直能够有效指导中国共产党和社会主义实践，中国共产党也始终高举马克思主义理论的旗帜，因而经受住百年风雨考验，领导中国人民完成各阶段的任务，取得各阶段的胜利。

马克思主义哲学作为马克思主义理论的世界观和方法论基础，是马克思主义的灵魂。在总结中国共产党百年成功道路的经验时，应该从马克思主义哲学角度深入反思其成功密码。历史唯物主义作为马克思主义哲学的核心，是直接指导中国共产党行动的理论基石和方法论准则。

一、历史唯物主义理论的核心要义与中国共产党对其把握

恩格斯认为马克思毕其一生做出了两大杰出理论贡献：唯物史观和剩余价值理论。前者是马克思主义哲学的核心，后者是马克思主义政治经济学与科学社会主义的核心。完成于1846年的《德意志意识形态》是马克思创立历史唯物主义的标志，在这部著作中，马克思从物质生产实践、"现实的个人"出发，分析了人类社会历史运动的前提、基本关系、基本动力、基本矛盾，人类社会的基本结构，揭示出人类社会历史演进的基本阶段、基本规律，其基本原则是"从物质实践出发来解释观念的形成"[1]，指出了共产主义代替资本主义的历史必然性、历史规律性，并认为共产主义"不是应当确立的状况，不是现实应当与之相适应的理想，……是那种消灭现实状况的现实运动。这个运动的条件是由现有的前提产生的"[2]。历史唯物主义的本性有两点：第一是合规律性，是"描述人们实践活动和实际发展过程的真正的实证科学"，因而不是脱离

---

[1] 《马克思恩格斯选集》第1卷，北京：人民出版社1995年版，第92页。
[2] 《马克思恩格斯选集》第1卷，北京：人民出版社1995年版，第87页。

现实实际的思辨哲学；第二是具体的现实性、历史性，历史唯物主义作为科学只是"从对人类历史发展的考察中抽象出来的最一般的结果的概括。这些抽象本身离开了现实的历史就没有任何价值……它们绝不提供可以适用于各个历史时代的药方或公式"①。马克思晚年也特别指出，他关于人类历史发展道路的规律看作是仅限于西欧资本主义起源的历史概述，如果"彻底变成一般发展道路的历史哲学理论……也会给我过多的侮辱"，反对"使用一般历史哲学这一把万能钥匙"，因为"它的最大长处就在于它是超历史的"。② 中国共产党人把握住历史唯物主义的核心要义在于：历史唯物主义的规律性决定中国只能走社会主义而不能走资本主义，中国社会主义实践所取得的伟大成就也证明了这一规律的正确性；历史唯物主义的实践性要求中国只能根据中国实践的具体实际，实现马克思主义中国化、社会主义革命和建设的中国化。历史唯物主义的规律有两个层面：第一个层面是立足于一般人类实践所得出的一般结论，因为"全部社会生活本质是实践的"，这种一般结论适用于整个人类历史发展全过程的规律，即历史唯物主义的一般规律；第二个层面是历史唯物主义在特定历史阶段实践中所得出的、适用于特定历史阶段的特殊规律，比如当年马克思在《资本论》中所揭示的资本主义社会运动的规律。根据历史唯物主义一般规律，中国共产党领导中国人民在各个阶段进行实践探索，并立足于此而揭示出革命、建设、改革发展、新时代中国特色社会主义等不同时期的规律。在空间维度上，上述规律不局限于中国的特殊空间，而且对于当今落后国家的社会主义革命、现代化建设具有普遍的指导意义。概而言之，中国共产党百年成功之路的哲学基础在于，以历史唯物主义为指导，立足中国实践，认识中国社会各阶段的规律。

---

① 《马克思恩格斯选集》第1卷，北京：人民出版社1995年版，第73—74页。
② 《马克思恩格斯文集》第3卷，北京：人民出版社2009年版，第466—467页。

中国共产党在把握历史唯物主义核心要义,探索中国革命和建设道路、揭示和总结不同阶段实践规律的过程中,一直同各种偏离这一理论、这一实践道路的错误做法进行斗争,并战而胜之,才能最终丰富马克思主义理论、创新社会主义实践道路。一方面,在坚持历史唯物主义基本理论作为世界观和方法论,坚定马克思主义理论的指导地位、坚持中国共产党的领导地位、坚持社会主义方向不动摇的过程中,必须坚决反对各种形式、各种问题上的"全盘西化"论,这类理论一味美化资本主义制度、资产阶级意识形态,最终会动摇党的领导、社会主义方向,从而将中国现代化道路引向歧途;另一方面,又坚决反对各种形式的教条主义,教条主义把马克思主义理论的某种具体结论凝固化、把具体条件下的某种社会主义道路和模式唯一化,脱离了中国具体实践的历史条件,使马克思主义理论走向封闭,背离了历史唯物主义根据具体实践而创新发展的本性。真正立足中国不同阶段的革命和建设实际,将马克思主义理论中国化、探寻不同阶段中国化的道路,总结和提炼不同阶段的规律,从而不断走向新民主主义革命胜利、社会主义事业的成功,实现民族富强人民富裕。

马克思主义传入中国,中国共产党成立,在其后的百年时间里,中国共产党率领全国各族人民,成功度过了民族危机,战胜各种困难,走上社会主义发展道路,证明了马克思主义理论和社会主义道路是中国历史的必然选择。

1840年后,中国饱受西方列强凌辱,遭遇空前的民族危机,逐步沦为半殖民地半封建社会。一批批仁人志士前赴后继,提出了各种救国方案,对救亡图存的道路进行了各式各样的艰难探索,中国的封建地主阶级代表、资产阶级政党、无产阶级政党分别从理论和思想层面先后做出了对当时中国状况的回答。

中国封建地主阶级首先提出的摆脱危机的方案是,"师夷制夷""中体西用",并随即展开长达三十余年的"洋务运动"。这一方案随着甲午战争的失败而灰飞烟灭。封建地主阶级为了维护其对人民的剥削和统治，走的必然是在原有的封建根基上缝缝补补的"改良"道路。这种"改良"是触及不到也不可能触及如何拯救中华民族、如何解放中国人民、如何抗击外来侵略者等在那个时代的关键问题的。"师夷制夷""中体西用"，归根到底只能是封建地主阶级的自救思想，其阶级性是抹不去的。因而在洋务运动中，这种自救思想的现实表现就是仅仅学习西方的技术，而非学习西方的政治与思想，解决不了中国人民被列强压迫的现实问题，更不可能从其自身生发出进行自我革命来推翻封建帝制的目标。因此，从思想根本上来说是抱残守缺的。洋务运动的实践证明，封建地主阶级救亡图存的道路行不通。此外，不仅因为"改良"思想本身是具有封建主义阶级性的，而且就当时的世界历史条件来说，资本主义列强的历史发展阶段在封建主义之上，而封建地主阶级在思想领域中秉持的核心思想是"低于历史水平"的，所以无论从国内还是国际来看，"改良"思想的破产是具有历史必然性的。但是这次失败并没有使中国人放弃民族解放道路的探索，而是为后续的革命行动打开了局面。

中国资产阶级给出的方案是建立资产阶级共和国，其理论基础是社会达尔文主义。社会达尔文主义发源于生物学家拉马克与达尔文的"用进废退"式生物进化理论，将自然界中的弱肉强食类比到人类社会中，表现为社会与环境之间的相互适应与斗争。人类社会只有在这种适应与斗争中才能进步，生存竞争构成了社会进化的基本动因。社会达尔文主义的出现是 19 世纪至 20 世纪西方资本主义社会的经济领域充斥着自由竞争的理论表述，反映了资产阶级诉求。中国资产阶级运用这一理论与中国国情相结合，提出各种力图解决当时中国问题的进化论学说。但是正因为社会达尔文主义的核心是自然界式的残酷竞争，是资本逻辑的理论体现，因此在同一理论框架之中的中国资产阶级必然作为弱者而要被列强侵吞。而事实也是如此，辛亥革命的硕果被袁世凯夺取，以孙中山为代表的中国资产阶级经受了一次次失败。除此以外，资产阶级的经济基础的特性也决定着中国资产阶级在面对西方列强时具有软弱性和妥协性。总的看来，中国资产阶级的道路也必然会被历史抛弃。

中国无产阶级最终选择了马克思主义的救国方案。当时的中国资产阶级已经具有一定力量和规模，而资产阶级的存在必然表明数十倍于资产阶级的无产阶级存在。作为先进生产力的代表，"三座大山"却不断压迫中国无产阶级，"他们参与对工人阶级采取的一切暴力措施"[1]，马克思主义所说的各种现实问题活生生地展现在中国无产阶级面前。残酷的社会存在给无产阶级提供了革命的契机，马克思主义的出现则指明前进的方向。中国无产阶级是最革命的阶级，不仅因为他们是作为最具变革性的生产力代表出现，而且因为他们选择了正确的道路。历史的发展是螺旋上升的。马克思主义立足物质生产实践，在揭示历史一般规律的基础上，揭示出由于资本主义社会内在矛盾而必然灭亡，无产阶级领导的社会主义革命必然胜利的规律，指出资本主义制度剥削人的本质。在帝国主义条件下，列宁主义又揭示出在相对落后资本主义国家中建立社会主义制度的必然性，并建立了第一个社会主义国家，丰富发展了马克思主义。马克思列宁主义不仅超越了封建地主阶级一心搜刮民脂民膏和贪图万世江山的自私自利、天朝上国的思想，也超越了资产阶级唯利是图、金钱至上的资本逻辑和相互冲突、相互分裂的"资产阶级法权的狭隘眼界"[2]，以彻底的革命性出现。马列主义从理论高度上实现了对全部旧的救亡图存理论的彻底超越，中国无产阶级认识到马克思主义的真理性，在当时的历史条件下立足实践认识历史，最终选择了马克思主义。从此，随着中国共产党的诞生，中国人民为实现民族独立自由和解放的革命实践活动进入了新的历史时期。

---

[1]《马克思恩格斯全集》第4卷，北京：人民出版社2016年版，第492页。
[2]《马克思恩格斯全集》第19卷，北京：人民出版社2016年版，第23页。

二、艰难的新民主主义革命道路：
形成中国的革命规律

虽然历史选择了中国共产党，但其诞生只是第一步，它还面临着一系列难以解决、争论不休的问题：革命的领导阶级是谁，是无产阶级还是资产阶级？革命的主体是谁，除了工人阶级之外如何看待农民的地位问题？革命的对象是谁，是否需要笼统将所有资产阶级都列为革命对象？革命的目标、阶段、性质如何定位，是先成立资产阶级政权，然后再成立社会主义国家，还是直接由无产阶级领导建立社会主义政权？革命的性质如何，是纯粹的资产阶级民主革命，还是纯粹无产阶级社会主义革命，或者是兼融二者、具有崭新性质的革命？如何看待苏联已经成功的无产阶级革命道路，它开创的"城市中心论"是否是落后国家普遍适用的唯一道路？面对上述复杂问题，马克思的历史唯物主义哲学、科学社会主义理论都没有提供现成答案，中国共产党只能以上述理论作为世界观和方法论的指导理论，具体结合中国革命的现实条件、具体实践，进行理论上的丰富和发展，找出适合自己国家的道路。在现实中，中国共产党立足中国实践，历经坎坷，最终找到一条具有中国特色的道路，形成一套中国特色的理论，总结出一种适合半殖民地、半封建国家的革命规律，即新民主主义革命规律。

这一时期，在党内有三种典型的错误思想。第一种是"二次革命论"，以陈独秀为代表。他认为"由封建而共和，由共和而社会主义，这是社会进化一定的轨道，中国也难以独异的"，中国也必须要先经历一个资产阶级专政的过程，然后才有基础谈论无产阶级革命，因而当时中国的民主主义革命领导阶级只能是资产阶级，无产阶级只起辅助作用，不能与其争夺领导权。他们是以"难以独异"的态度看待问题，是脱离现实世界、脱离中国具体实践，泯灭事物之间的一切具体差别，将马克思主义的一般规律绝对化。从现实性上来说，在中国建立的资产阶级民主共和国、资产阶级政权演变为以"四大家族"为代表的垄断资产阶级,显示出寄生性、腐朽性,丧失了革命性,从而不可能完成民主革命的任务,不可能带领落后的中国实现民族复兴的任务。蒋介石独裁统治、镇压民众的事实宣告了这一思路的失败,"他们将得到一个自寻死路的前途"①。

相对于"二次革命论"这样的右倾机会主义,与之相对的另一方就是"左"倾思想,最具代表性的就是"一次革命论"。"一次革命论"取消了资产阶级民主主义革命和无产阶级社会主义革命之间的区别,企图两步并一步走,以一蹴而就的方式完成革命事业,忽视事物发展的客观规律而仅仅发挥空想的力量,则又偏向唯心主义了。毛泽东批评道:"如果说,民主革命没有自己的一定任务,没有自己的一定时间,而可以把只能在另一个时间去完成的另一任务,例如社会主义的任务,合并在民主主义任务上面去完成,这个叫做'毕其功于一役',那就是空想,而为真正的革命者所不取的。"②

第三种是党内教条主义,这一理论认为苏联无产阶级革命规律是唯一适合于落后国家的革命规律,应该完全听命于苏联共产国际指挥。这一理论没有认识到,相较于苏联,中国的生产力水平更加落后,城市无产阶级力量更加薄弱,农民阶级占比更加庞大,党内教条主义者盲目迷信"城市中心论",无视中国农民阶级在革命中的关键性作用,无视中国革命的长期性,革命主体和革命对象的特殊性,革命性质的复杂性,只热衷于城市暴动,或者在农村武装割据形成一定实力之后,脱离实际,简单在军事上正面硬拼,排斥适合当时条件的正确的游击战,导致中国革命遭受重大挫折,陷于失败的边缘。在理论上,这一方案是对马克思列宁主义进行教条式理解,盲目照搬,丧失了历史唯物主义现实性、实践性的本质规定。

---

① 《毛泽东选集》第二卷,北京:人民出版社 1991 年版,第 683 页。
② 《毛泽东选集》第二卷,北京:人民出版社 1991 年版,第 685 页。

从马克思主义认识论的观点看，无论是"二次革命论""一次革命论"，还是党内教条主义，他们都没有对时代形势作出缜密判断，不知道自己处在怎样的现实环境中，它们都没有立足中国的实践，从而背离了历史唯物主义的要求，它们在革命道路、革命性质、革命主要矛盾、革命阶段、革命领导阶级、革命对象等问题的看法上，注定因脱离中国现实而失败。

在党外，资产阶级的右派认为封建制度已经崩溃，没有封建地主阶级，中国社会的性质是资本主义社会，不应该将地主阶级列为革命对象，中国共产党应该承认三民主义，放弃共产主义。但1940年流行的所谓三民主义早已不是孙中山提出的三民主义，而是之后形成的戴季陶主义、胡汉民主义，他们对三民主义进行曲解，主张"阶级调和论"，要抛弃阶级性，恢复国民性，用儒家思想来阐示三民主义。但抛弃了阶级性就否认了阶级差异，是为资产阶级展现剥削本性提供理论合理性的狡辩说辞，其做法和性质与西方资产阶级并没有不同。就三民主义本身，毛泽东从对人民、对革命阶段、对理论层面的世界观和对革命的彻底性四个方面予以分析，充分揭示共产主义与三民主义的联系与本质超越，从理论高度回答了他们不能回答、不能面对的问题。事实上，资产阶级观念的上层建筑只能与其经济基础相一致，资产阶级右派对中国道路的选择，虽然拥有强大的军事力量、被国际资本主义势力支持，但其最后的军事独裁统治，背弃了人民群众，背离了中国发展的历史趋势，最后必然被代表中国历史发展要求、领导新民主主义革命的中国共产党所击败。

以毛泽东为代表的中国共产党人，在总结和反思中国革命实践成败得失的经验教训的基础上，在坚持马克思列宁主义无产阶级革命理论，遵循其基本规律的基础上，更加强调历史唯物主义的哲学基础，毛泽东同志相继写出《矛盾论》《实践论》著作，丰富和发展了马克思主义哲学，他着重强调马克思主义理论必须中国化，必须和中国实际相结合，最后创造性提出了新民主主义革命理论。

新民主主义革命理论对这一时期的中国革命的性质、阶段、目标、领导阶级、团结对象、革命对象、方式等的全面而科学的论述，对当时中国的经济、政治、文化等领域进行了具体分析，驳斥了教条主义和资产阶级右派等的西化论。在革命性质问题上，新民主主义革命与社会主义革命性质不同，它仍然属于资产阶级民主主义革命的范畴，但它与社会主义革命又是互相联系、紧密衔接的，中间不容横插所谓的资产阶级专政。革命的直接目标是改变买办的封建的生产关系以及腐朽的政治上层建筑。革命的对象，即帝国主义、封建主义、官僚资本主义。革命的领导力量只能是无产阶级及其政党——中国共产党；革命的动力，包括工人、农民、小资产阶级和民族资产阶级；革命分为两个阶段：第一阶段是改变半殖民地半封建的社会形态，使中国成为一个独立的新民主主义国家，第二阶段是建立社会主义社会。

新民主主义论是中国共产党立足中国实践，指导新民主主义革命的正确方案，它开创了有别于苏联革命道路的中国革命道路，揭示了中国新民主主义革命的规律，它还对世界其他半殖民地、半封建社会国家的无产阶级革命具有指导意义。在新民主主义革命理论指导下，在对新民主主义革命规律自觉把握的基础上，中国共产党领导中国人民，相继取得抗日战争、解放战争的胜利，最终取得新民主主义革命的胜利。

三、社会主义建设实践的开启：探索站起来的规律

人民民主专政的国家政权的建立，同时也是社会主义建设实践的开始。党的工作重心由革命转入建设：探究怎样建设社会主义新中国，建立强大的社会主义物质基础、精神文化基础，真正使中华民族彻底站起来。在进行社会主义建设实践、摸索落后国家社会主义建设规律的过程中，同样也充满了曲折，既取得过巨大成功，也发生过挫折；既积累了成功经验，也付出了探索的代价。

苏联作为人类历史上第一个社会主义国家，在20世纪50年代之前率先探索社会主义发展道路取得了巨大成就，形成了社会主义建设的苏联模式。从理论上来说，苏联社会主义建设模式基本遵循了马克思对于社会主义建设的一般原则，比如，苏联实行计划经济、公有制和按劳分配就是如此。从实践上来说，苏联道路取得了相当的成就。苏联在建国后快速实现了从落后的农业国向先进的工业国的转变，在新中国成立初期和第二次世界大战中都以战争形式变相展现了社会主义的强大力量，也用实践证明了马克思主义理论的正确性。中国选择了"一边倒"的路线，正是因为看到了苏联模式在理论和实践上的成功。实践证明，在当时的历史条件下，中国也快速完成了社会主义革命，快速实现工业化，中国跟随苏联模式也获得了成功。

为什么当时中国选择复制苏联模式能获得成功？这是因为新中国在成立之初，一穷二白、百废待兴，需要一种能够高度集中的社会主义经济政治和文化体制，苏联体制在当时树立了成功样板，因而必然为新中国所选择、效仿。在经济上，从历史条件来说，当时中国刚刚结束漫长的战争实现民族独立解放，并取得抗美援朝的胜利，赢得了国际地位，自近代以来，中国人第一次体会到民族尊严，对于新生的人民政权倍加珍惜，建设新社会的热情空前高涨，非常有利于经济建设。由于苏联提供和援建了当时最为先进的重工业设施，满足了中国人民对现代化的长期渴望，公有制、计划经济的崭新体制非常有利于集中国家资源，在短时间内完成大型工业项目，因而一五计划提前实现，初步建立起了当时较为现代化的工业体系，新中国的前十年取得经济奇迹，复制了苏联二战前的经济成就。在政治上，中国共产党是新中国的执政党，推翻了剥削阶级的政权，建立了人民民主专政，新生的政权高效廉洁，人民群众第一次当家作主，真正摆脱千百年来受剥削、受压迫的地位，政治和社会面貌焕然一新，广大人民群众建设社会主义的积极性和主人翁精神被极大激发。经过革命锻炼的无产阶级政党和人民群众鱼水情深、紧密团结，"人民战争"中形成的为人民服务精神一直保持和延续，确保了党的地位稳固。在文化上，无产阶级政党地位和人民民主专政的政权性质，确保了上层建筑的稳固基础，这一点与苏联也很相似，所以同样能够容许苏联模式。

但是历史不会一成不变。苏联社会主义建设实践中形成的体制一方面取得了伟大成就，但另一方面隐含着体制僵化、经济社会发展缺乏活力、难以调动劳动者积极性的问题，虽然在特定时期，这一问题会因为巨大的政治热情所焕发的劳动热情而暂时解决，但是，随着时间推移，这些问题会在社会主义建设实践中逐渐出现。中国共产党人也在一定程度上认识到这些问题，也曾提出在中国建设实践中应该结合实际，对苏联社会主义建设模式进行改革，比如，毛泽东《论十大关系》讲话中，强调我国经济政治领域中存在的多对辩证关系，强调运用马克思主义理论与中国具体实际相结合来分析经济和政治问题。正所谓"我们要学的是属于普遍真理的东西，并且学习一定要和中国实际相结合。如果每句话，包括马克思的话，都要照搬，那就不得了。我们的理论，是马克思列宁主义的普遍真理同中国革命的具体实践相结合"[①]。毛泽东关于我国经济领域中的理论认识对党这一时期的建设路线起了重要影响。由于经济基础对上层建筑有着决定性影响，因此在经济基础上进行改革是需要慎之又慎的。毛泽东通过对经济领域中的多对辩证关系的探索和总结，稳定和发展了经济基础中的生产力与生产关系，强调要努力将马克思主义基本原理与中国具体实际相结合，来推进社会主义建设和对上层建筑的支持。在重工业、轻工业和农业的关系上，毛泽东指出牺牲农业和轻工业片面发展重工业的问题，并开始进行纠正和探索三者之间的辩证关系。这其实标志着我国初步对有中国特色的社会主义进行探索创新。

但在之后的建设实践过程中出现了经济工作上操之过急，出现了"共产风""浮夸风""虚报风"等严重超越实际情况的现象。20世纪

[①] 《毛泽东选集》第七卷，北京：人民出版社1999年版，第23—24页。

60年代中期，党对于当时中国的总体形势作了错误分析，没有看到我国社会的主要矛盾已经发生变化，应该大力发展生产力；没有看到当时中国沿袭苏联的计划经济体制已经逐渐陷于僵化，缺乏活力，应该适时进行体制调整、更好调动群众积极性；又源于对国家形势的错误判断，进行了十年的"文化大革命"，使得社会主义建设实践出现曲折。

大跃进与"文化大革命"是党在社会主义建设过程中出现的失误，给党以深刻的经验教训，"跑步进入共产主义"行不通，社会主义建设的逻辑与社会主义革命的逻辑大不相同。要想建设好社会主义国家，必须客观认识中国生产力的实际状况，正确判断中国社会主义建设的历史方位，回到经济建设的中心上来，才能找到进一步进行社会主义现代化建设的正确规律。这一阶段开启了崭新的社会主义建设实践，正反两方面的经验和教训，都帮助中国共产党初步探索出社会主义建设的规律。

虽然这一过程充满了曲折，但总的来讲，中国共产党领导中国人民在极短时间里，摆脱了一穷二白的面貌，初步建立起社会主义工业化体系，研制出"两弹一星"，取得局部科研领域的历史飞跃，积累起进行现代化建设的物质基础和人才队伍，实现了政治上人民当家作主，社会面貌焕然一新。通过取得抗美援朝、抗美援越战争的伟大胜利，打败了头号资本主义强国，捍卫了新生的社会主义政权，在全世界初步树立起良好形象，改变了旧中国积贫积弱、任列强凌辱的局面，使中华民族屹立于世界的东方。

四、改革开放道路的确立：揭示富起来的规律

苏联的社会主义建设的实践虽然总体取得了很大成就，虽然中国也曾经探索在某些方面对其进行局部改变，但是在"文化大革命"中暴露出越来越多的问题，面对历史现实，以对"文化大革命"的反思、真理

标准大讨论为契机，我党对马克思主义哲学和科学社会主义理论、对社会主义建设的体制和模式进行了深入反思，重新遵循"实践是检验真理的唯一标准"这一马克思主义哲学的基本原则，破除教条主义的束缚，重新将实事求是作为党的思想路线，停止以阶级斗争为纲，将党的工作重心转到经济建设上来，对内改革、对外开放，使社会主义建设进入了崭新的时代。

在实践层面，以家庭联产承包责任制的推行为突破口，扩展到城市工业企业的改革，一方面不断改革传统僵化的计划经济，调动生产主体的积极性，重视市场调节的作用，扩大商品交换的范围，改变单一公有制形式，允许个体私营经济存在；另一方面，对外开放，允许西方资本主义企业投资办厂，中国获得先进的技术、人才、资金、管理经验。这些做法极大调动了生产者的劳动积极性，激发了市场活力，促进了生产力的快速提高，人们生活水平有了提升。

改革开放所开创的中国特色社会主义实践的背后是对"什么是社会主义？怎样建设社会主义？"这个科学社会主义理论根基问题的深入认识，以邓小平、江泽民、胡锦涛为代表的中国共产党人经过大胆探索和反复实践后，进行了理论创新，形成了新时期党的基本路线，进而形成了"社会主义初级阶段理论"，并最终形成包括邓小平理论、"三个代表"重要思想、科学发展观在内的中国特色社会主义理论，科学回答了中国特色社会主义建设的基础理论问题，逐渐揭示出中国特色社会主义实践的规律。

社会主义初级阶段理论是中国特色社会主义理论的核心内容，它回答了中国走改革开放道路的现实依据，科学揭示了中国社会主义建设的历史方位。这一理论的哲学根据是历史唯物主义，历史唯物主义强调一定要从现实出发，不能背离社会现实，仅从主观愿望出发、不能从书本出发，因此必须解放思想、实事求是；这一理论的现实依据是中国前三十年社会主义建设实践正反面的经验和教训。对社会主义初级阶段历史方位的判断具有两个基本方面的意义：

一方面，不能超越这一历史现实而教条地对待马克思科学社会主义的具体结论。苏联和中国社会主义出现挫折的原因都在于此，苏联认为已经处于"社会主义高级阶段"，中国"大跃进"则认为可以"跑步进入共产主义"，因而照搬马克思建立在发达生产力基础上社会主义建设的一般原则，片面强调生产关系上的"一大二公"、"割资本主义尾巴"，排斥商品经济、市场调节，导致生产力发展受挫。初级阶段是马克思当年没有遇到、没有论述过的历史现实，而我们却长期处于这种阶段。这一时期社会主要矛盾是人民日益增长的物质文化需要同落后的社会生产之间的矛盾，而解决"落后的社会生产"是矛盾的主要方面，中心工作只能是以经济建设为中心、大力发展生产力。这一现实决定中国的社会主义建设不能简单照搬马克思的一般结论，也不能把政权建立之初一时的成功经验当作绝对的社会主义建设模式。邓小平理论立足于此，确立了社会主义的本质是"解放生产力，发展生产力，消灭剥削，消除两极分化，最终达到共同富裕"，将"三个有利于"作为衡量社会主义实践的标准，这就决定了中国必须改革开放，建立社会主义市场经济体制，确立以公有制为主体、多种所有制经济共同发展的基本经济制度和按劳分配为主体的多种分配方式，允许一部分人先富起来，先富带后富，逐步走向共同富裕；积极对外开放，参与国际经济合作与竞争，融入经济全球化体系，提升经济国际化程度。

另一方面，社会主义初级阶段的历史方位又内在要求我们必须坚定社会主义这个总方向，而不能背离和偏离这个方向，保持战略定力。在对外开放、参与经济全球化、吸收资本主义世界先进做法的过程中，因为自身的暂时落后，很容易产生各种"全盘西化"的想法和做法，比如新自由主义的经济和政治理论在一定时期一度流行，动摇了社会主义信念，干扰和危害中国特色社会主义道路的推进，因而必须坚决维护"四项基本原则"，坚持社会主义道路、人民民主专政、中国共产党的领导、马列主义和毛泽东思想。必须认识到主张照搬西方民主制度的做法是一种背离中国现实、将中国特色社会主义引向歧途的邪路，新自由主义理论基础是抽象的、永恒不变的"普世价值"和普世人权,将资本主义制度当做永恒完美的制度,无视资本主义制度的阶级剥削、阶级矛盾,也无视"资本的逻辑"在现实中制造的各种混乱事实、其包含的内在否定力量,完全背离了历史唯物主义"现实的人"的理论出发点、社会现实决定社会意识的科学分析方法,无视中国道路实现远快于西方的现代化成就,丧失了道路自信和制度自信。

中国特色社会主义理论在不同时期一直持续发展,在邓小平理论科学回答了"什么是社会主义,怎样建设社会主义"的根本问题后,江泽民同志与时俱进,科学回答了"建设一个什么样的党,怎样建设党"这一问题,形成了"三个代表"重要思想;胡锦涛同志又根据中国现代化发展实践回答了"实现什么样的发展、怎样实现发展"的问题,形成科学发展观。这些思想不断丰富和发展了中国特色社会主义理论的内涵。

在中国共产党领导下,经过数十年中国特色社会主义实践的探索,中国人民基本摆脱贫困,人们生活明显改善,综合国力极大增强,在21世纪第一个十年结束时,GDP跃升至世界第二。实践证明了中国特色社会主义道路的正确性。

五、新时代中国特色社会主义道路的实践征程:把握强起来的规律

在进入21世纪的第二个十年之后,一方面取得举世瞩目的经济奇迹和社会奇迹,国际影响力大幅提升,前所未有地走近世界舞台的中央,前所未有地接近中华民族伟大复兴中国梦的实现,由世界大国逐渐向世界强国迈进,全面建成小康社会,人们群众获得感不断提高,从而对中国特色社会主义道路和制度自信心空前提高。另一方面,又面临"百年未有之大变局",世界头号强国美国将中国列为战略对手,从经济和政治上对我们进行打压、限制,军事上围堵、威胁,使中国面临改革

开放以来全新的国际环境；国内经过几十年的快速现代化，在取得伟大成就的同时，也积累了很多问题。因此，中国特色社会主义在新时代必须继续努力探索，应对国际国内的新挑战，以历史唯物主义为哲学指导，开创新时代中国特色社会主义道路，揭示和把握新时代中国"强起来"的规律。

十八大以来，以习近平同志为核心的党中央带领全国人民建设国家，在全新的历史条件下，应对国际国内各种复杂变局，在坚持中国特色社会主义道路总方向基础上，进行全方位的努力开拓和探索，采取一系列治国理政的新方略，取得历史性成就，实现历史性跨越。十九大确立习近平新时代中国特色社会主义思想为全党的指导思想。

习近平新时代中国特色社会主义思想的形成、新时代中国特色社会主义道路的开创，其理论基础仍然是历史唯物主义。历史唯物主义的本质要求是必须从历史现实出发，十八大以后，中国实际处于新的历史方位，时代主题、社会主要矛盾发生了深刻变化。十八大以前，社会主要矛盾表现为人民日益增长的物质文化需要同落后的社会生产之间的矛盾；经过三十多年的超速发展，我国进入了新的历史阶段，时代主题转化为如何进一步走向强大、民族复兴，社会基本矛盾转变为人民日益增长的美好生活需要和不平衡不充分的发展之间的矛盾，人们需要的层次与满足需要的水平都发生了质变，这些变化直接影响和规定了党的治国理政方针、发展战略、奋斗目标。

新时代的中国特色社会主义道路是一种中国式现代化的发展道路，其确立的发展理念，是在过去发展实践基础上加以总结提升，并面向新发展阶段而形成，相较过去更加系统、完整、科学。

习近平新时代中国特色社会主义思想全面包含了中国特色社会主义关于生产力与生产关系、经济基础与上层建筑的辩证关系，涵盖了经济建设、政治建设、文化建设、社会建设、生态文明建设以及国防、外交、党的建设等各个领域，回答了新时代坚持发展什么样的中国特色社会主义的问题，揭示了新时代中国特色社会主义的本质规定、核心内容、发展规律、行动纲领。这一思想不是静止的,而是体现历史唯物主义要求,在实践中不断探索、总结而形成和不断发展,并继续发展着,在这一思想指导下新时代中国特色社会主义实践取得了巨大成就,证明这一理论初步揭示了中国强起来的规律。

中国共产党通过百年奋斗不断走向成功。回顾中国共产党百年艰辛探索、历经曲折、不断走向成功的历程,可以发现其成功的哲学基础在于坚持历史唯物主义的本质要求,在坚持社会主义根本方向的前提下,把马克思主义与中国实际相结合,不断推进马克思主义中国化和时代化,通过艰难探索,逐渐走出一条具有中国特色的革命、建设、发展的成功道路,并形成中国特色的新民主主义革命理论、社会主义建设理论、中国特色社会主义理论、习近平新时代中国特色社会主义思想,指导中国人民不断推进社会主义实践,这些立足中国实践形成的马克思主义中国化理论,不仅具有中国意义,而且对于广大发展中国家的革命与发展具有一般的指导意义,它拓展了发展中国家走向现代化的路径、打破了"现代化=西方化"的迷信、也打破了对苏联社会主义模式的迷信,开辟了不同于西方国家现代化的道路,使发展中国家不再简单照搬西方的模式,而应根据本国的历史、文化、传统、国情,自主选择自己的发展道路,并坚定不移地坚持探索自己的道路。中国共产党立足实践揭示的新民主主义革命规律、中国特色社会主义建设规律具有广泛的世界意义,具有一般规律性质,它丰富和发展了马克思科学社会主义理论,并使科学社会主义在当代中国实践中焕发出生机活力。

(作者冯建华系江苏师范大学哲学范式研究院教授、哲学博士,研究方向为马克思主义哲学史、马克思主义哲学原理;作者马瑶昊系江苏师范大学哲学专业 2020 级研究生)

《当代中国马克思主义哲学研究》
编辑部征稿启事

　　《当代中国马克思主义哲学研究》是江苏师范大学当代马克思主义哲学范式创新研究中心与中共中央编译局江苏师范大学发展理论研究中心共同主办的学术刊物,以国内著名马克思主义哲学研究专家江苏师范大学校长任平教授领衔组成编委会,每年出版一期。本刊的办刊主旨是全面介绍、客观评价、深入研究当代中国马克思主义哲学研究的状况及相关热点问题,进一步推动马克思主义哲学的繁荣和发展。

　　本刊诚挚欢迎广大马克思主义哲学研究的专家、学者,围绕本刊的主旨给予投稿。稿件一经采用,即付稿酬。

　　投稿内容不限,但对于所投稿件本刊编辑部有删减(非修改)的权力。如不同意修改,请在投稿时注明。因篇幅等原因,对不同意删减的文章一般不予采用。

　　编辑部地址:江苏省徐州市铜山区上海路101号 江苏师范大学《当代中国马克思主义哲学研究》编辑部

　　邮　编:221116

　　联系人:冯建华

　　邮　箱:13815301350@126.com

图书在版编目(CIP)数据

当代中国马克思主义哲学研究. 2019 / 任平,曹典顺主编. —北京:中央编译出版社,2021.10

ISBN 978-7-5117-4031-1

Ⅰ.①当… Ⅱ.①任… ②曹… Ⅲ.①马克思主义哲学-研究-中国 Ⅳ.①B0-0

中国版本图书馆 CIP 数据核字(2021)第 195626 号

当代中国马克思主义哲学研究. 2019

责任编辑：李媛媛
责任印制：刘　慧
出版发行：中央编译出版社
地　　址：北京西城区车公庄大街乙 5 号鸿儒大厦 B 座(100044)
电　　话：(010) 52612345(总编室)　　(010) 52612335(编辑室)
　　　　　　(010) 52612316(发行部)　　(010) 52612346(馆配部)
传　　真：(010) 66515838
经　　销：全国新华书店
印　　刷：北京汇林印务有限公司
开　　本：710 毫米×1000 毫米　1/16
字　　数：220 千字
印　　张：17.5
版　　次：2021 年 10 月第 1 版
印　　次：2021 年 10 月第 1 次印刷
定　　价：70.00 元

网　　址：www.cctphome.com		邮　　箱：cctp@ cctphome.com	
新浪微博：@ 中央编译出版社		微　　信：中央编译出版社(ID：cctphome)	
淘宝店铺：中央编译出版社直销店(http://shop108367160.taobao.com)			(010)55626985

本社常年法律顾问：北京市吴栾赵阎律师事务所律师　闫军　梁勤
凡有印装质量问题,本社负责调换。电话：(010)55626985